혁신으로 가는 항해

KI 신서 592
혁신으로 가는 항해

저자 | 갈렙앤컴퍼니 지음

1판 1쇄 발행 | 2004. 6. 28.
1판 18쇄 발행 | 2008. 1. 10.

펴낸이 | 김영곤
펴낸곳 | (주)북이십일 21세기북스
책임편집 | 권정희 · 김기정

등록번호 | 제10-1965호
등록일자 | 2000. 5. 6.

주소 | 경기도 파주시 교하읍 문발리 파주출판문화정보산업단지 518-3(413-756)
전화 | (031)955-2100(대표)
팩스 | (031)955-2122
이메일 | book21@book21.co.kr
홈페이지 및 커뮤니티 | www.book21.co.kr · cafe.naver.com/21cbook

값 13,000원
ISBN 978-89-509-0658-0 13320

※잘못 만들어진 책은 구입하신 서점에서 교환해 드립니다.

혁신으로 가는 항해
BSC 1000일의 기록

갈렙앤컴퍼니 지음

http://www.book21.co.kr

| 추천사 |

　우리 모두는 지속적으로 매출이 늘어나고 순익을 남기는 기업을 위해 일하기를 꿈꿀 것이다. 돈을 많이 벌고 수익을 남겨 양질의 투자를 계속하는 기업이 장수하는 것을 잘 알기 때문이리라. 일관된 방향으로의 혁신이 이와 같은 초유량 기업의 DNA임은 잘 알려진 사실이다. 즉, 모든 조직 구성원들이 나아갈 비전을 가지고 이 비전을 향해 제대로 가고 있는지를 파악해 볼 수 있는 전략 경영이야말로 성공기업의 핵심 역량이다. 이런 전략 경영의 구체적 방법으로 잘 알려져 있는 것이 BSC이다.
　다만 아쉽게도 우리 주위의 대다수의 기업이 전략 경영을 제대로 하기 위해서는 많은 어려움이 있다. 필자가 주위의 기업을 옆에서 지켜본 바에 의하면 기업을 어떻게 전략적 기업으로 혁신하느냐는 결국 전략보다는 실행에 달려 있음을 확인할 수 있었다. 맛깔스럽게 구성된 전략도 결국 실행에 옮겨지지 않으면 아무 소용이 없는 것이다. 실행력이 있는 기업 구성원 모두는 한 가족처럼 공유하는 비전과 이를 달성해내는 인내력에서 탁월하다. 즉, 조직원 전체의 전략

경영 마인드가 중요한 것이다. 이를 위하여 모든 조직원이 함께 공유할 수 있는 자료의 도움은 금상첨화일 것이다.

이러던 차에 저자들이 전략 경영과 BSC에 대한 그들만의 경험을 나누기로 한 일은 참으로 고맙고 시의 적절한 일이다. 특히 전략 경영을 한 기업 전체에 확산시키기 위해 누구나 이해하기 쉽도록 이야기 형식으로 전개한 그들의 땀과 정성이 돋보인다. 책에 있는 내용을 따라가다 보면 우리 각자 스스로가 하나의 전략 기업의 선장과 선원이 되고 있음을 느끼는 것은 나만의 고백이 아닐 것이다. 그들의 노하우를 받아 우리 기업을 전략 기업으로 발전시킬 몫이 이제 우리 손끝에 달린 것이다.

KAIST 테크노경영대학원 이희석 교수

| 서문 |

"자네 회사는 요즘 너무 잘 나가는 것 같아. 무슨 비결이라도 있나?"

급변하는 무한경쟁 시대에 이런 부러움 섞인 인사를 받는 사람이 있다면 그는 분명 행복한 직장인이다. 이 책의 주인공인 김영민 실장은 요즘 이런 질문을 받으면서 행복해 하고 있다.

김영민 실장이 속한 회사의 경우도 얼마 전까지는 침체의 늪에서 허우적대던 회사에 불과했다. 도대체 그 회사에 어떤 일이 있었던 것일까?

"BSC를 통해 우리 회사가 전략 중심 조직으로 탈바꿈했기 때문이지." 김영민 실장의 대답이다.

글로벌 경영환경에서 기업이 성장하기 위해서는 국내외에서 생존을 건 무한경쟁이 불가피하다. 글로벌 기업들이 국내에 진출해 있고, 국내 기업들도 성장을 위해서는 해외 시장에 눈을 돌릴 수 밖에 없기 때문이다. 기업들이 이러한 환경에서 살아 남고, 더 나아가 성장하기 위해서는 무엇보다도 기업 고유의 차별화된 전략이 필요하다.

전략이 없는 조직은 나침반 없이 표류하는 배에 비유되지 않는가. 전략의 중요성을 알기에 기업들은 많은 시간과 비용을 들여 나름대로의 전략을 수립한다.

그러나 《포춘》지의 발표에 의하면 수립된 전략 중에서 실행되는 것은 10%에 불과하다고 한다. 애써 개발된 전략이 책장의 장식용으로 전락하고, 투입한 노력과 비용은 헛수고가 되고 마는 것이다.

BSC(Balanced Scorecard)는 전략의 실행을 지원하기 위해 고안된 경영도구이다. 기업이 처한 환경을 극복하고 비전을 달성하기 위해 전략을 수립하지만, 조직구성원은 현업에 매달려 전략의 실행에는 관심을 기울이기 힘든 것이 현실이다. BSC는 전사전략을 본부, 팀, 개인에게 체계적으로 연계시켜 하부조직과 개인들이 하는 일을 기업의 전략적 방향과 일치시키고 그 방향으로 행동하도록 만들어 준다. 조직구성원은 자신이 공감하는 방향으로, 또 자신이 평가 받는 방향으로 행동하기 마련이기 때문이다.

《포춘》지가 선정한 500대 기업 중 50% 이상이 BSC를 도입했거나 도입 중에 있다고 한다. 세계적인 기업들은 이미 BSC의 효과성을 인정하고 있다는 증거다. 그러나 국내 기업들의 경우는 사정이 다르다. 1990년대 후반부터 BSC가 국내에 소개되고 도입되기 시작하였지만, 2004년 현재 BSC를 도입한 국내회사는 수 십 개에 불과하다.

무엇 때문일까? 이러한 의문이 이 책 저술의 동기가 되었다. 필자들은 그 원인을 전략의 본질과 BSC의 도입효과에 대한 국내기업들의 이해부족에 있다고 생각했다. 정확하게 이해하고 있지 않기 때문에 무관심하고, 특별한 동기가 없기 때문에 BSC에 대한 필요성을 느끼지 못하고 있다는 것이다. 필자들은 전략실행을 촉진시키는 BSC의 힘을 제대로 전달하기 위해서는 딱딱한 이론서보다는 기업이 일상적으로 겪는 활동 속에서 자연스럽게 그 원리를 파악할 수 있는 소설의 형식이 바람직할 것으로 생각했다.

필자들이 이 소설을 통해 기대하는 것은, 독자들이 편안하게 소설을 읽으면서 주인공인 김영민 실장이 겪었던 어려움과 성공담을 통해 자연스럽게 전략의 중요성과 BSC의 기능을 이해하게 되었으면 하는 것이다.

이 책에 등장하는 F-SQUARE 사는 가상의 회사*이다. 소설적 형식에 필요한 플롯과 사건, 등장인물들은 많은 부분 필자들의 상상력의 산물이다. 그러나 이 소설에는 필자들의 지식과 경험이 녹아있다. BSC를 국내에 소개하고, 기업과 학교에서 강의하고, 컨설팅 프로젝트를 통해 실제 BSC를 구축하면서 축적된 지식과 경험을 고스란히 이 책에 담았다. 누군가 'BSC가 도대체 뭐란 말이요? 내가 보기엔 이미 우리 회사에서 적용하고 있는 여러 평가지표 중에서 일부를 뽑아 놓은 것 같은데. 이렇게 한다고 회사가 달라 집니까?' 라고 강하게 부정적인 의견을 내 놓을 때, 이 책에서 그 답을 찾을 수 있

---

* 이 소설에서 추진 팀에서 재설정한 F-SQUARE사 전략의 기본적인 아이디어는 2001년에 발간된 〈한국 마케팅 저널〉 제3권 1호에 실린 "거시환경변화에 대응한 마케팅 전략의 수립 방안 : 에스콰이어의 사례"에서 도움을 받았음.

을 것으로 믿는다. 본질적으로 완전히 다르다는 것을 말이다.

해외 사례를 보면 앞으로 국내 유수의 기업들은 대부분 BSC를 도입할 것으로 예상된다. 기업들이 BSC의 도입여부를 고민할 때, 어떻게 구축해야 되는 지를 고민할 때, 도입효과에 대해 확신이 없을 때 이 책이 도움이 되기를 바란다.

또한 전략경영과 BSC에 관심이 있는 경영자, 기획부서 또는 인사부서의 임직원, 경영학도 등에게도 도움이 된다면 필자들로서는 더 없는 보람이겠다. 앞으로 BSC를 통해 각 기업들이 수립한 전략이 체계적으로 실행되고, 각 기업이 추구하는 목표가 이루어져서 국내 기업들의 경쟁력이 강화되는 모습을 그려본다.

이 책이 나오기까지 격려와 배려를 아끼지 않은 사랑하는 갈렙의 식구들과 고객 여러분께 이 책을 바친다.

2004년 6월

갈렙앤컴퍼니 신덕순, 김규영, 박기준

차례 | 혁신으로 가는 항해

추천사
서문

제1부 한 줄기 빛을 발견하다

1. 회상, 급히 귀국을 명령받다 • 17
2. 전략 변화만이 살 길이다 • 27
3. 안개 국면, 길은 보이지 않고… • 39
4. 전문 컨설팅 회사 파로스와의 만남 • 52
5. BSC의 추진 틀을 구체화시키다 • 67
6. 최고 경영자의 동의를 얻어내다 • 82

제2부
전략을 수정하고 BSC를 구축하다

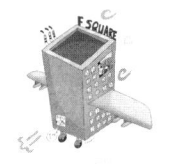

7. TFT, 닻을 올리다 • 101
8. 양평 워크숍, 2박 3일+24시 • 126
9. 새로운 미션과 비전을 찾아라 • 141
10. BSC를 이해하다 • 160
11. 산정호수 워크숍, 전사 BSC 기본틀을 마련하다 • 172
12. 우리만의 BSC 관점을 설정하다 • 183
13. 정복할 고지를 찾아라 • 199
14. SMART 법칙으로 성과 지표를 정하다 • 215
15. 본부 전략 과제 도출을 위한 난상 토론 • 246
16. 대반전, 보고회! 적들을 잠재우다 • 270
17. 쾌속 항진 • 283

제3부
BSC를 실행하고 성과가 나타나다

18. BSC 시범 운영 스타트 • 301
19. 묵은 껍질을 깨고 새 날개를 얻다 • 311
20. BSC 안정기에 접어들다 • 321
21. 희망은 확신하는 자의 것이다 • 343

| 등장인물 |

김영민

F-SQUARE 사의 전략경영팀 부장. 3년 동안에 걸친 TFT 활동을 성공적으로 이끌어 BSC 도입을 가시화시키고, 이에 대한 공로로 경영기획실장으로 승진함. 하의상달과 민주적 커뮤니케이션을 중시하고, 부하 직원을 배려하고 책임지는 리더형 관리자임. 불굴의 의지와 철저한 솔선수범으로 F-SQUARE 사가 BSC 도입을 통해 전략 중심의 조직으로 거듭나는 데 최대 공헌을 함.

한경영

전문 경영 자문 회사인 파로스(Pharos) 사의 이사. F-SQUARE 사가 BSC를 도입하는 전 과정에 참여, 김영민 부장과 모범적인 파트너십을 유지해 나가면서, 결국 F-SQUARE 사의 일대 혁신을 이룩하는 데 지대한 역할을 함. TFT 활동 내내 김영민 부장과 E-채널을 통한 자문 활동을 전담함.

강혁채

F-SQUARE 사의 대표이사, 사장. 제화 회사로 출발한 아버지의 가업을 물려받은 2세 경영인. 합리적이고 서구적인 사고방식과 경영 스타일을 겸비한 해외 유학파 경영인으로 시대 변화에 맞춰 F-SQUARE 사를 토탈 패션 회사로 전환, 발전시키는 과정에서 BSC 도입과 적용을 적극 지원함.

박영출

F-SQUARE 사의 전략경영팀 과장. 김영민 부장을 도와 TFT 활동에 일등 공신 역할을 하며, 후일 능력을 인정받아 김영민 부장의 후임으로 전략경영팀장에 오름.

최동집

F-SQUARE 사의 경영기획실장. 구태의연하고 권위주의를 앞세우는 고도 성장 시대의 대표적인 관리자 스타일. 변화를 두려워하는 현실유지형 임원으로 김영민 부장의 TFT 활동에 부정적인 태도로 일관함.

제1부
한 줄기 빛을 발견하다

1. 회상, 급히 귀국을 명령받다

2. 전략 변화만이 살 길이다

3. 안개 국면, 길은 보이지 않고…

4. 전문 컨설팅 회사 파로스와의 만남

5. BSC의 추진 틀을 구체화시키다

6. 최고 경영자의 동의를 얻어내다

1. 회상,
급히 귀국을 명령받다

동녘 하늘에 한 조각의 조개구름이 드리운 것을 빼고 인천 공항의 날씨는 맑다.

김영민 실장은 15번 게이트 앞 대기석에 앉아, 단전 호흡을 하듯이 깊이 숨을 들이마셔 본다. 디지털 시계는 오전 9시를 가리키고 있다. 아직 탑승 시간까지는 30분 정도 여유가 있다. 탑승 수속을 서둘러 마친 것이 잘했다 싶다. 그는 뒤쪽 검색대에 길게 늘어선 사람들을 힐끗 한번 쳐다보고 활주로 쪽을 바라본다.

파리의 드골 공항으로 자신을 데려다 줄 국적기는 선명한 로고를 4월의 화사한 햇살에 반짝이며 육중한 몸을 뒤척이고 있다.

파리의 드골 공항을 경유해 이탈리아의 밀라노로 가는 4박 5일의 일정이 오늘만큼은 여유롭다. 보통 때는 여행을 간다는 들뜬 기분보다 출장의 중압감 때문에 출발부터 긴장감을 떨치지 못했는데, 이번 여행은 왠지 몸도 마음도 가뿐하다.

김영민 실장이 몸담고 있는 F-SQUARE 사에서 함께 일하는 동료들, 즉 본부의 상품 디자이너들과 패션 스타일리스트 몇 명은 사흘 전에 김 실장보다 먼저 이탈리아 현지로 떠났다. 매년 이맘때면 회사의 상품 기획과 디자인을 담당하는 관계자들은 밀라노의 가을 및 겨울 패션쇼를 참관해 왔다. 백문이 불여일견이니, 올해 하반기와 내년 상반기의 세계 패션 동향과 유행 전망을 이해하기 위해서라면 유명 해외 컬렉션의 참관만큼 유효적절한 정보 수집이 없기 때문이다.

김영민 실장이 동료들보다 출발이 늦은 건, 자사 패션 제품의 해외 시장 진출 건을 최종적으로 검토하는 일에 며칠간을 꼬박 매달렸기 때문이다. 사흘 뒤늦게 합류한다 해도 이번 컬렉션의 메인 이벤트는 두루 살필 수 있었다. 이번 컬렉션에서도 이탈리아의 패션 대가들인 아르마니, 구찌, 발렌티노, 프라다, 베르사체 등은 기대에 어긋나지 않는 신작들을 뽐낼 것이다.

김영민 실장은 이들의 최신작 발표도 관심사였지만, 특히 아르마니나 프라다의 브랜드들이 거대한 중국 시장 진출에 박차를 가하는 추세와 관련해 종합적인 정보를 탐색할 요량이었다.

지난 주 일요일 저녁 김영민 실장은 아내와 함께 집 근처의 카페에서 와인을 한잔 나누며 오랜만에 오붓한 시간을 가졌다. 토요일도 회식 때문에 늦게 귀가한 터라 아내에게 미안했고, 1주일 후면 이탈리아 출장으로 다시 집을 비우게 되었으므로 아내를 위로하기 위한 깜짝 데이트였다.

아내는 은은한 호박색으로 빛나는 보르도 산 와인의 맛보다는 남편의 말 한마디에 더 신경을 쓰는 눈치였다.

"오늘 해가 서쪽에 뜬 것 맞죠? 부부끼리도 얼굴 잊어버리고 산다더니, 그게 우리 얘기네요. 오늘 와인 한잔에 내가 또 넘어가 준다!"

살짝 눈을 흘기면서 말은 이렇게 했지만, 아내의 입술은 가늘게 떨렸다. 그만큼 아내는 감동했던 것이다.

"미안해! 어제는 특별한 날이었어! '부메랑 미팅'이라 쉽게 빠져 나올 수 있었어야지."

아내의 손목을 살며시 감아쥐며, 김 실장은 어제의 늦은 귀가부터 해명했다.

"부메랑 미팅이라뇨? 호주 인디언처럼 부메랑 던지는 시합은 아니었을 테고…. 요즘은 술자리 만드는 핑계거리도 참 세련됐네요?"

"허허, 그게 아니라 3년 전 같이 일했던 사람들과 실로 오랜만에 만난 모임이라 쉽게 빠져나오지 못했어."

"굳이 부메랑이라고 한 게 궁금하네요."

"우리가 추진한 일의 결과가 좋은 결실을 맺어 돌아온다, 이런 바람을 담아 3년 전 프로젝트를 마치면서 붙인 이름이야."

"꿈보다 해몽이 좋네요! 그건 그렇고, 당신이 출근했다가 집에 돌아오는 것도 부메랑인데, 어째 우리 집 부메랑은 불량감자 같네요. 다음부터는 좀 일찍 들어오세요. 이러다가 아이들이 '아저씨, 누구세요? 이러겠어요."

"어, 이거 웃을 일이 아니네! 그 정도로 점수를 잃었나? 그래도 요즘은 F학점은 면한 것 같은데…."

"물론 낙제점은 아니죠. 그렇긴 해도 애들 마음을 풀기엔 미흡해요!"

김 실장의 아내는 여기까지 말을 잇다가 화제를 돌렸다.

"그런데 당신, 예전과 좀 달라진 게 있어요."

"글쎄, 그게 뭘까?"

"회사에 꿀단지라도 숨겨놓은 것 아니에요? 전에는 파김치가 되어 들어왔는데, 요즘은 똑같이 늦게 들어와도 활력이 넘쳐요. 뭔가 즐거운 일에 푹 빠져 사는 사람이 아니고선…. 나 몰래 숨겨둔 애인이라도 있는 건 아닌가 몰라!"

"그렇게 보여?"

김 실장은 순간 아내를 골려주고 싶어, 능청스런 표정으로 한마디 더 대꾸했다.

"당신 눈은 못 속이지! 그래, 애인이 생겼고말고!"

"당신, 정말이에요? 그럼, 나도 당신의 애인 얼굴 좀 봅시다!"

"그럴까? 하하."

가볍게 손등을 꼬집으며 짐짓 토라진 표정을 짓는 아내의 옆얼굴을 보며, 김 실장은 다시 진지한 목소리로 돌아왔다.

"작년 말, 발탁 승진 덕분이겠지."

"그렇군요. 그때 당신이 기뻐하던 모습이 지금도 생생해요. 그전까지만 해도 힘겨워하는 당신 모습을 보면서 안타까웠는데, 승진 이후로 무척 밝아진 것 같아요. 그런데 진급 이상으로 당신을 사로잡은 게 분명히 있는 것 같아서 그래요."

"잘 봤어, 여보. 그게 바로 내 애인인 셈이지. 승진 자체보단 그 과정에서 겪은 많은 경험들이 날 새롭게 변화시키고, 더 강한 에너지를 불어넣어 주었지. 당신을 처음 만났을 때 느낀 전율처럼, 그런 짜릿한 희열을 느꼈다고나 할까? 당신을 만났을 때, '왜 내가 이 사람을 지금에야 만났을까?' 하는 자탄이 절로 터져나왔지. 그런 안타까운 심정, 당신은 이해하지?"

"고마워요, 아직도 그런 말을 해줄 생각을 하다니…. 듣기 좋으라고 하는 말이 아니길 바래요."

"마님, 소인이 어느 안전이라고 거짓을 고하겠습니까?"

김 실장은 순간 얼굴에 수줍음이 스쳐 지나가는 아내의 와인 잔에 자신의 잔을 부딪치며 능청맞게 말을 받았다.

"결코 듣기 좋으라고 하는 말이 아니야. 내가 바쁘게 살면서 당신과 시간을 많이 갖지 못했다고 당신을 처음 만났을 때의 감정까지 잊어버리고 산 건 아니야."

"호호호, 알았어요. 근데 그 애인이 어떻게 우리 낭군님을 사로잡았을까?"

"한마디로 잘라 말하기 쉽지는 않아. 승진 과정, 다시 말해 전략을 새롭게 하고 이를 실행할 좋은 경영 체제를 구축하며 사람들에게 변화의 마음을 심어주고…. 이런 일을 통해 회사의 성과를 높이는 과정을 겪으면서 '성공의 핵심'이 무언가를 깨닫게 된 거지. 예전엔 회사 일이 그냥 주어진 업무를 성실히 하는 게 능사라고 생각했고, 프로젝트도 그런 차원에서 수행해 나갔는데, 돌이켜보니 그것은 우리 회사가 경쟁적 차별화를 이루게 하는 중대한 변혁의 과정이었다는 거야."

"경쟁적 차별화라! 내겐 어려운 말이네요. 어쨌든 진급 자체도 좋지만, 진급과 관련된 과정이 당신과 회사에 너무나도 중요한 일이었다는 것을 새롭게 느꼈다는 말이죠?"

"옳거니! 바로 그거야."

3년간 프로젝트를 진행해 오면서, 김 실장이 시달린 업무의 중압감과 추진 과정에서 돌출되는 갈등을 해소하기 위해 설득하고 인내

해야 했던 고비마다 느낀 고립감에서 좌절하지 않고 헤쳐 나올 수 있었던 힘은, 8할이 아내에게서 나온 것이었다.
 김 실장은 오늘따라 아내가 더욱 사랑스러웠다.

 김영민 실장이 앉아 있는 대기석 뒤쪽이 갑자기 소란스러워졌다. 김 실장은 흠칫 상념에서 깨어났다. 파리행 국적기는 이미 기수를 탑승구에 들이대고 승객을 맞이할 준비를 마친 듯했다. 디지털 시계는 9시 20분을 가리킨다. 항공사 직원들의 탑승 안내에 따라 벌써 탑승구 쪽으로 길게 줄이 나 있다. 활주로 쪽으로 막 선회 비행을 마친 항공기 한 대가 착륙을 시도하는 것이 보인다. 은빛 날개가 봄 햇살에 반짝거린다. 화려한 비행 끝에 사뿐히 내려앉은 항공기의 착륙 장면은 언제 봐도 이채롭다.
 디지털 안내판에 파리발 서울행 국적기가 막 도착했음을 알린다. 지금 김 실장이 착륙을 지켜본 비행기다.
 한순간 3년 전의 봄이 떠올랐다.
 그때 김 실장은 파리 출장을 끝내고 돌아오는 길이었다.

3년 전 봄 어느 날, 오전 7시 30분.
 '10분 후 착륙'을 알리는 기내 아나운서의 안내 방송에 김영민 부장은 안전 벨트를 습관적으로 죄면서, 떠지지 않는 눈을 비볐다.
 시차 적응을 위해 잠을 청하려고 포도주 서너 잔을 연거푸 마신 탓에 머리가 맑지 못했고, 몸도 개운하지 않았다. 사흘 전 파리 현지에서 최동집 경영기획실장의 전화를 받은 뒤부터 뻘처럼 가라앉아

버린 기분 때문이었다.

　김영민 부장은 경영기획실 산하 전략경영팀의 수장으로, 최 실장이 그에게는 직속 상사였음에도 '편한 관계'가 아니었다.

　50대 중반인 최 실장은 상당히 껄끄러웠다.

　최 실장은 직급이 올라갈수록 권위주의에 빠져, 자기 견해만을 관철시키려는 전근대적인 상사의 기질을 고수했다. '자리'가 사람을 바꾼다는 것은 상식이지만, 실장의 경우는 안 좋은 쪽으로 발달했다.

　그렇다고 김영민 부장은 최 실장에 대해 드러내 놓고 반목할 수 없었다. 무엇보다 직속 상사이기 때문이다. 절이 싫으면 중이 떠나면 그뿐이라지만, 김 부장은 그럴 수도 없는 형편이라 최 실장의 비위를 맞추느라 노력하는 한편, 긴장감을 늦추지 않았다.

　그런데 출장중인 파리 현지에서 최 실장에게 직접 전화가 왔다.

　물론 실장의 비서가 전화를 연결해 주기 전까지 숱한 추측이 뇌리를 스쳐 지나갔지만, 무슨 까닭인지 알 도리가 없었다.

　"김 부장, 나 실장이오!"

　"예, 실장님."

　"출장 간 일은 어떻게 됐소?"

　아니나다를까 최 실장의 조바심이 발동한 것이다. 예상대로 업무 추진 상황에 대해 다그쳐 물었다.

　최 실장의 깐깐함을 알기에 돌려 말할 이유가 없었다.

　"실장님! 출장 팀 내부에서는 이 지역에 우리 브랜드로 판매 법인을 세운다는 것은 현실적으로 불가능하다고 잠정 결론을 내리고 있습니다."

"그런 결론은 이미 예상한 것 아니오. 결과는 돌아와서 보고서로 올려주면 될 테고…."

'어, 출장 결과에 대해 궁금했던 게 아니었나.'

김 부장은 순간 혼란스러웠다.

"실장님, 출장 건말고 별도로 지시할 일이라도…."

김 부장의 질문이 채 끝나기도 전에, 최 실장의 동굴 속에서 울리는 듯한 갈라진 목소리가 수화기를 타고 들려왔다.

"이렇게 전화한 것은 김 부장이 좀 빨리 들어와 주어야 할 일이 생겼기 때문이오."

"무슨 일입니까, 실장님?"

"김 부장도 알다시피 작년 가을과 겨울을 지내면서도 매출이 회복되지 않았지 않소. 사장님께서 예정에도 없던 본부장 회의를 사흘 후에 한다고 해서 보고 자료를 만들고 있는데, 당신이 와서 검토도 하고 회의에도 같이 배석해야겠소."

김 부장은 순간 혼란스러움을 넘어 황당하기까지 했다.

'이 양반이 지금 내가 유럽 출장중이란 걸 모르나?'

"실장님, 출장 일정도 아직 남았고…. 이번 일은 전략경영팀 내의 정 과장이나 박 과장에게 지시하면 안 되겠습니까?"

"글쎄, 그렇지 않아도 그 사람들을 시켜 자료는 만들고 있어요. 그런데 영 마음이 놓이지 않아서 말이야."

김 부장은 최 실장의 심정을 헤아리지 못하는 바가 아니었다.

사실 최 실장은 신임 사장에게 좋은 점수를 얻지 못했다. 설상가상으로 회사의 매출 실적도 내리막길을 달리고 있어 경영기획실장으로서 하루하루가 가시 방석일 터였다.

김 부장은 여기까지 생각이 미치자, 이미 주요한 전략적 판단이 내려진 출장 일정에 연연해할 필요가 없다는 생각이 들었다. 더구나 최 실장과 마찰을 일으키고 싶지도 않았다.

"알겠습니다, 실장님! 내일이라도 비행기 편이 있으면 들어가겠습니다."

그런데 뜻밖에도 서울행 비행기표를 구하기 쉽지 않았다. 가까스로 항공권을 구한 것은 이틀 후였다.

그 사이 실장과 한 번, 자료를 만들고 있는 과장들과 한 번씩 통화를 하고, 이메일로 보내준 보고 문건을 1차 검토했으나 충분하지 못했다. 무엇보다 김 부장 자신이 현 부서인 전략경영팀의 부장으로 발령받은 것이 작년 말로 불과 몇 개월이 지나지 않은 상황이었고, 출장지라는 물리적인 제약 때문에 자료 검토를 꼼꼼하게 할 수 없었다.

2. 전략 변화만이 살 길이다

김영민 부장이 세관 검사 등 입국 수속을 다 마치고 공항을 빠져나온 것은 오전 10시가 넘어서였다.

오늘은 최동집 실장이 말한 '사장 주재 본부장 회의'가 열리는 날이다.

영업 본부가 아침부터 보고하고 있고, 경영기획실은 오후 1시부터 보고하기로 되어 있었다.

해외 출장을 마치고 오전에 입국했을 경우, 당일은 쉬고 다음날 출근하는 것이 관례였다. 김영민 부장은 관례에 따라 집으로 들어가 쉬고 싶은 생각이 간절했다. 공항 화장실에 들어가 전기 면도기와 1회용 칫솔을 이용해 대충 씻고 출근 준비를 하고 나니 기분이 개운치 않았고, 후줄근한 옷매무새도 영 마음에 들지 않았다. 그저 '집에서 목욕하고 한숨 잔다면 얼마나 행복할까?'라는 생각만 들었다.

그러나 현재 상황으로서는 몽상일 뿐이었다.

김영민 부장은 택시 승강대에 길게 늘어서 있는 택시에 올라타면서 이내 아쉬움을 떨쳐 버렸다.

"여의도! F-SQUARE 빌딩까지 부탁합니다."

"예, 손님. 어서 오십시오. 좋은 아침이죠?"

50대 중반으로 보이는 기사가 사람 좋아 보이는 웃음을 지으며 김영민 부장의 짐을 트렁크에 넣으면서 몇 마디를 건네왔으나, 김 부장은 건성으로 대꾸하고 택시 뒷좌석에 몸을 파묻었다.

택시가 올림픽 대로를 달리는 내내 김영민 부장은 계속 조바심이 났다.

'혹시 보고가 끝나 버린 것은 아닌가? 무슨 이야기가 오갔을까? 상황이 어떻게 전개될 것인가?'

김영민 부장이 사무실로 들어섰을 때, 시간은 이미 11시가 다 되어 갔다. 같은 팀의 정명규 과장이 다른 직원과 머리를 맞대고 이야기를 나누다가 김 부장을 보더니 급히 그에게 다가왔다.

"부장님, 오셨습니까. 마음이 급하셨지요?"

"어, 정 과장! 좀 그랬어. 어떻게 진행되고 있나?"

"자료는 어제 전화로 말씀드린 것에서 크게 변한 것은 없습니다. 지금 박 과장이 회의장에서 실장님과 같이 있습니다."

"좋아! 일단 자료부터 하나 뽑아주게. 언제쯤 들어가면 될까?"

"아까 잠깐 쉬는 시간에 알아보니 점심을 구내 식당에서 한다고 합니다. 식사 후에 우리 실이 보고할 차례라고 하니 그때 박 과장과 바꾸시면 될 것 같습니다."

"그러지. 먼저 자네하고 나하고 간단하게 요기를 하지. 내게 발표 자료도 설명해 주고…."

배달된 우동 한 그릇을 먹는 둥 마는 둥 하며, 정명규 과장에게 설명을 다 듣고 난 무렵, 박영출 과장에게 연락이 왔다.

"이제 식사를 시작합니다. 본부장들과 사장님이 구내 식당에 가셨습니다. 부장님, 올라오시죠."

김영민 부장은 7층 사무실에서 10층 회의실로 계단을 통해 걸어 올라갔다. 회의실 앞에서 서성대던 박영출 과장은 김 부장을 보자 다가오면서 오전 회의 분위기를 전했다.

"오전에 사업부 발표가 있었는데, 사장님께서 여러 가지를 꼬치꼬치 캐물으시더군요. 우리 실의 발표 때도 마찬가지일 거라는 생각이 듭니다. 성과가 좋지 않은 영업 본부와 마케팅 본부의 보고 때는 분위기가 초상집이었습니다."

박영출 과장의 설명이 없어도 회의실 분위기는 이미 짐작하고 있던 터였다. 특히 전사 전략을 발표해야 할 경영기획실로서는 오늘의 회의가 매우 어려운 자리일 수밖에 없었다. 김영민 부장이 박 과장에게 간단히 설명을 듣고 10여 분이 지났을 때, 사장과 본부장들이 같이 회의실로 들어서고 있었다.

최동집 실장은 김영민 부장을 보자, 반가움을 표시하기에 앞서 매우 서운한 듯이 말문을 열었다.

"김 부장, 왔소? 늦었구먼."

"최대한 빠른 비행기 편을 이용했는데도 오늘 오전에서야 도착했습니다. 좀더 빨리 왔어야 했는데 죄송합니다."

"알겠소. 그만 들어갑시다."

언뜻 보기에도 최동집 실장의 표정은 굳어 있었다. 김영민 부장이 늦게 도착한 걸 떠나 매출 부진 문제로 심기가 편할 리 없을 것이다.

드디어 회의가 재개되고 최동집 실장의 발표가 시작되었다.

"작년도 전사 매출은 전년도 대비 24.8퍼센트가 줄었습니다. 특히 지난 가을 및 겨울의 매출이 회복되지 않아 예상한 것보다 큰 매출 감소가 나타났습니다. 금융 비용이 비정상적으로 증가한 경제적인 상황을 감안해, 판매 관리비를 줄이는 등 여러 노력을 기울였으나 경상 이익은 창사 이래 최저치를 기록했습니다."

최동집 실장의 브리핑은 회의실 분위기를 더없이 무겁게 했다.

그러나 현실은 현실이었고 '있는 그대로'를 공유해야 했다. 과연 무엇이 문제인가 규명하고 문제를 해결하는 길만이 남아 있을 뿐이다. 최 실장이 매출 부진의 문제점을 설명하려고 다음 슬라이드를 넘겼을 때, 사장이 갑자기 말을 끊고 목청을 높였다.

"경영기획실에서 발표할 주요 내용이 지난번 서면 보고와 크게 달라진 점이 없더군요. 내가 전략 부분을 이미 살펴보았는데, 최 실장은 우리가 아직도 매출 중심의 성장 전략을 추구해야 한다고 생각하는 것 같아요."

다음 슬라이드를 넘기려다가 갑작스런 사장의 지적에 최 실장은 엉거주춤한 자세로 답변하기 시작했다.

"물론 우리 회사가 패션 산업에 진출했기 때문에, 보유 브랜드의 패션성도 동시에 추구해야 하는 것은 맞습니다. 그러나 두 마리 토끼를 동시에 잡는 것은 매우 어렵습니다. 따라서 매출 확대를 우선 과제로 잡고 그 후에 브랜드 가치를 제고할 패션성을 추구하는 것이 우리의 수익을 추구하는 길이라고 봅니다."

"왜 그렇다고 생각하죠? 우리는 일반 제조업과는 다른 회사입니다."

최 실장의 소신 있는 답변이 끝나자, 곧바로 이어진 사장의 반문은 집요했고 날카로웠다.

"사장님께서 지금 지적하신 점은 잘 알고 있습니다. 하지만 우리의 매출 감소는 최근의 경제 상황에 의한 영향이 훨씬 더 크다고 생각되며 이럴 때일수록 비용을 줄이고 매출을 증대시키는 전략을 유지해야 한다고 봅니다. 즉 인력을 보수적으로 운영하고 다양한 상품권을 통해 고객층을 확대해야 합니다."

최 실장이 설명하는 전략의 대부분은 김 부장도 이미 잘 아는 것들이었다. 다만 최 실장의 생각이 완고해서 쉽게 바꾸기는 어렵다는 생각에, 겉으로만 동조하는 처지였다.

다시 사장의 말이 숨 돌릴 틈도 없이 이어졌다.

"최 실장의 생각은 잘 압니다. 우리 회사를 이렇게 키워 오신 산증인이고 지금 말씀하시는 방향도 이해가 갑니다. 그러나 지금은 새로운 환경이 도래했다는 점을 알아야 합니다. 지금 전략을 그대로 가져가서는, 최 실장이 낙관하는 매출 확대가 이루어지지 않을 게 뻔합니다. 여기에 문제의 심각성이 있다는 겁니다. 과거 우리 사회가 성장 위주의 경제 정책을 추구할 땐 매출 확대 전략이 유효했습니다. 그야말로 만들면 팔리는 시대가 아니었습니까? 그러나 이제는 다릅니다. 만들었다고 팔리는 시대가 아닙니다. 이런 변화는 경영기획실장인 최 실장이 잘 아시지 않습니까?"

사장은 잠시 말을 끊었다. 회의장은 물 끼얹은 듯이 조용했다.

사장의 어조는 한층 더 단호해졌다.

"우리가 패션 사업에 진출한 이상, 먼저 패션 산업 전체를 리드하는 회사가 되어야 합니다. 우리가 패션 마인드를 가지고 젊은 고객층을 이끌어가야 한다는 것이죠. 브랜드 중심으로 더 빨리 움직여야 할 것입니다. 이제는 한 제품을 얼마나 많이 파느냐 하는 데서 벗어나, 정상의 고급 브랜드를 개발해 멀티아이템으로 키워나가는 쪽으로 바뀌어야 합니다. 이렇게 함으로써 매출이 자연스럽게 확대되도록 해야 합니다."

바야흐로 사장은 최동집 실장이 말한 전략을 뒤집고 있었다. 최 실장은 상품권 등 영업력에 의한 매출 확대를, 사장은 패션성 확보를 먼저 주장하는 것이다.

사장은 계속해서 말을 이어 나갔다.

"이탈리아의 세계 패션 브랜드인 '프라다'도, 매출액 전체에서 의류가 차지하는 비중이 15퍼센트밖에 안 됩니다. 나머지 매출은 핸드백, 잡화 등과 같은 토탈 패션에 속하는 개별 브랜드가 올리고 있습니다. 이렇듯 브랜드 중심의 경영을 이루어야 한다는 것입니다. 우리는 아시아의 이탈리아가 되어야 합니다."

사장의 말은 거침이 없었다.

김영민 부장은 사장의 말에서 뭔가 다른 비전을 느낄 수 있었다.

최 실장은 별다른 말이 없었다.

"경영기획실에서는 제가 말한 내용을 다시 한번 검토하시고 지금의 전략안을 어떻게 수정할 것인지, 계획안부터 다시 보고해 주시기 바랍니다."

사장은 덧붙여 몇 가지를 더 주문했으나, 김영민 부장은 '패션성 확보'나 '아시아의 이탈리아'라는 용어가 귓가를 계속 맴돌아 다른 말은 귀에 들어오지 않았다.

오랫동안 먼발치에서 짝사랑을 하다가, 어느 날 상대방에게서 '나도 당신을 사랑해요!'라는 고백을 들었을 때의 느낌이 이와 같을 거라는 엉뚱한 비유까지 떠오를 정도로, 사장의 핵심 발언은 김영민 부장을 그만 사로잡고 말았다.

그러다가 사장의 입에서 인력 구조 조정에 관한 이야기가 나왔다.

사장은 강한 어조로 현재의 소극적인 구조 조정에 대해 강한 불만을 토로하면서, 새로운 전략과 연계해 조직적이고 혁신적인 인력 구조 조정이 있어야 한다고 못박았다.

가뜩이나 최동집 실장의 전략적 언급에 대한 사장의 반박으로 정신이 바짝 든 회의장 내의 인사들에게, 사장의 '구조 조정' 언급은 핵폭탄과도 같은 충격으로 와 닿았다.

회의장은 금세 술렁거렸다. 분위기가 어수선해지면서 경영기획실의 보고가 끝났다.

어수선한 분위기를 틈타 김영민 부장은 슬그머니 자리를 벗어났다. 김 부장의 입에선 자신도 모르게 한숨이 새어나왔다. 출장 뒤끝의 시차 적응 문제라든지, 피로감 따위는 이미 안중에도 없었다. 그저 앞으로 해야 할 일의 무게가 벌써 가슴을 짓누르는 것 같았다.

회의장을 나오면서 김영민 부장은 사장이 본부장 회의석상에서 내린 두 가지 지시 사항을 골똘히 되새겨보았다. 인력 구조 조정안은 인사팀에서 계획을 작성하게 될 확률이 높고, 새로운 전사 전략은 전략경영팀에서 검토하고 보고해야 할 것이다.

김영민 부장은 결코 넘기가 쉽지 않은 고비가 다가오는 것을 직감할 수 있었다. 이 고비를 넘기는 일은 수개월, 아니면 몇 년이 걸릴지도 모를 일이다.

입사 동기인 인사팀의 심명철 부장이 떠올랐다. 심명철 부장은 사내 전체에서 사람 좋다는 평을 들었다. 매사에 합리적이고 상대를 배려하는 마음이 남달라, 위에서 아래까지 심 부장을 싫어하는 사람이 없었다.

그런데 심명철 부장에게 시련의 시기가 닥친 것이다. 아무리 명석한 두뇌의 소유자이고 합리적인 사람일지라도 구조 조정 계획을 입안하고 칼날을 휘두르다 보면, 본의 아니게 남에게 상처를 입히지 않을 도리가 없을 터였다.

인사부에 들어서니, 방금 전 회의실에서 있은 폭탄 발언을 아는지 모르는지 심명철 부장은 신문을 뒤적이며 커피를 홀짝거리고 있었다.

"심 부장, 한가하구먼!"

"어, 김 부장! 우리 회사의 최고 브레인이 날 다 찾아주고 웬일이야? 참, 출장 갔다는 소식을 들었는데, 벌써 들어온 건가? 간 일은 잘됐고?"

"이 사람, 소식 한번 빠르군! 분위기가 심상치 않아 계속 있을 수 있어야지. 마침 실장의 지시가 있어 오늘 아침에 입국한 거야."

"아 참, 그랬지! 그 얘기까지 들어놓고선…. 그래 회의장엔 들어가 봤나?"

"그래, 막 회의장에서 나오는 길이야."

"무슨 이야기가 오갔나? 분명히 인력 구조 조정 이야기가 있었을 텐데?"

"자네 요새 점도 치나? 회의장에도 없었으면서 어떻게 그리 잘 아는가?"

"이 사람이 싱겁긴…. 어제 최 실장과 내가 인력 구조 조정에 대해 어떻게 이야기할 것인가를 놓고 회의했지. 일단 보수적 인력 감축 계획 쪽으로 정리를 했는데, 결과가 아마 좋지 않았을 거야."

"맞는 얘길세. 사장은 더 강도 높은 구조 조정안에 대해 세부 계획을 올리라고 했다네."

"사실 예상은 했지. 자네도 알다시피 최 실장은 현재의 위기 상황을 일시적인 현상으로 생각하는 것 같아. 그래서 나도 일단은 보수적인 계획안을 올렸는데, 앞으로가 고민이야. 아무래도 조직적인 감원을 피할 수 없겠어."

"나도 그렇게 생각하네. 사장은 회사 전략을 전면 재검토하라고 하면서, 혁신적인 인력 구조 조정안도 마련하라고 지시했지."

"사장이 마음을 굳힌 것 같군."

"의지가 강해 보이던걸. 자네도 고생하겠군그래. 사실 나도 새로운 전략안을 수립해야 할 입장이야. 기존 전략을 전면적으로 재검토해야 하니…."

"인력 구조 조정이라…."

심명철 부장은 남은 커피 한 모금을 마저 마시고 담배를 만지작거리며 말했다. 김영민 부장은 심 부장에게 한마디 당부를 하고 싶었다. 심 부장이 워낙 합리적이고 개방적인 사람이라 자신의 부탁을 들어주리라는 확신이 섰다.

"심 부장, 일단 내가 걱정하는 것은 구조 조정을 하고말고의 문제가 아닐세! 인사부장인 자네가 더 잘 알겠지만 낮은 경영 성과에 대한 단기간 처방으로서 구조 조정을 선택하는 건 정답이 아니라고 생각한다네. '인력 몇 퍼센트 감축' 식으로 막무가내로 밀어붙이면, 급기야 기업의 경쟁력을 잃게 되지 않을까 걱정된다네."

"경쟁력이라…. 지금 자네 이야기를 하는 건가? 자네가 우리 회사의 경쟁력 아닌가?"

"이 사람, 실없기는…. 농담치고 기분은 좋구먼! 인사의 칼자루를 쥔 사람이 그렇게 추어주니 어쨌든 내 목숨은 붙어 있겠구먼."

심명철 부장의 농담 덕에 김영민 부장은 다소 긴장이 풀어지는 것을 느꼈다.

그런데 심명철 부장이 다시 정색을 하고 말을 이었다.

"자네의 말이 핵심이야. 성장 일변도였던 우리 회사로선 구조 조정이 받아들이기 어려운 현실이겠지! 하지만 계속 매출이 부진한 채 답이 안 보이는 상황에선 피할 수 없는 선택이야. 물론 빈대 잡으려다 초가삼간 태운다고, 그 와중에 핵심 인력들을 잃어서는 안 돼. 핵심 인력들을 잃는 건 바로 경쟁력을 잃는 거지. 내가 고민하는 점이 바로 이거야. 핵심 인력들은 그대로 유지하면서 구조 조정을 단행하는 묘안을 짜내야 해!"

"역시 심 부장은 우리 회사의 제갈 공명이라니까! 자네도 나하고 생각이 같을 줄 알았네! 구조 조정안을 입안할 때 필요한 게 있으면 지체 없이 이야기하게. 우리 경영기획실이 보유한 관련 자료를 적극 지원할 테니…."

"알겠네. 1차로 사업부별 실적 자료를 요청할지도 몰라."

"연락 주면 바로 챙기겠네."

두 사람은 '경쟁력을 잃지 않는 인력 구조 조정'이 말처럼 쉬운 일이 아니라는 걸 누구보다 잘 알았다. 이론과 실제는 다른 경우가 더 많게 마련이다. 인간 경영, 인재 경영을 외치는 회사일지라도 막바지 구조 조정 단계에 이르러서는 옥석을 가리는 일에 난항을 겪는 것이 비일비재하기 때문이다.

두 사람은 국내외의 경제 전망에 대해 몇 가지 더 이야기를 나눈 후 헤어졌다.

김영민 부장은 자리로 돌아오면서, 몇 년 전 대기업에 다니는 친구에게 들은 이야기가 생각났다. 그 친구가 일하던 사업부의 사업 영역이 축소되면서 인력 감축을 실시하게 됐는데, 어이없게도 제비뽑기로 구조 조정 대상을 정했다는 것이다. 그 이야기를 듣고 남 얘기 같지 않아, 씁쓸함을 넘어 연민에 빠진 일이 떠올랐다. 다행히 그 친구는 회사에 계속 다니지만, 당시 구조 조정 결과 전체 조직의 20퍼센트 정도가 감원이 되었다고 했다.

'우리 회사에는 과연 어떤 일들이 벌어질까?

노조의 반발은 또 얼마나 거셀 것인가?

어떤 원칙과 기준이 제시될 것인가?

전체 인원의 몇 퍼센트 정도가 감원될 것인가?
구조 조정을 한다면 브랜드별로 정리해야 하나?
아니면 전 부문에서 일률적으로 인원 조정을 해야 하나?
분위기는 또 얼마나 심각해질 것인가?
아무튼 한치 앞을 내다볼 수 없는 상황이었다.

김영민 부장은 지금의 회사로 오기 전에 1년쯤 다른 회사에서 일했다. 대학 은사의 소개로 들어간 첫 직장은 의류 회사로, 그는 영업부에 배치되었다. 다행히 일도 재미있었고 사람들도 좋았다. 그런데 회사가 부도로 파산하고 말았다.

그 후 김영민 부장은 공부를 좀더 해 실력을 갖춘 후 안정된 직장을 잡자는 생각을 하게 되었다. 이에 따라 곧바로 경영대학원에 진학해 경영학 석사 학위를 취득한 후 지금의 F-SQUARE 사에 들어와 전략경영팀 부장까지 오르게 된 것이다.

김영민 부장 개인에겐 회사의 부도가 전화위복이 되었지만, 그때 첫 직장에서 같이 일하던 많은 사람들은 다른 일터를 찾느라고 몹시 고생했다.

3. 안개 국면, 길은 보이지 않고…

"박 과장, 각 사업부에 요청한 성과 지표 건은 어떻게 됐지?"

"캐빈 브랜드 사업부만 제외하고는 전부 전달받았습니다."

김영민 부장은 자리에 앉자마자 출장 전에 지시해 놓은 사안들을 챙기기 시작했다. 회의실에선 아직도 회의가 진행중이었다.

갑자기 질문을 받은 박영출 과장이 자리에서 일어나, 부장석으로 다가와 업무 진행 사항을 보고했다.

김영민 부장은 박 과장에게 책상 옆의 보조 의자를 권했다. 박 과장은 보고를 계속해 나갔다.

"캐빈 사업부도 금주 중에 올 겁니다. 그리고 다음 주 월요일에 각 사업부 기획부서 사람들과 회의를 하기로 했습니다. 회의에서 검토한 후, 다음 주 내로 정리해 결재를 올리겠습니다."

"알았어. 될 수 있는 대로 빨리 정리하도록 하지. 서둘러 결재를 맡아 하반기부터는 이번에 정리된 지표들로 관리할 수 있도록 해야 해. 알았지?"

"예! 알겠습니다."

박영출 과장이 자리로 돌아간 후, 김영민 부장은 박 과장에게 자리를 권한 자신의 행동을 생각해 보았다. 이런 행동 양식은 사장에게서 배운 것이었다. 사장은 아랫사람을 불러 이야기할 때나, 보고를 받을 때 항상 본인의 책상 앞 보조 의자에 앉을 것을 권했다.

처음엔 감히 사장 옆에 앉는 것이 익숙지 않아 쭈뼛거리던 사람들도, 몇 차례 사장과 직접 대면하면서 이를 자연스럽게 받아들였다. 상하간 격의 없이 대하는 서구의 스타일이 몸에 밴 사장과는 달리 최동집 실장은 기성 세대의 권위주의를 버리지 못했다. 최 실장은 보고받을 때나 지시할 때, 여전히 본인의 책상 옆에 부하 직원을 세워두고 위압적으로 말하는 방식을 고수했다.

F-SQUARE 사의 강혁채 사장은 창업자인 아버지의 뒤를 이은 2세 경영자다. 그는 미국 동부의 아이비 리그에 속하는 명문 코넬대 경영대학원에서 MBA 과정을 마쳤고 프랑스와 이탈리아에서도 몇 년 동안 생활한 경험이 있다고 들었다. 그런 이유에서인지 사장은 매우 젊은 마인드를 가졌고 '감각'을 중시하는 사람이었다.

현재의 경영 체제를 갖춘 것이 올해 초라고는 하지만, 이미 사장에 취임하기 전에 여러 부서를 거쳤고, 부사장직을 수행한 터라 회사의 사정을 손바닥 들여다보듯이 잘 알고 있었다.

　서구적이고 젊다는 것은 그만큼 고용의 유연성에 대해 개방된 생각을 갖는다는 말과도 일맥상통한다. 사장은 분명히 최 실장과는 생각의 차이가 있고 패션에 대한 믿음이 강해 현재의 전략을 답습하거나 고수하지는 않으리라는 것이 김영민 부장의 판단이었다.

　저녁 퇴근 시간이 되자, 김영민 부장은 극심한 피로감을 느꼈다.
　이제야 시차에 따른 피로감이 몰려드는 것 같았고, 대충 거른 점심 때문인지 심한 공복감이 밀려왔다.
　회의가 끝났는지, 또 이후 상황은 어떻게 전개됐는지 궁금해 실장실의 민 비서에게 전화를 걸었다.

"기획실장실입니다."

언제나처럼 실장실의 민경애 비서가 전화를 받았다.

"민 비서! 전략경영팀의 김 부장입니다. 실장님, 돌아오셨나요?"

"예, 김 부장님. 10여 분 전에 나오셔서, 사장님과 식사를 하신다고 바로 나가셨습니다."

"별다른 지시는 없었고요?"

"없었습니다."

"아, 그래요! 내일 실장님 일정은 어떠신가요?"

"오전 10시에 영업본부장님과 약속이 있습니다."

"나도 뵐 일이 있는데, 일정 좀 잡아주시죠!"

"내일 아침에 바로 연락드리도록 하겠습니다."

"고마워요, 민 비서. 수고해요!"

최동집 실장이 사장과 함께 식사하러 나갔다는 말을 듣고, 김영민 부장은 다소 긴장이 풀렸다. 순간 피곤함이 해일처럼 밀려와 잠시 다리가 휘청거릴 정도였다.

김영민 부장은 퇴근을 서둘렀다. 김 부장은 내일 최 실장과의 회의 일정을 잡아야겠다고 생각했지만 내일로 미루기로 하고, 회사 정문에서 택시를 탔다. 그에겐 바퀴 달린 여행 가방을 끄는 것조차 힘겨웠다.

김영민 부장이 광명시의 집에 도착한 시간은 저녁 8시 30분경이었다.

김 부장은 지난 5년간 살아온 아파트가 오늘따라 무척 낯설었다.

그는 초인종을 누르면서, 처음 이 아파트로 이사올 때 무척이나 기뻐하던 아내의 모습이 떠올랐다. 저녁 준비를 하는지, 아내 미경은 앞치마 차림이었다. 물기어린 손으로 김 부장의 짐을 받아들면서 걱정을 숨기지 못했다. 공항에 도착하면서 미리 전화를 해 두었지만, 아내는 내내 걱정을 했던 모양이다.

"뭐가 잘못됐나요? 원래 일정보다 귀국이 너무 이른 것 아니에요!"

"아니야. 회사에 좀 급한 일이 있어 일정보다 일찍 들어온 거야. 걱정하지 마. 별일 없지? 우리 토끼들은 다 어디 갔나!"

아내를 안심시키며, 김 부장은 아이들의 안부부터 물었다.

"애들은 학원에서 아직 안 왔어요. 이러다간 정말 아이들이 당신 얼굴 잊어버리겠어요."

"미안해! 부서를 옮기고 나선 좀 바쁘네. 이건 당신 선물이야."

"어머, 프라다 지갑이군요. 마침 지갑이 낡아서 새로 사려고 했는데, 고마워요."

김영민 부장은 지갑을 건네면서 드골 공항에 진열된 많은 브랜드가 생각났다. 무엇을 고를까 둘러볼 때 눈에 밟히던 그 수많은 유명 브랜드들. 프라다, 구찌, 버버리, 까르띠에, 셀린느, 에트로, 피에르가르댕, 페라가모, 불가리, 펜디, 루이비통, 샤넬, 질샌더, 조르지오 알마니, 베르사체, 보스….

김 부장은 도대체 우리 브랜드가 언제쯤 이 매장에 들어올 수 있을까 하는 생각에 다소 좌절감을 느끼면서 선물을 샀다. 그런 날이 오도록 하는 것이 어쩌면 그에게 주어진 사명일지도 모른다.

제1부 한 줄기 빛을 발견하다

그러나 그것도 김 부장이 회사에 계속 근무한다는 조건에서나 가능한 이야기다. 올해도 여전히 매출 실적이 떨어진다면, 내년엔 김 부장마저 감원 대상이 될지도 모르기 때문이다.

김영민 부장은 아내가 차려주는 저녁을 먹는 둥 마는 둥 하고 침대에 벌렁 누웠다. 그는 이내 깊은 잠 속으로 빠져들었다. 그리고 꿈인지 실제인지 분간할 수 없는 상황 속에서, 감원 명단과 명품 브랜드들이 난마처럼 얽혀 돌아가는 악몽을 꾸었다.

경영기획실의 민 비서로부터 전화가 온 것은 10시가 조금 안 됐을 때였다.

"김 부장님, 저예요. 실장님이 점심 식사를 같이 하자고 그러시네요. 제가 장소 잡고 연락드릴게요."

"나만 갑니까?"

"아, 인사팀장님도 같이 부르셨습니다."

김영민 부장은 최동집 실장과 어떤 이야기를 해야 할지 고민이 되었다. 분명히 사장은 지금의 회사 전략에 문제가 있다고 느끼고 있었다. 최 실장은 사장과 시각 차이가 있는 것이 분명했다. 그 틈바구니에서 김 부장은 자신이 어떤 입장을 취해야 좋을지 판단이 잘 서지 않았다.

점심 식사의 장소는 회사 건물 지하 식당가에 있는 복집이었다. 그는 인사팀장에게 연락해서 함께 지하로 내려가는 엘리베이터를 탔다.

"심 부장! 밤새 안녕하신가?"

"잠이야 잘 잤지. 출근하니 전화통에 불이 나더라구."

"각 사업부에서 난리지?"

"말도 말게! 벌써 소문이 파다하게 퍼진 것 같아. 어떻게 구조 조정을 할 거냐고 묻는 건 고사하고, 어떤 본부에서는 벌써 확정된 것 아니냐고 다그쳐 묻더군."

"구조 조정이야 누구에게나 최대의 관심사 아닌가? 어쩌면 자기 자신이 떨려날지도 모르는 일인데…."

"자넨 뭐 좀 생각해 봤나?"

"나야 자네 처분만을 기다릴 뿐이지. 날 해고자 대상자에 올려놓지 않길 바라면서 말이야."

"칼자루는 내가 쥐고 있다 이거지? 허허허."

최동집 실장은 김영민 부장과 심명철 부장이 식당에 도착한 뒤 5분쯤 지나 나타났다.

"매운탕 어때요? 매운탕을 먹으면서 간단하게 정종도 한 잔씩 합시다."

최 실장은 구내 식당이 아닌 외부에서 식사를 할 때면 간단히 반주를 한 잔씩 하는 편이었고 오늘도 예외는 아니었다.

최 실장이 먼저 말문을 열었다.

"어제 사장님과 저녁 식사를 했소. 하루 종일 회의를 해서 그런지 어젠 정신이 하나도 없더군. 시급히 현재의 전사 전략을 재검토해야 할 것 같소. 작년 말에 검토된 전략과 목표는 이미 더 이상 현실성이 없는 것 같소. 난 어제 긍정적인 전망을 많이 부각시키려고 했는데 그게 효과적이지 않았던 것 같고, 이젠 근본적인 것부터 재검토해야 할 것 같다는 생각이 들었소. 그런데 꼭 이렇게 해야 하나?"

김영민 부장은 최 실장이 변화를 도모해야 한다는 부담감을 가지면서도 대대적인 변혁에 대해서는 여전히 회의적이라는 느낌을 받았다.

"사장은 현재의 전략을 계속 고수하는 것이 중장기적으로 훨씬 더 어려운 상황을 초래할 거라고 생각하니 그렇게 맞출 수밖에…."

최 실장이 애초부터 사장의 개혁 의지에 맞춰 보고했으면 어제 경영기획실의 보고를 좀더 수월하게 치를 수 있었을 것이다.

"사장님의 지시는 두 부장도 알다시피 크게 두 가지요. 하나는 인력 구조 조정이고 하나는 전사 전략 재검토요. 전사 전략에 따라 그 방법과 수위가 결정되는 것이 좋겠다는 생각이 들어 두 사람을 함께 부른 거요."

김영민 부장은 방향이 이제야 제대로 잡혀간다는 생각이 들었다.

이때 심명철 부장이 인사부장답게 말했다.

"전략 변화에 따라 강제 구조 조정을 해야 한다는 점은 목전의 현실입니다. 그런데 무턱대고 구조 조정을 하다 보면 기업의 핵심 인력을 잃을까 봐 걱정이고, 그렇다고 구조 조정을 계속 미룰 수도 없는 문제니…."

"그래서 어떻게 해야 좋다는 말이오?"

최 실장이 다음 말을 재촉하듯, 조금 퉁명스럽게 물었다.

"제 생각에 일단 원칙과 기준을 만들어 사장님과 합의하는 게 좋을 것 같습니다."

"원칙과 기준이라…. 이 시점에서 그게 중요하다 이거지요? 그렇다면 보고서로 올리세요. 전략 수정 계획을 보고할 때 추가로 보고할지 고민해 봅시다."

최 실장은 이렇게 말하고 김영민 부장에게 시선을 돌렸다.

"김 부장, 당신 의견을 좀 말해 보시오. 어제 같이 있었으니 분위기는 잘 알 것이고, 전략 검토를 위해 별도의 팀이라도 구성해야겠더군. 그런데 꼭 이렇게 해야 하나?"

최 실장은 '꼭 이렇게 해야 하나?'라는 반문을 벌써 두 번째 내뱉었다.

김영민 부장은 자신의 생각을 털어놓기 시작했다.

"실장님! 실장님도 잘 아시겠지만, 경영기획실에서 전사 기본 전략을 수립하고 각 사업부에서 전략을 수행해 나가는 현재 구도에서, 기존 전략을 깊이 고민할 시간이 없었습니다. 그간 양적 성장만 추구하다 보니, 질적 성장은 크게 고민해 보지 못했다는 생각이 듭니다. 이제는 굳이 사장님이 요구해서가 아니라, 새로운 개혁과 변화가 필요하다는 생각이 듭니다. 이런 차원에서 우리의 전략이 새롭게 조명되어야 한다는 건 당연합니다. 물론 그간 1년 단위로 전략 수정 작업이 이루어지기는 했지만 피상적이었고, 더구나 임직원들의 이해도가 많이 떨어진 것이 사실입니다."

김영민 부장은 최 실장도 평소 아는 문제점을 장황하게 떠벌렸다는 생각이 들어 잠시 최 실장의 반응을 살폈다.

"계속해 보시오."

최 실장은 의외로 수긍하는 태도를 보였다.

"전략의 수정도 물론 중요하지만, 더 큰 문제는 전략을 실행하면서 관리에 소홀한 점입니다. 현재도 물론 성과 지표가 있어 업무 평가를 하고 있지만 과연 전략을 제대로 수행하고 있는지는 잘 모르겠거든요. 그래서 체계적 관리 툴이 필요하다는 생각이 듭니다."

"그건 김 부장이 전에 한번 얘기한 걸로 기억하는데…."

"맞습니다. 부서원들과 스터디를 하면서 다시 그 필요성을 절실히 느꼈습니다. 여러 기법 가운데 BSC를 도입해 활용하는 기업이 많더군요."

이렇게까지 말하고 김영민 부장은 조금 걱정이 되었다. BSC에 관해선 관련 서적을 일독한 수준의 지식이라, BSC를 꼬집어 얘기한 것이 내심 주저되었기 때문이다.

"BSC라…. 생소한 용어구먼. 구체적으로 뭘 어떻게 하자는 얘기요?"

"우선 사장님께 새로운 전략 검토 및 실행에 관련된 전체적인 틀을 한번 보고해야 합니다. 사장님의 합의를 이끌어낼 수 있다면 조직적인 지원을 할 수 있다고 봅니다. 이후 별도 TFT에게 작업을 맡겨 구체적인 분석을 통해 새로운 전략을 수립하고 나서 실행에 들어가는 것이 순서라고 생각합니다."

최 실장은 잠시 소요 기간을 생각해 보는 것 같았다.

"그렇다면 열흘 내로 계획서를 만들어 볼 수 있겠소?"

"실장님, 열흘은 너무 짧습니다. 적어도 한 달은 검토해야 할 것 같습니다."

"어허, 김 부장! 어제 사장님의 반응을 보고도 그런 소리를 하는 거요? 한 달이 걸린다면, 하지 않겠다는 이야기나 마찬가지지."

최 실장의 목소리가 조금 높아졌다. 김영민 부장은 조금 섣불리 말하지 않았나 싶어 후회했지만, 이제 와서 꼬리를 내릴 상황은 아니었다.

"실장님, 어차피 저희가 해야 할 일입니다. 하지 않겠다는 것이 아니라 저희가 충분한 지식이 없기 때문에 감안해 달라는 말씀입니다. 준비하고 보고하는 데 적정 시간이 필요합니다."

"그 정도 사전 대비도 없이 말을 꺼냈단 말이오? 아무튼 최대한 앞당겨 준비하도록 하시오."

최 실장은 요지부동이었다.

김영민 부장은 과연 10일 내에 보고 준비할 수 있을지 확신할 수 없었다. 그렇지만 이미 화살은 활시위를 떠났다. '해보자!' 쪽으로 생각을 고쳐먹을 수밖에 없었다.

"알겠습니다, 실장님. 최대한 맞추도록 노력하겠습니다."

김영민 부장은 이렇게 대답하고 식사를 마칠 때까지, 최 실장의 이야기를 계속 듣기만 했다. 사장과의 식사 자리에서 나온 이야기며 각 본부장과의 이야기 등 여러 내용을 전해 들었지만, 그다지 유쾌한 소식은 없었다.

점심을 끝내고 부서로 돌아온 김영민 부장은 예전에 조사한 책이나 자료들을 들춰보았다. 전략 관련 책들이 이다지도 많았나 싶어, 김 부장은 새삼스러웠다. 학창 시절에 읽은 기초 이론서와 사회에서 접한 수많은 경영 관련 실용 서적들을 보면서, 다시 한번 기초를 되새겨야겠다고 생각했다.

'우리의 전략은 과연 무엇이 잘못된 걸까?

과거 F-SQUARE 사는 많은 성공을 거두며 지금까지 오지 않았던가?

우리는 과거의 성공한 경험에 취해 너무 안주한 것은 아닌가?

환경 변화에 적응해 전략을 제대로 수정하고 실행해 왔던가?

확실히 전략의 문제는 일상적으로 우리가 경험하는 전술적 운영과는 현저한 차이가 있다. 운영의 효율성을 추구해야 하는 건 기본이지만, 전략적 포지셔닝에 따른 변화야말로 스케일이나 영향력이 크므로 접근 차원을 달리해야 하는 문제다.

김영민 부장은 이제는 정말로 기본으로 돌아가 F-SQUARE 사의 전략과 그 실행에 대해 고민해야 할 때가 되었다고 판단했다. 한 가지 문제는 실장과의 식사에서 언급한 BSC에 대해 확신이 서지 않는다는 점이었다.

학계나 기업들에서 이야기하는 경영 툴이 얼마나 많은가? 최근의 6시그마나 지식 경영을 비롯해 BPR(Business Process Reengineering), ERP(Enterprise Resource Planning), EVA(Economic Value Added) 경영, ABM(Activity Based Management), TQM(Total Quality Management), MBO(Management By Objectives) 등 김영민 부장이 아는 것만 열거해도 열 손가락이 모자랄 지경이었다. 과연 그것들 중에서 F-SQUARE 사에 필요한 경영 혁신 기법이란 무엇이란 말인가?

사실 어느 것이 정답일 수는 없다. 그리고 그러한 경영 혁신 툴이 서로 동떨어진 것들도 아니라는 생각이 들었다. 그러나 좀더 효과적인 방법은 있을 것 같았다. 사실 F-SQUARE 사만 해도 생산 현장에서 품질을 '높이기' 위해 많은 기법을 도입했고, 본사는 본사대로 경영의 효율성을 극대화하기 위해 많은 노력을 하는 것이 사실이지만 체계적이지 않은 점은 진작부터 생각하고 있던 터였다.

김영민 부장은 이래저래 고민이 되었다. 새로운 경영 기법을 정말로 도입을 해야 하는지부터 고민거리였다. 도입하게 된다면 외부 기업의 도움을 받아야 하는 상황도 생길 터인데, 그렇다면 어떤 기업과 같이 일을 해야 한단 말인가? 또 하나 걸리는 문제가 비용이었다. 그러지 않아도 어려운 회사 사정에, 컨설팅 비용을 별도로 지출해야 하는 일도 쉽지 않을 것 같았다.

김영민 부장은 이런저런 고민 탓에 입맛이 썼다.

4. 전문 컨설팅 회사
파로스와의 만남

김영민 부장이 SJC 고진석 차장을 만난 것은 본부장 회의가 있던 다음날, 금요일 저녁이었다.

최 실장으로부터 BSC에 대해 실제적이고 구체적인 기획안을 마련하라고 지시받은 점심 식사를 파하고 나서, 그간 확인하지 못한 이메일을 정리하다가 동기 모임을 알리는 공지 메일을 발견했다.

오랫동안 잊고 지낸 동기들을 한번 만나자고 몇몇 친구들로부터 이미 이야기를 들었지만, 날짜가 이번 주 금요일인 줄은 몰랐다. 유럽 출장을 계획대로 진행했더라면 참석하지 못할 모임이었다.

김영민 부장은 회사 분위기상 이래저래 고민이 많았지만 친구들에게 서너 통의 확인 전화를 받고 마음을 바꿨다. 책상머리에 앉아 고민만 한다고 해서 풀릴 문제가 아니었기 때문이다.

저녁 모임은 지하철 2호선 강남역 근처 한식집에서 저녁 7시로 잡혀 있었다. 김영민 부장이 지하철을 타고 도착한 시간은 7시 30분경이었다. 몇 명의 동기들이 먼저 나와 있었고, 그들은 뒤늦게 나타난 김영민 부장을 보고 자리에서 일어나 반갑게 손을 내밀었다.

그 중에 SJC 고진석 차장도 있었다. 전에 회사에서 구조 조정에 따른 감원을 할 때 제비뽑기로 결정했다고 이야기해 준 친구였다.

"진석아! 너, 오랜만이다."

"문딩이, 영민이 아이가? 잘 지냈나?"

고진석 차장의 경상도 사투리가 서울 말투와 섞여 정겹게 튀어나왔다.

"몇 년 전인가 자네 회사 구조 조정할 때 만나고는 처음이지?"

"그래 말이다. 내사 아직 안 잘리고 살아 있다 아이가?"

"그 후로 어떻게 된 거냐?"

"어떻게 되기는…. 당시 내가 일하던 사업부는 다음 해에 정리됐지. 난 살아남아 지금의 사업부로 옮겨온 거고."

고민석 차장의 말투는 다시 서울 말씨로 돌아왔다. 이 친구가 진지해진다는 증거였다.

"회사의 명운이 달린 결정이었을 텐데, 굉장히 신속하게 이루어진 셈이네!"

"회사 차원에서 그해 컨설팅을 받았지. 그 결과, 전사 전략이 재수립되면서 전략 방향이 맞지 않고 실적이 부실한 몇 개 사업부가 정리된 거야."

남의 회사 이야기지만, 전사 전략이 재수립되었다는 이야기를 들자 김영민 부장은 솔깃했다.

"지금 컨설팅을 받았다고 했지?"

"그래, 나도 TFT로 활동했어."

"마침 잘됐다. 그럼 내게 컨설팅 좀 해주라. 사실은 우리 회사도 지금 전략에 대해 고민하고 있어. 다음 주까지 전략 수정에 대한 계획을 수립해야 하는데 어떻게 해야 할지 고민이거든."

"그렇구먼. 하긴 우리 회사도 그때 고민 많이 했지. 과연 컨설팅을 받아야 하는지 판단이 잘 서질 않더라구. 지금 생각해 보니 잘했던 것 같아. 그때 뽑아낸 결과물이 지금 유용하니 말이야."

"어느 회사랑 한 거야?"

"파로스였어."

"파로스? 외국계 회사 같네!"

"아니야, 회사명이 그럴 뿐이지 국내 컨설팅 회사야."

"주로 어떤 컨설팅을 하는 회사야?"

"그때 우리가 한 것같이 전략 수립에 관련된 일을 주로 하면서, 인사 조직과 BSC 등에 관련된 일도 하는 것 같았어."

"일을 잘하던가?"

"상당히 만족스러웠지. 그 후에도 우리 회사와 한두 번 더 일을 한 것으로 기억해. 왜? 자네 회사에서도 컨설팅 회사에 의뢰하려고?"

"글쎄, 아직은 잘 모르겠어. 이런저런 방법을 궁리중인데, 솔직히 어떤 방법을 택해야 하는지 잘 모르겠어! 더구나 컨설팅 회사들이 제대로 기업 현실을 반영하는지도 의심스럽고…."

"당연한 생각이야. 그런데 그 회사는 일을 잘했지."

"외국계 컨설팅 회사와 비교한다면 실력 차이가 나지 않을까?"

"좋은 지적이긴 한데, 결국 사람이 하는 일 아닌가? 그때 우리 회사의 컨설팅 업무에 투입된 컨설턴트들이 주로 외국계 회사 출신이더군. 또 외국계에 비해 컨설팅 품질이 그렇게 떨어지진 않았어! 용역비도 적당하고…."

"합리적으로 비용을 썼다는 이야긴가?"

"외국계 컨설팅 금액에 비한다면 그렇다고 볼 수 있지. 자네가 원한다면 소개해 줄 수 있어."

"지금도 연락하나 보지?"

"지금 사업부로 오면서 계속 연락하진 못했지만, 연락처가 어디 있을 거야. 내일 출근해서 찾아줄게. 난 내일 근무해야 하거든."

"좋아, 고 차장! 내가 내일 연락할게."

김영민 부장도 내일이 격주 휴무이지만 출근할 계획이었다. 빨리 보고 방향을 잡아야 할 때라고 느꼈기 때문이다. 동기들과 모임이 길어졌고 김 부장이 마신 술의 양도 늘어났다.

김영민 부장이 다음날 출근해서 SJC 고진석 차장에게 전화한 것은 9시가 넘어서였다. 사실 일찍 출근해서 김 부장은 인터넷 검색을 통해 어제 고 차장에게 들은 컨설팅 회사를 찾아보려고 했다. 그러나 회사 이름을 잘못 기억해서인지 쉽게 찾지 못했다.

김영민 부장이 전화를 걸자, 고진석 차장의 목소리가 흘러나왔다.

"예, 고진석입니다."

"나야, 고 차장."

"실례지만, 누구시죠?"

"어제 한잔 더 하러 가더니 아직도 정신을 놓고 있구먼. 나, 영민이야."

"아, 자네구먼."

"어제 이야기한 회사를 검색해 보니 안 나오던걸!"

"파로스 말이야! 정확히 입력했나?"

"아, 그래! 파로스였지? 잠깐만."

김영민 부장은 전화기를 들고 인터넷 검색에서 '파로스'를 입력하고 엔터 키를 눌렀다. 파로스를 '파고스'로 잘못 안 것이다.

'(주)파로스앤컴퍼니, 경영 전략, 성과 관리, 인사 조직, BSC, 직무 분석, 역량 모델 구축'이라는 검색 키워드가 컴퓨터 화면에 떠올랐다. 볼드체로 구별해 놓은 사이트 명을 더블 클릭을 하자 어두운 밤에 밝은 빛을 내는 등대가 나타났다.

"아, 파로스(Pharos)란 등대를 말하지!"

김영민 부장은 영어 단어의 뜻을 떠올리면서, 회사명이 범상치 않음을 직감했다.

파로스는 본디 이집트 알렉산드리아 항구 근처의 섬을 말한다. 기원전 250년 무렵 이집트의 프톨레마이오스 2세가 파로스 섬에 세계 최초로 높이 110m의 등대를 세웠다. 대리석으로 된 등대의 높이는 135m였다. 꼭대기에는 점화 장치가 있어 이집트를 정복한 아랍인들에 따르면 램프 뒤쪽의 반사경에 비친 타오르는 불길이 43km 정도 떨어진 바다에서도 볼 수 있었다. 맑은 날에는 콘스탄티노플까지도 반사경에 비쳤고, 햇빛을 반사시키면 160km 정도 떨어져 있는 배도 반사열로 태울 수 있었다고 한다. 1100년과 1307년 두 차례의 대지진으로 사라졌을 것으로 추정된다.

어쨌든 세계 7대 불가사의에 속하는 파로스 섬의 등대로 말미암아 오늘날 '파로스'는 '등대'를 뜻한다.

"오케이! 찾았어. 그런데 누굴 만나야 하지?"

"그때 우리랑 같이 일한 사람이 한경영 이사였어. 내 이름을 대면 기억할 거야. 한번 연락해 봐."

"고마워. 또 연락할게."

전화를 끊고 김영민 부장은 '파로스'의 홈페이지를 둘러보았다.

'실행 가능한 서비스를 통한 근본적인 변화' '한국에서 출발한 세계적 컨설팅 회사' '정직, 담대, 나눔의 지혜, 탁월' 등의 말이 눈에 들어왔다.

김영민 부장이 전화를 걸자, 비서인 듯한 사람이 전화를 받았다.

"감사합니다. 파로스입니다. 무엇을 도와드릴까요?"

"예, 저는 F-SQUARE 사에 근무하는 사람입니다. 한경영 이사님과 통화할 수 있을까요?"

"예, 한경영 이사님은 오늘 이쪽으로 출근하지 않으십니다. F-SQUARE 사라고 하셨죠? 급하신 일이시면 연락처를 알려드리겠습니다."

김영민 부장은 한경영 이사의 핸드폰 번호를 받아들고 잠시 주저했다.

'우리가 아무것도 결정된 것이 없는데 얘기나 제대로 할 수 있을까?'

그러나 한경영 이사와 통화하면서 김 부장은 이런 생각이 기우였음을 깨달았다.

"여보세요? 한경영 이사님이신가요? 지금 통화 괜찮으세요?"

"예, 말씀하시지요. 실례지만 어디신가요?"

"저는 F-SQUARE 사의 전략경영팀에서 일하는 김영민 부장입니다. 몇 가지 문의 사항이 있어 연락을 드렸습니다."

"아, 김 부장님이시군요. 전화 잘 주셨습니다. 그런데 어떻게 저를 알고 이렇게 전화하셨습니까?"

"SJC의 고진석 차장에게 소개받고 연락하게 되었습니다."

"예, 그러셨군요. 부장님, 무얼 도와드릴까요?"

"예, 저희가 빠른 시일 내에 전사 전략에 대해 수정 작업을 하려고 합니다. 그리고 수정된 전략의 시행과 관련해 관리 체계를 구축하고 싶습니다. 그래서 조언을 좀 구하려고 전화드렸는데 시간이 어떠신가요?"

"그런 사안이라면 시간이 좀 필요합니다. 제가 오늘은 마침 다른 기업의 프로젝트 때문에 외부에 나와 있어 말씀드리기 어려울 것 같습니다. 내일 모레, 다음 주 월요일 오전은 어떠세요? 제가 외부로 나가기 전에 잠시 회사에 들르는데, 오전 10시쯤 저희 사무실로 오실 수 있습니까?"

"좋습니다. 그 시간에 맞춰 찾아뵙겠습니다."

"박 과장, 오늘 경영 자문 회사의 이사를 만날 건데 같이 가지."

월요일 아침, 김영민 부장의 요청에 따라 박영출 과장은 예정에 없던 일정이 생겼다.

"어떤 회사입니까?"

"파로스라는 회사야."

"아, 저도 그 회사 이름 들어본 적이 있어요."

"박 과장이 그 회사를 어떻게 알지?"

"제가 얼마 전 교육 기관에서 하는 가치 중심 경영 프로그램에 참여하지 않았습니까? 그때 BSC 강의를 하러 왔던 강사가 그 회사 소속이었습니다."

"그래! 자네가 알고 있는 바로 그 회사야. 10시에 그쪽 회사의 한경영 이사를 만나기로 했으니까, 지금 가면 될 것 같아."

동여의도에 위치한 파로스를 찾아가는 데는 그리 오래 걸리지 않았다. 김영민 부장이 박 과장과 함께 빌딩 12층에 내려서서 벨을 누르자 딸깍하는 소리와 함께 대형 유리문이 열렸다.

"안녕하세요? 한경영 이사님을 만나러 왔습니다. 저희는 F-SQUARE 사 전략경영팀에서 왔습니다."

박 과장이 리셉션에서 방문 사실을 알릴 때, 김영민 부장은 언뜻 사무실을 둘러보았다. 그리 크지 않지만 아담하게 꾸며진 사무실이 정돈된 느낌을 주었다. 사무실은 조용했다.

"예, 말씀 들었습니다. 이쪽 회의실로 오시죠."

사무실로 안내를 받고 잠시 후 젊어 보이는 사람이 들어오면서 인사를 했다.

"안녕하십니까? 제가 한경영입니다. 기다리고 있었습니다."

김영민 부장은 생각했던 것보다 젊다는 말을 하고 싶었지만, 혹

실례가 될까 봐 그만두었다. 명함을 교환하고 자리에 앉았다. 먼저 김 부장이 말문을 열었다.

"바쁘실 텐데 이렇게 시간을 내주셔서 감사합니다."

"저도 이렇게 찾아주셔서 감사드립니다. 고진석 차장께서 저희를 좋게 평가해 주신 모양이군요. 이렇게 찾아주시니 말입니다."

"예, 지난번 같이 일할 때 아주 깊은 인상을 받았다고 하더군요. 그 후에도 몇 차례 SJC와 일을 하셨다는 이야기도 들었습니다."

"그렇게 호평을 해주셨다니 일간 고 차장께 감사 인사라도 드려야 할 것 같습니다. 아, 그건 그렇고, 저도 F-SQUARE 사 제품을 애용하는 단골입니다. 적당한 가격에 품질도 좋아서지요."

"아, 그러시군요! 저희 고객이시네요."

"요즘 많이 힘드시죠? 기업을 경영하시는 분들이 많은 어려움을 겪으시더군요."

"말씀하신 대로입니다. 우리 회사도 매출이 정체된 상태여서 경상이익은 작년도에 사상 최저를 기록했습니다. 선두 업체를 따라잡지 못하는 상황이 계속되는 가운데, 저희 사장님께서 근본적으로 전략을 수정하라고 지시하셨습니다."

"사장님이 새롭게 취임하셨죠? 젊은 경영자로서 많은 기대가 된다고 경제신문에 기사가 나온 걸 본 적이 있습니다."

"맞습니다. 사장님이 바뀌면서 저희도 내부적으로 많은 고민을 하고 있습니다. 사장님은 기본적으로 과거의 양적 성장 위주의 전략에서 질적 성장 위주의 전략으로 바뀌어야 한다고 생각합니다."

"토요일 전화로 간략히 들었습니다만, 저희가 어떻게 도와드리면 좋을까요?"

김영민 부장은 회사의 상황을 간략하게 설명한 후 이야기를 시작했다.

"말씀드린 바와 같이 저희가 요즘 무척 어려움에 처해 있습니다. 내부적으로 여러 이야기가 나오고 있지만 아무래도 저희의 전략을 대대적으로 수정할 필요성을 느낍니다. 저희도 자체적으로 전략 수정과 실행을 위해 노력하지만 이번에는 전문 기관의 도움을 받고 싶고 BSC 도입을 검토하고자 합니다."

한경영 이사는 김영민 부장의 설명을 주의 깊게 듣고 나서 이야기를 시작했다.

"부장님도 아시겠지만, 이건 간단하지 않은 작업입니다. 전략의 수정을 위해서는 기존의 자료들을 바탕으로 깊이 있는 분석이 이루어져야 하고, 경영진을 포함한 많은 임직원들의 합의도 있어야 합니다. 특정 부서에서 만들거나 외부 기관이 만들어준 것을 떠나 전략이 공유되고 실행되려면 참으로 많은 노력이 필요합니다. 실제로 많은 기업들이 전략을 공유하지 못하기 때문에 전략을 이해하지 못합니다. 전략에 대한 이해가 선행되지 못한다면 실행력 또한 떨어지는 것이 당연하지 않겠습니까? 물론 경영 기법이 꼭 중요하지 않습니다만, 더욱 효과적일 수 있습니다. F-SQUARE 사 같은 경우라면, BSC 도입을 권해 드리고 싶습니다."

김영민 부장은 자신이 고민해 온 핵심을 꼭 집어내는 한경영 이사의 말에 순간 긴장이 되었다.

"사실 저희도 조직별로 부단히 노력은 하고 있습니다. 체계적으로 관리가 되지 않아 문제입니다. 또 그러한 노력들이 정말 실효성이 있는지도 회의적이구요."

"그렇습니다. 지금 말씀하신 것은 '제대로 된 전략인가' 하는 문제와 '전략을 제대로 실행하는지 체계적으로 관리하는가' 의 문제와도 귀결됩니다. 그래서 아까 BSC를 말씀드린 것입니다."

"사실 저도 BSC에 대해서는 참고 서적도 한두 권 읽어보았지만, 확신이 들지 않습니다. 간략하게 설명해 주실 수 있습니까?"

한경영 이사와 김영민 부장의 대화는 핵심으로 접어들었다.

한경영 이사는 잠시 생각을 정리하더니 말을 이어 나갔다.

"요컨대 BSC는 '균형 성과표' 라 해서, 성과 측정의 도구라는 점은 이미 김 부장님도 잘 아실 것입니다. 저희는 이러한 개념을 바탕으로 BSC를 '조직의 비전과 전략에서 도출된 평가 지표들의 조합' 이라고 정의합니다. 그리고 각 지표들은 재무와 비재무, 장기와 단기, 선행과 후행, 내부와 외부, 조직과 개인에 관련된 것들이 균형을 이루었습니다. 이렇게 함으로써 조직 내에 전략과 비전이 공유되고, 단기간의 성과가 아닌 미래 이익에 선행하는 비재무적 성과도 중요하게 관리됩니다. 또한 지속적인 성과 피드백을 통해 전략 실행을 위한 조직적인 학습이 가능하도록 합니다. 결과적으로 조직은 전략이 중심이 되어 모든 활동을 전개하는 '전략 중심의 조직' 으로 바뀌어가고 임직원들이 기존의 사고와 틀에서 벗어날 수 있도록 '변화' 를 이끌어 내는 것이죠. 간략하게 말씀드렸지만 모든 조직에서 이것은 너무도 중요합니다. 저희는 BSC를 통해 이러한 것을 이루고자 합니다. 그래서 저희는 BSC 도입을 '전략적 성과 관리 체계 구축'

이라 규정하면서, 성과 측정이라기보다는 변화를 위한 프로젝트라고 설명을 드립니다."

김영민 부장은 한경영 이사의 거침없는 설명에 대해 곰곰이 생각하며 경청했다.

'회사가 전략 중심의 조직으로 새롭게 태어난다면 얼마나 좋을까? 사장은 바로 전략 중심의 조직을 통해 변화를 이루고자 하는 것이 아닌가?'

이는 김영민 부장이 추구하고자 하는 궁극적인 목표이기도 했다.

김영민 부장은 이어서 BSC를 다른 경영 기법들과 비교해 질문을 던졌다.

"말씀하신 것에 전적으로 동감합니다. 저희도 결국 그런 모습으로 거듭나기 위해 고민하고 있습니다. 그런데 다른 많은 경영 기법들과 비교해서 BSC가 더 우수하다고 단정할 수 있을까요?"

"저희가 생각하기에 어느 것이 더 우수한 경영 기법이냐 논하는 것은 큰 의미가 없습니다. 다만 어떠한 시각과 방법으로 접근할 것인가가 핵심이죠. 다른 경영 기법들도 나름대로 좋은 시각과 방법을 갖고 있습니다. 따라서 다른 경영 기법들과의 연계성을 고려한다면, 다른 경영 기법들의 장점을 충분히 조화시킬 수 있습니다. 예컨대 새로운 전략이 수립되고 나면 체계적인 관리 툴로서 BSC를 도입하고, 전략이 잘 실행될 수 있도록 성과 평가 등 인사 제도와 연계를 시킬 수 있습니다. 또 이렇게 해야만 그 효과가 극대화될 수 있습니다."

"다른 경영 기법들과의 연계성을 설명하시는 부분은 어렵게 느껴지는군요."

"기회가 되면 더 자세히 말씀드리겠습니다. 오늘은 시간이 부족할 듯싶습니다."

"알겠습니다. BSC를 도입하면서 다른 경영 기법들과의 연계성을 같이 고려해서 추진할 수 있다는 말씀으로 이해하겠습니다. 오늘 말씀을 들어보니, 우리 회사로선 반드시 BSC를 도입해야겠다는 생각이 듭니다. 저희와 일을 같이 하게 된다면, 어떻게 추진하실 건지 말씀해 주실 수 있습니까?"

"저희가 할 수 있는 방법은 크게 두 가지 있습니다. 첫째는 저희가 이번 일을 전담해서 컨설팅을 해드리는 방법입니다. 물론 F-SQUARE 사에서는 TFT가 구성되어 같이 업무를 진행해야겠지요."

"SJC의 경우와 같은 형태를 말씀하시는군요."

"맞습니다. 둘째로는 자문 형태로 가는 경우입니다. 저희가 전체적인 틀을 제공하고 교육과 토론을 통해 저희 파로스의 의견을 드립니다. F-SQUARE 사에선 전략경영팀과 같은 전략 또는 기획 부서가 업무를 주도하고 추출 결과에 대해서도 책임을 지는 형태입니다."

"단순 자문 형태라도 그런 틀을 제공해 주실 수 있습니까?"

"그렇습니다. 저희가 자문할 경우, 향후에도 고객 관계를 유지하실 수 있다고 생각하기 때문에 최대한 지원을 해드립니다."

"그런데 파로스에서 직접 컨설팅을 수행하는 것과 자문 형태와는 차이가 많이 납니까?"

"물론입니다. 프로젝트의 소유권을 저희가 가질 수 있느냐 없느냐의 차이이기 때문에 저희에게는 대단히 중요한 변수입니다. 그 결과도 물론 저희가 직접 하는 것과 많은 차이가 날 수 있지만, 기본적으로 고민을 많이 하신 전략경영팀과 같은 조직이 주도를 할 경우 자체적으로 추진하실 수도 있습니다. 어떤 형태로 할 것인지는 F-SQUARE 사에서 선택하시면 됩니다."

"사실 저희도 많은 노력을 한다고 합니다만, 그간의 업무 방식에 너무 젖어 새로운 시도를 하지 못한 것 같습니다. 이번 기회에 '변화의 마인드'를 가질 생각입니다. 그래서 이번 프로젝트를 저희가 직접 수행하고 파로스가 자문을 해주었으면 하는 것이 개인적인 생각인데, 경영진들은 어떻게 생각하실는지 아직 모르겠고 저희가 할 수 있는 일인지도 확신이 서지 않습니다."

"제가 생각하기엔 일단 변화에 대한 욕구가 있고 직접 그 일을 하려는 각오가 대단히 중요합니다. 컨설팅을 하는 파로스의 입장에서야 저희가 직접 컨설팅을 수행하는 것이 물론 가장 좋지만, 고객 측에서 주도하는 경우도 있습니다. 그만큼 우리 기업들의 실력이 좋아졌다는 뜻이지요. 사실 많은 노력을 필요로 하지만 충분히 사전 학습을 한다면 가능합니다."

"저희가 생각하는 추진 방식에 대해 다음 주 중으로 실장님께 보고할 생각입니다. 어려우시더라도 파로스에서 지금 말씀하신 내용과 갖고 계신 방법론을 간단히 요약해서 제시해 주실 수 있습니까? 될 수 있는 대로 조금 전 말씀하신 두 가지 프로젝트 수행 방식을 모두 포함해서 알려주시면 좋겠습니다."

"언제까지 자료가 필요하십니까? 제가 바로 정리해서 드리면 좋겠는데 다른 일이 있어서…. 다음 주에 보고하신다니 이번 주 내로 보내드리면 어떻겠습니까?"

"그렇게 해주신다면 더 바랄 게 없습니다. 부탁하겠습니다."
"참, 그런데 F-SQUARE는 무슨 뜻입니까?"
"예, F2=Fashion×Frontier라는 뜻입니다."
"아, 그런 뜻이 숨어 있었군요."

한경영 이사는 엘리베이터 앞까지 나와 김영민 부장 일행을 배웅했다. 엘리베이터를 타고 내려오면서 김영민 부장은 '파로스'와의 만남이 행운이라고 생각했다. 한경영 이사의 몇 마디 속에 자신감이 보였고 신뢰감이 들어, 이러한 방법론에서는 아무래도 전문 경영 자문 회사가 나을 것 같았다.

"자넨 어떻게 느꼈나?"

김영민 부장은 사무실로 돌아오는 택시 속에서 박영출 과장의 느낌을 물었다.

"아직은 잘 모르겠습니다. 부장님의 고민을 저쪽에서 잘 이해했는지도 모르겠고, 그들의 방법론이 얼마나 체계적인지, 또 자료를 얼마나 성실하게 지원해 줄지도 의문입니다."

"그래, 사실 나도 그 점이 걸리긴 해. 그러나 우리 나름대로 정리를 하고 거기에 그들이 정리한 것들을 참고하면 훨씬 더 좋은 계획이 나오지 않을까? 일단 그들이 하는 이야기나 SJC 이야기를 들어 보면 믿음이 가는 것 같아."

"저도 그런 생각은 드네요."

5. BSC의 추진 틀을 구체화시키다

파로스의 한경영 이사는 고객인 F-SQUARE 사의 요구가 무엇인지 잘 이해했다. 그것은 파로스의 고객사들이 항상 고민하는 문제였기 때문이다.

한경영 이사는 현재 모 기업의 프로젝트를 맡아 2개월째 진행하고 있었다. 여기서 조직의 비전과 전략을 환경 변화에 맞춰 수정하고 있었다. 한경영 이사는 F-SQUARE 사의 제안 작업을 맡길 컨설턴트를 불렀다.

파로스 내부에서는 컨설턴트를 '위원'이라고 불렀다. 실제로 이들이 기업 경영 진단 위원이 되기도 하므로, '위원'은 직원 개개인에 대한 존중을 담은 호칭이었다.

"가민식 위원님, 요즘 시간이 어떻습니까? F-SQUARE 사에서 제안서를 요청했는데 준비할 수 있겠습니까?"

"그 회사에서도 프로젝트를 추진하나 보죠?"

"아직 공식적이지는 않고 내부적으로 전략 수정과 효과적인 관리 체계 구축을 위해 어떤 방법론이 좋을까 하고 물색하고 있더군요."

"그러면 저희가 많이 수행한 전략적 성과 관리 체계 구축과 비슷한 개념이군요. 특히 BSC에 대해서도 관심이 많겠네요."

"그렇습니다. F-SQUARE 사는 지금까지 전략을 재검토해서 새로운 전략을 만들어야겠다고 생각하고 있습니다. 체계적 관리를 위해 BSC에도 관심을 갖고 있는 것으로 보입니다."

"공식적인 제안서가 아니라면, 일단은 일반화된 내용을 줄 수밖에 없는 것 같군요. 기존 자료를 참조하고 몇 가지 확인을 거쳐 만들겠습니다."

"알겠습니다. 그렇게 진행해 주시고 전체 방향은 내일 오전 7시 30분에 만나서 이야기를 합시다. 내가 지금 진행중인 건으로 오늘은 시간이 나지 않는군요."

"알겠습니다. 그런데 저희가 자료를 주면 F-SQUARE 사에서 기업 내부 사정에 맞게 잘 적용해 나갈 수는 있을까요?"

"그 점이 문제이긴 한데…. 크게 우려할 건 없어 보입니다. 전략경영팀 김 부장을 만나보니 방향을 잘 잡은 것 같더군요. 요즘 기업들 사정이 좋지 않은 점도 있고 이런 일을 내부 실정에 맞게 처리하려는 욕구들도 상당하지 않습니까?"

"전체적인 맥락을 이해할 만합니다. 내일 아침에 뵙겠습니다."

한경영 이사와 얘기를 마치고 자리에 돌아온 가민식 위원은 우선 현재 작업중인 일을 잠시 뒤로 미루기로 했다. 전의 프로젝트가 끝나 최종 보고서를 마무리하고 있는데, 다음 주까지 완결하기로 했으니 이틀이나 사흘 정도 시간을 내 제안서 작업을 해도 무리가 없을 것 같았다.

그는 우선 F-SQUARE 사의 관련 자료를 찾아보기로 했다. 먼저 신문기사, F-SQUARE 홈페이지, 금융감독원 전자 공시, 증권 회사 분석 보고서 등을 참조해 일반 자료를 찾았다. 이와 함께 파로스 Knowledge D/B와 가 위원이 참여한 프로젝트의 자료들을 수집하는 등 필요한 것들을 모아 두었다.

가민식 위원은 오후에 6시간 동안 꼬박 자료 수집과 정리, 그리고 제안서 작업 구상에 몰두하다가 퇴근했다. 지하철 안에서 옆에 앉은 주부 두 사람의 이야기가 귀에 들어왔다.

"어머, 너 지갑 예쁘다. 프라다네? 전에 못 보던 건데?"

"남편이 출장 갔다 오면서 사 왔어."

"어머? 넌 좋겠다. 남편이 그런 것도 챙겨주고. 우리 남편은 출장 가서도 어떤 땐 전화 한 통도 없어. 나도 지갑을 하나 살까 했는데 프라다로 할까? 좀 비싸지?"

"얼만지 모르겠는데, 전에 쓰던 것보다 너무 좋아."

가민식 위원은 힐끗 지갑을 보았다. 언뜻 보기에는 너무 평범한 것 같은데, 무엇이 그렇게 여성들의 마음을 사로잡는 것일까?

마침 일전에 프라다 관련 기사를 읽었던 것이 기억나서, 가민식 위원은 집으로 돌아오자마자 인터넷 검색으로 지난 신문 기사를 찾아 자세히 읽어보았다.

'언뜻 하찮아 보이지만 진가를 아는 사람들은 사지 않고 못 배기게 하는 상품에 대한 자신감이 있다. 화려한 장식이나 라벨조차 감춤으로써 오히려 소비자를 선택하려는 오만함마저 느껴진다.'

다소 과장된 표현 속에 패션 '명품' 의 단면이 기사 속에 드러났다. 마우스를 드래깅하자 기사 몇 줄이 따라올라왔다.

'I.P.I사는 대표 브랜드인 프라다의 명성에 힘입어 1990년대 들어 급성장한 기업이다. 등산복과 여성용 언더웨어 시장에도 진출한 데 이어 향수와 화장품, 생활용품 등으로 사업 영역을 넓혀 간다.'

패션 회사를 지향하는 F-SQUARE 사도 결국 저런 유명 브랜드로 세계의 패션 시장을 이끌고 고객의 마음을 사로잡고 싶을 것이란 생각이 들었다.

다음날 아침 가민식 위원은 7시 30분 사무실에 도착해 한경영 이사를 기다렸다. 한경영 이사도 잠시 후 사무실에 들어왔고 둘만의 회의가 시작되었다. 먼저 가 위원이 어제의 생각을 정리해서 말문을 열었다.

"우선 F-SQUARE 사가 왜 전략 수정에 대해 고민하는지 정리해 보았습니다."

한경영 이사가 이 말을 받아 말했다.

"잘 생각하셨습니다. 어제 F-SQUARE 사의 두 분이 다녀갔지만 우리의 시각에서 정리해 보는 것이 중요한 것 같습니다."

"우선 F-SQUARE 사의 역사를 간단히 살펴보았습니다. 자료에 나타나듯이 F-SQUARE 사는 제화 생산을 강점으로 합니다만, 현재는 제화 외에도 의류, 핸드백 등 액세서리도 생산하고 있습니다. 그러나 아직은 구색 맞추기라고 할 수 있습니다."

"맞습니다. 저도 잘 몰랐는데 어제 이야기를 듣다 보니까 많은 종류의 제품과 브랜드가 있더군요. 내가 즐겨 신는 신발 외에도 여성 의류와 남성 의류, 지갑, 핸드백, 벨트, 액세서리 등이 많이 있더군요. 물론 브랜드도 여러 종류고요. 그런데 어떤 문제가 있어 보입니까?"

"예, 무엇보다 질적 측면의 성장이 부족했다는 생각이 듭니다."

"질적 측면이라면… 구체적으로 어떤 건가요?"

"패션 제품을 지향하면서도 패션 제품으로서 진정한 경쟁력을 갖추지 못한다는 것이죠."

"좀 자세하게 설명해 줄 수 있습니까?"

"예, 자료의 다음 장을 보시죠. F-SQUARE 사는 아시다시피 제화업으로 시작한 회사입니다. 산업 발달과 더불어 뛰어난 양적 성장을 이룬 회사로, 비교적 최근에 패션 회사의 개념을 도입했습니다."

"그렇지요. 내 나이 이상의 사람들은 아직도 F-SQUARE를 제화회사로 인식하지만 좀더 젊은 세대에게는 다르게 인식되는 것 같더군요."

"맞습니다. 그런 인식의 차이가 F-SQUARE 내에도 그대로 남아 있다는 생각이 들었습니다. 또한 이러한 인식 차이가 현실적으로 많은 어려움을 만들기도 하고요."

"구체적으로 말해 보십시오."

"과거의 양적 성장을 이루어가는 과정에서 효과적인 주요 전략들, 예를 들어 상품권 매출 확대 전략 같은 것들이 원래 지향하고자 하는 패션의 의미를 많이 퇴색시켜 버린 것이 주요한 사례입니다."

"잘 이해가 가지 않는군요. 상품권이 패션성을 퇴색시킨다, 이건 가설인가요?"

"예, 아직 제안서 단계라 좀더 심도 깊은 분석이 따라야겠지만, 선물용이나 할인의 유혹에 따라 상품권 판매가 확대되는 측면을 너무 중시한다고 보는 것입니다. 상품권은 언젠가는 제품과 교환이 되어 매출을 일으키는 핵심 수단이므로, 패션으로 승부를 거는 것보다 상품권 판매에 치중할 수 있다는 것입니다."

"그럴 수 있겠군요. 또 어떤 것들이 있습니까?"

"다른 것들도 몇 가지 더 있습니다. 우선 고객이 명확하지 않다는 것인데, F-SQUARE 사의 경우 패션을 지향하면서 공략하는 목적이 너무 광범위하지 않나 하는 생각이 듭니다. 그리고 백화점이나 할인점 등 신유통업체들이 급성장하는 현실에 발맞춰, 유통 채널의 변화를 기하는 노력도 잘 감지되지 않습니다."

"일단 알겠습니다. 제안서 단계이니 몇 가지 가설을 사실에 근거해 제시하는 수준으로 하고, 방법론에 집중해 제안서를 작성해 주십시오."

"알겠습니다. 전략 수립에 관련해 우리가 축적해 놓은 노하우인 PSM(Pharos Strategy Methodology)을 F-SQUARE 사에 맞게 수정할 생각입니다."

"아 참, 잊을 뻔했는데, BSC에 대한 요구는 어떻게 고려하고 있습니까?"

"앞의 내용들과 연관해 생각해야 할 것 같습니다. 무엇보다 정확한 전략 수립이 전제되어야 할 것입니다. F-SQUARE 사는 분명히 세계적인 패션 기업이 되기 위한 전략들을 구상할 것입니다. 문제는 이러한 전략이 조직 내에서 제대로 실행이 되고 있는지 관리자들, 특히 F-SQUARE의 경영진들은 매우 궁금해할 것입니다. 만약 제대로 실행되지 않을 경우엔 원인 분석을 통해 대책을 강구해야 할 것이고, 전략이 잘못됐다면 전략까지 수정해야 할 것입니다. 그러한 전략 실행의 모니터링 도구로서 BSC를 도입하면 F-SQUARE 사에게 크게 도움이 될 것으로 보입니다."

"아주 좋습니다. 추가적으로 최고 경영자에게만 BSC가 도움이 되는 것이 아니라 임직원들에게도 많은 도움이 된다는 것을 명확히 제시해 주십시오."

"임직원들에게도 많은 도움이 된다는 것은 어떤 뜻입니까? 조직의 전략과 개개인의 업무가 정렬이 되는 것을 말씀하시는 것인가요?"

"바로 그렇습니다. 많은 경우, 기업의 임직원들이 자신이 하는 일의 중요성을 잘 모르고 그냥 주어진 일이기 때문에 수동적으로 따르는 경우가 많습니다. 회사의 성과도 최종 결과치인 재무 정보만을 접하게 됩니다. 이런 상태에서는 업무 과정에서 동기가 부여되기 어렵고 방어적이 되기 쉽습니다. 조직의 전략이 무엇인지 알고 그 전략이 내가 하는 일과 어떻게 연결돼 있는지 중간 과정에서도 명확히 알 수 있다면 임직원들은 매우 달라질 것입니다."

"무슨 말씀이신지 알겠습니다. 그 점이 매우 중요한 BSC 도입 효과 중의 하나죠."

"맞습니다. 예를 들어 내가 부서에서 교육을 담당하는 사람인데 지금이야 비용을 들여야 하는 업무인데다가 직접적인 매출 관련 업무가 아니라서 동기 부여가 안 될 수도 있지만, 지금의 교육 성과가 결국 회사의 성과를 높이는 데 중요한 역할을 하는 것을 명확히 한다면 업무의 중요성을 인식할 수 있고 업무 성과도 달라질 수 있을 것입니다."

한 이사와 가 위원, 두 사람은 1시간 반 정도 회의를 계속했다. 접근 방법, 프로젝트 수행 구조, 일정 및 주요 활동들이 논의되었고 큰 이견 없이 제안서 내용은 정리되어 갔다.

가민식 위원은 이를 바탕으로 제안서 작업을 시작했다.

가민식 위원이 제안서를 완성한 것은 목요일 오후였다.

중간에 다른 일로 잠깐 방해를 받기도 했으나, TRS(Time Report System)를 입력해 보니 총 24시간이 투입된 것으로 확인되었다. 가민식 위원은 퇴근 전에 한경영 이사에게 제안서를 이메일로 송부했고 금요일 오전에 한경영 이사로부터 전화를 받았다.

"가 위원입니까?"

"예, 한 이사님. 제안서는 보셨는지요?"

"봤습니다. 몇 가지 수정 사항이 있지만, 전체적으로 지난번 이야기한 부분들이 잘 정리되어 있더군요."

"특별한 수정 사항은 없다는 말씀이신가요?"

"그렇습니다. 내가 비용 부분을 첨부해 F-SQUARE 사로 보내겠습니다. 고생 많았습니다."

김영민 부장은 파로스의 한경영 이사를 만난 후 며칠 동안 눈코 뜰 새 없이 바쁘게 지냈다. 전략을 어떻게 수정해야 하는지 전략에 따른 경영 체계를 과연 어떻게 만들어야 할지 고민하느라 시간 가는 줄도 모르고 지냈다.

기존 자료들도 다시 살펴보았고 전략경영팀의 투 톱인 정명규 과장과 박영출 과장과도 많은 이야기를 나누었다. 오늘도 업무 추진 방향을 잡기 위해 회의를 했는데, 아직은 정확한 방향이 잡히지 않아 애가 탔다.

"정 과장, 전사 전략에 관해 종합적으로 검토된 자료가 있었던가? 정 과장이 기존의 우리 보고서를 중심으로 자료를 살펴보았지?"

"예, 주로 개별 사안들에 대해 경영진의 의사 결정을 받기 위한 자료가 많은 편입니다. 전사 전략을 종합적으로 검토한 것은, 아시다시피 매년 경영 실적 보고를 하기 위한 자료에 담겨 있습니다. 그러나 각 사업부 수준의 전략들은 큰 여과 과정 없이 취합한 수준의 자료들이라서, 지금 저희 입맛에 딱 맞는 자료는 없다고 보아야 할 것입니다."

"그렇지. 나도 예상한 바야. 박 과장은 어떠한가?"

"저도 같은 생각입니다. 저는 비전에 관련된 자료들을 찾아보았는데, 한마디로 '아예 없다!' 는 표현이 맞습니다. 지금 우리 회사의 비전은 10여 년 전에 만들어진 것인데, 그때 별도의 팀이 구성되어 작업한 것으로 생각됩니다. 그러나 내용이 모호하고 새로운 환경 변화에 대응해 수정 작업이 제대로 이루어지지 않았습니다. 그저 매출만 올려놓으면 비전이 달성되는 것으로 생각해 왔습니다."

"지금 문제가 좀 복잡해. 환경 변화에 대응해서 전략을 수정하는 것도 전사적 차원에서 종합적으로 정리될 필요가 있는 것 같아. 이걸 어떻게 풀어나간다?"

세 사람은 이런저런 논의를 했지만, 결정을 내리지 못한 채 회의를 끝냈다. 물론 여러 의견을 좀더 구체화하기로 업무 분장을 했지만 올바른 방향인지는 확신이 서지 않았다.

김영민 부장이 파로스에서 온 이메일을 확인한 것은 저녁 식사 직후였다. 회의중에 메일이 도착한 모양이었다. 우선 메일을 읽어 보았다.

'김영민 부장님, 안녕하십니까? 일교차가 심하군요. 감기 조심하시고, 지난번에 부탁하신 내용으로 제안서를 작성해 보았으니 참조하시기 바랍니다. 저희가 갖고 있는 몇 가지 방법론을 활용했으므로 김 부장님이 생각하신 것과 좀 다를 수도 있을 겁니다. 저희 것을 참고하시어 F-SQUARE 사의 현실에 가장 맞는 방법을 선택해 주시기 바랍니다. 문의 사항이 있으시면 언제든지 연락해 주십시오. 감사합니다.'

겸손한 어투로 써내려 간 한경영 이사의 메일을 보고, 김영민 부장은 기분이 좋아졌다. 첨부된 파워포인트 파일을 열어보니 무려 55장이나 되는 분량이었다.

일단 김영민 부장은 전체 흐름을 이해하기 위해 차례를 살펴보았다.

차례는 계획 수립 및 보고, 내·외부 환경 변화 분석, 미션·비전 설정, 전략 방향 수정, 전사 BSC 구축, 본부 BSC 구축, 팀 BSC 구축, 활용 및 운영 계획 수립, 실행 계획 수립 등으로 구성되었다. 내용을 살펴보니 단계별로 필요한 활동들이 간단 명료하게 정리되었다. 오늘 하루 종일 회의를 하면서 잡으려고 했던 전체적인 추진 틀이 머릿속에서 구체화되어 갔다.

'아, 이렇게 하면 되겠구나.'

김영민 부장은 정말 다행이다 싶었다. 머릿속에 맴돌고 밤잠을 설치게 한 전략 수정과 실행 체계가 가시적으로 달성될 수 있으리라는 기대감이 처음으로 들어서였다. 김 부장은 제안서를 꼼꼼하게 읽으면서 몇 가지 의문 사항을 정리해 한경영 이사에게 전화를 걸었다.

"한경영 이사님! F-SQUARE의 김영민입니다. 통화할 수 있습니까?"

"아, 김 부장님이시군요. 예, 가능합니다. 말씀하십시오. 자료는 잘 받아보셨는지요."

"예, 아주 정리를 잘해 주셔서 감사합니다. 전략 검토 및 수정 작업을 어떻게 해야 하는지와 BSC의 구축 방법이 알기 쉽게 정리되어 있습니다."

"그렇게 말씀해 주시니 다행입니다. 저희 자료를 참조하시고 F-SQUARE 내부 사정을 감안해 추진 방향을 결정하시면 될 것 같습니다."

"그래서 한두 가지 문의할 사항이 있습니다. 전략의 수정 부분에서 주요한 이벤트가 워크숍인데 경영진뿐 아니라 일반 직원들도 참여 대상으로 하셨더군요. 제가 생각하기에 전략이란 경영진이 방향을 잡고 결정을 내려야 하는 부분입니다만…."

"일반적으로 그렇게 생각하는 경향이 있습니다. 그러나 그것은 기업들의 오해입니다. 조직의 리더가 최종 선택을 하고 책임을 진다고 해도 전략은 조직의 모든 임직원의 일입니다. 직급이 낮을수록 전략 수립이 자신의 일이 아니라고 생각하는 일이 얼마나 흔합니까? 경영진과 고위 간부만 전략을 창출한다고 하는 이러한 생각은 전략의 실행에서 매우 커다란 문제입니다. 이 경우 전략을 제대로 이해할 수 없고, 제대로 이해하지 못한다면 제대로 실행할 수도 없기 때문입니다."

"그렇다면 전략 실행을 위해 초기 전략 개발 단계부터 경영진이 아닌 일반 임직원들도 참여시켜야겠군요."

"물론입니다."

"현실적으로 임원진이 일반 직원과 같이 모여 앉아 전략을 논의하는 것이 가능한 일일까요?"

"저희가 몇 개 조직에서 그러한 형태의 전략 수립을 진행해 보았습니다. 처음에는 어색해하던 직원들도 점차 몰입하게 되자, 임원진과 격의 없는 대화를 나누게 되더군요."

"임원들이 직원들과 함께 전략을 고민하는 과정을 통해, 모두가 공감할 수 있는 전략을 수립해 나갈 수 있다는 말씀이시군요."

"맞습니다. 전략은 절대로 특정인의 것이 되어서는 안 됩니다. 조직 구성원 모두가 전략가라고 생각해야 한다는 것이죠."

"저도 그런 고민을 한 적이 있습니다. 임원진 또는 전략 기획 부서가 만든 내용을 다른 직원들과 공유하기가 참 어렵더군요. 같이 참여하는 과정을 거치면 전략 수립과 실행에 많은 도움이 될 것 같습니다."

"맞습니다. 또 궁금한 사항이 있습니까?"

"바쁘시겠지만 BSC 구축의 주체에 대해 좀 묻고 싶습니다. 저희가 BSC를 직접 구축하는 것이 가능하다고 보시는지요?"

"예, 가능합니다. 물론 충분한 사전 연구가 있어야 할 것이고, 다른 기업들의 사례를 많이 참조해 시행착오를 줄이는 것이 중요합니다."

"저희가 직접 BSC를 구축하는 것으로 결정이 되면, 파로스로부터 많은 도움을 받아야 할 것 같습니다."

"좋습니다. 언제든지 연락을 주십시오. 저희도 적극적으로 돕겠습니다. 향후 일정은 어떻게 되십니까?"

"다음 주 초에 경영기획실장과 협의를 마치고, 빠르면 다음 주말엔 사장님께 보고하고 결재를 받을 생각입니다."

"참, 저희의 제안서는 계획만을 위한 겁니다. 제 생각엔 김 부장님이 사장님께 보고할 때는 시범 운영까지 포함하면 좋을 것 같습니다."

"아, 그 부분을 놓칠 뻔했군요. 시범 운영 기간은 어느 정도가 좋을까요?"

"조직에 따라 틀립니다만, 최소한 5~6개월은 잡아야 할 것 같습니다."

"잘 알겠습니다. 그 기간을 감안하겠습니다."

"좋은 결과 있으시길 바랍니다. 감사합니다."

김영민 부장은 한경영 이사와 통화를 마친 후, 파로스의 제안 자료를 전략경영팀 내의 과장들에게 이메일로 전달하고, 그 활용 방안에 대해 다음날 아침 회의를 하기로 했다.

다음날 아침 김영민 부장은 9시 30분쯤 출근했다. 아내는 휴무 토요일에 회사를 나가는 남편이 조금 야속했고 김 부장은 붙잡는 아내 때문에 잠시 머뭇거렸다.

"평소 애들보다 늦으니 오늘은 당신이 아이들 학교 가는 걸 배웅 좀 해줘요."

사실 그랬다. 항상 아이들보다 일찍 출근하면서 정작 아이들에게 따스한 말 한마디 건네지 못했다는 생각이 들어 김영민 부장은 문 앞에서 학교에 가는 하나랑 동욱이를 배웅했다. 첫째인 하나가 물었다.

"아빠, 어쩐 일이세요? 오늘은 회사 안 가세요?"

"너희들 보내고 천천히 갈 거다. 학교 갈 때 차 조심 해라!"

"제가 그렇게 어리지는 않아요, 아빠. 그보다 내일 에버랜드에 같이 갈 수 있으세요? 거기서 공룡 전시회가 있는데 친구들이 많이 간다고 하던데."

공룡 이야기가 나오니 둘째 동욱이가 꼭 가야 한다고 떼를 쓰기 시작했다. 김 부장은 잠시 내일 일정을 생각했다. 다음 주에 보고가 있긴 하지만 내일은 시간을 낼 수 있을 것 같았다.

"그래, 내일 아빠도 함께 가는 거야. 자, 약속!"

동욱이가 통통 뛰면서 즐거워하더니 집을 나섰다. 아이들의 뒷모습을 바라보던 김 부장의 아내가 물었다.

"근데 정말 당신 갈 수 있어요? 다음 주에 보고할 것이 있다고 하지 않았나요?"

"글쎄, 오늘 정리를 잘하면 굳이 내일은 출근하지 않아도 될 것 같아. 요즘 애들과 시간을 많이 보내지 못한 것 같아서 말이야."

김 부장은 회사에 출근해 부서 사람들과 저녁 늦게까지 보고 방향에 대해 토론하고 내용을 정리했다. 파로스의 제안 내용은 많은 도움이 되었다.

일요일 낮 에버랜드에서 가족과 함께 즐거운 시간을 보냈지만, 돌아올 때의 교통 체증으로 다 날아가는 듯했다. 그래도 오랜만에 아이들과 함께하는 시간을 가진 김영민 부장은 무척이나 기분 좋게 월요일을 맞았다.

김영민 부장은 수요일에 최동집 실장과 의견을 조율했다. 그러나 최 실장의 인식은 이전 단계에서 더 진전이 없어 보였다. 오히려 한 걸음 더 나아가 BSC가 과연 그런 일을 할 수 있는지 의구심을 드러냈다. '경영 툴이란 게 다 그렇고 그런 것이다'라는 둥, '컨설팅 사에서 우리 산업을 어떻게 이해하겠느냐'는 둥, '돈 받을 정도로 일할 것 같지 않다'는 둥 계속 부정적인 의견을 제시하면서 시큰둥한 반응을 보였다.

최 실장은 그러면서도 결정적인 대안을 제시하지는 못했다. 최 실장도 결국 대안을 제시하지 못하는 자신을 인정했는지 김영민 부장의 자료에 자신의 의견을 일부 첨가해 경영진 회의에서 보고하기로 했다.

6. 최고 경영자의 동의를 얻어내다

경영진 보고가 열리는 날은 금요일 오전 8시 30분이었다. 많은 일정을 소화해야 하는 사장은 평소 아침에 일찍 보고를 받기도 했다.

참석자는 사장과 각 본부장, 그리고 각 본부의 기획부장들이었다. 먼저 지난번 본부장 회의의 내용과 그 결과로 오늘의 보고회가 이루어졌다는 경영기획실 최동집 실장의 간략한 인사말이 있었다.

최 실장이 인사말을 끝내고 김영민 부장에게 손짓을 하는 사이, 사장이 말문을 열었다.

"이번 회의는 여러분도 알다시피 전략 수정 및 추진 일정에 대한 계획을 들어보려고 마련한 것입니다. 제가 회사를 맡고 나서 많은 고민을 하고 있습니다. 여러분도 아시다시피 최근 경영 성과가 너무 좋지 않습니다. 이제는 다르게 접근해야 한다고 생각합니다. 변화하는 환경을 인식하지 못하고 지금의 방식을 고수한다면 얼마 지나지 않아 우리 회사는 문을 닫아야 할지도 모릅니다. 과거 우리 회사는 수십 년 동안 대량 생산 체제를 바탕으로 중가의 제품으로 성공했습니다. 유행을 덜 타고 여러 연령층의 고객들이 이용할 수 있는 제품들을 만들어 왔습니다. 그때는 일반인의 소비 행태가 그런 것이었기 때문에 성공할 수 있었지만, 지금의 상황은 달라졌습니다."

이때 조용히 듣고 있던 영업본부장이 말문을 열었다. 지나치게 변화를 강조하는 사장의 요구에 반감이 묻어나는 반응이었다.

"사장님도 아시다시피, 지금 업계가 총체적으로 좋지 않은 실적을 내고 있습니다. 현재 우리 회사의 전략이 올바르지 않을 수도 있지만, 업계의 전반적 상황일 수도 있다는 생각이 듭니다. 이에 대해서는 어떻게 생각하십니까?"

"본부장님의 말씀도 맞습니다. 하지만, 업계 전반적으로 실적이 좋지 않다는 것에 위안을 삼아서는 안 됩니다. 의류 부문의 예를 든다면, '카오다' 나 '아이투' 와 같은 회사는 중저가 시장에서 성공적으로 진입해 성장하고 있습니다. 또한 대기업군의 몇몇 업체는 외국의 유명 브랜드를 도입해 고가 시장에서 성공했고, 외국의 몇몇 업체는 한국 지사 설립과 동시에 자사의 브랜드를 바탕으로 계속 성장하고 있습니다."

사장은 여기까지 말하고 녹차를 한 모금 마셨다. 그리고 좌중을 한번 둘러보았다. 주의를 환기시키려는 치밀한 제스처였다.

"기회는 여전히 시장에 있는데, 우리와 경쟁하던 국내 브랜드의

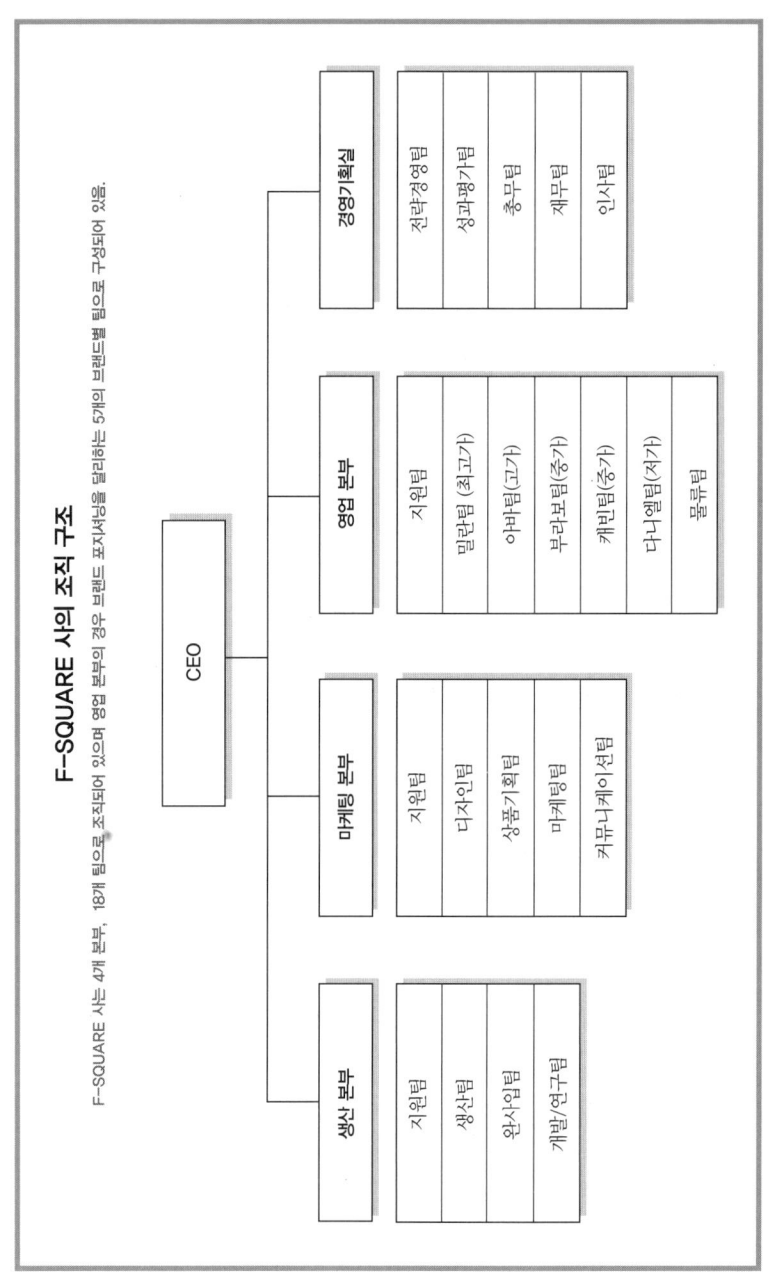

패션 업계만 어렵다면 이 국내 브랜드들이 대응하지 못한다고 생각해야 합니다. 그리고 경쟁자들이 움직이지 않는다고 그들과 동일하게 행동한다면 언젠가 우리 회사는 도태되겠죠. 저는 이것이 걱정됩니다. 본부장님의 말씀처럼 업계가 전반적으로 좋지 않아도 분명히 이 시장에서도 성공하는 업체들이 있습니다. 저는 우리 회사가 그 대열에 포함됐으면 좋겠습니다. 그래서 고성장, 고부가 가치를 창출하는 회사로 거듭났으면 합니다."

사장의 주장에 아무도 대꾸하는 사람이 없었다. 사장이 이 산업에 대해 잘 모를 것이라고 생각하던 임원들도 사장의 주장에 대해 나서서 부인하지 못했고 오히려 동조했다.

사장의 이야기는 계속되었다.

"지금까지 우리가 취한 전략과 그 일련의 행동은 피상적인 전략의 모방에 불과했습니다. 이제 환경이 많이 바뀌었습니다. 소비자의 기호가 급변하고 있고 기존에 경쟁하던 업체뿐 아니라 좁은 영역에서 특화된 소규모 기업, 외국의 브랜드를 바탕으로 체계적인 마케팅을 통해 고급 시장에 자리를 잡은 회사 등 경쟁자도 많아졌습니다. 그리고 특수 소재를 활용한 제품, 다양한 기능을 첨가한 제품 등 제품 기술의 발달이 빠르게 진행되고 있습니다. 판매 채널도 지금까지 백화점과 직영점 위주의 방식에서 명품 매장, 백화점 명품관, 할인점, 아울렛 등 수많은 유통 채널이 발전하고, 물류 방식도 POS 시스템에서 시작해 PDA를 활용한 기술까지 우리가 정체되어 있는 동안 소비자, 시장, 기술, 방식에 많은 변화가 이루어졌습니다. 이를 따라잡고 우리의 핵심 역량으로 만들기 위해서는 뼈를 깎는 노력이 필요합니다. 이를 위해서는 역량 있는 인재들이 많아야 하는데, 우리 회사는 최근 몇 년 동안 조사 결과를 보면 종업원의 직무 만족도뿐 아니라 회사에 대한 충성도도 현저하게 떨어지는 것을 알 수 있습니다. 우리 회사가 갖춰야 할 핵심 역량 부분을 철저히 조사하고 연구해 전략 실행을 위해 필요한 부분을 정리할 필요가 있습니다. 말이 좀 길어졌습니다. 경영기획실 발표를 들어보도록 합시다."

김영민 부장은 사장과 본부장 사이에 오가는 대화를 들으면서 오늘 자신의 발표가 너무도 중요하다는 것을 알았다. 김 부장은 숨을 한번 크게 쉬고 설명을 시작했다. 김 부장은 전략 수정의 필요성에 대해 준비했지만 그 부분은 빠르게 넘어갔다. 사장이 앞서 이야기한 것과 많이 중복되었기 때문이다.

김영민 부장은 전략의 실행, 즉 BSC 도입에 대해 강조하는 발표 전략을 택했다.

"이번에 사장님께서 지시하신 내용은 회사의 전략을 어떤 방식으로 검토하고 수립할 것인지에 대한 것이었습니다. 그러나 저희 경영기획실에서는 이렇게 수정된 전략을 효율적으로 수행하기 위한 제안을 덧붙이고자 합니다. 바로 BSC를 도입하는 것입니다. BSC는 조직의 성과가 지식 자본에 의해 결정된다는 이론적 배경을 가지고 전략의 실행을 모니터링하는 하나의 제도로서 발전해 왔습니다. 아울러 기업 현장에 성과 평가 방법의 하나로 많이 알려져 있습니다. BSC는 기업의 장기적인 성과 창출을 위해 네 가지 관점에 따라 기업의 성과를 측정합니다. 이 방법론은 미국 포춘 500대 기업의 과반 수 이상이 채택하고 있습니다. 특히 기존에 도입한 회사들의 사례를 살펴보면 이 방법론이 전략을 실행하기에 좋은 틀을 제공하는 것을 알 수 있습니다."

사장은 김영민 부장이 다음 슬라이드로 넘어가기 위해 잠깐 말을 멈춘 사이에 말문을 다시 열었다.

"아, BSC 말입니까? 저도 미국에서 경영대학원을 다닐 때, 개념을 소개받은 적이 있습니다. 그때는 널리 보급되지는 않았는데, 그 사이에 많은 업체들이 사용하고 있군요. 하버드대의 카플란 교수가 제시한 그 이론 맞죠?"

"예, 맞습니다. 컨설턴트인 노튼 박사와 공동으로 개발한 방법론입니다."

이때 마케팅 본부장이 대화에 끼어들었다.

"김 부장, 금방 설명할 때 성과 평가 방법론이라고 하셨는데, 지금 우리 회사에서도 근무 평가를 하지 않습니까? 그것과 어떻게 다른 것인가요? 그리고 BSC를 도입하면 기존의 것은 다 버려야 합니까? 솔직히 난 이런 이야기들이 컨설팅 회사들의 장삿속같이 들립니다. 경영 이론 하나 도입한다고 뭐가 크게 달라지겠습니까?"

마케팅 본부장의 비판을 듣는 순간, 김영민 부장은 적당한 답변이 떠오르지 않았다. 마케팅 본부장의 질문은 경험에서 우러나온 무시할 수 없는 내용이었다.

일단 아는 범위 내에서 성실히 답변해야 했다.

"지금 마케팅 본부장께서 지적하신 점은 대단히 중요한 요소입니다. 저희가 오늘의 보고회를 준비하면서 BSC가 다른 평가 방법과 다르다고 생각한 부분은 BSC가 전사의 경영 전략과 밀접하게 연관되어 일선 조직까지 연결된다는 점입니다. 그리고 기존의 것들을 버려야 하는지 솔직히 잘 모르겠습니다. 제가 이해하기로는 근무 평가의 많은 지표들이 BSC 체계 속에서 활용된다는 것입니다."

"아, 그렇군요. 그럼 네 가지 관점이라는 것은 무엇입니까?"

"네 가지 관점이란 재무, 고객, 내부 프로세스, 학습과 성장 관점을 말합니다. 관점은 기업의 가치가 창출되는 주요한 영역을 말합니다. 기존의 대부분 기업들은 매출, 영업 이익, 경제적 부가가치 등의 재무 관점만 활용해 성과를 측정하는 경향이 많았습니다. 그러나 이렇게 편협한 관점만으로는 경영의 의사 결정이 단기적인 최적화만을 추구할 가능성이 높아 기업의 가치를 파괴할 수도 있다는 비판이 존재했습니다. 이러한 단점을 보완하기 위해서 기업의 가치를 증가시키는 일련의 인과 관계를 관점별로 정리한 것이 BSC입니다. 여기서 B는 Balance를 의미하는 것으로 관점별로 균형을 갖춰야 한다는 것이 이 방법론의 핵심입니다."

이번에는 사장이 질문을 했다.

"김 부장은 BSC가 전략 실행에 적합한 방법론이라고 했는데, 그 이유는 무엇입니까?"

김영민 부장은 파로스로부터 제안서를 받은 후, 보고회 자리에서 어떤 질문이 나올지 미리 고민한 것이 효과가 있다고 생각했다.

세상 모든 일이 그렇지 않은가. 준비하는 자에게 기회가 온다. 지금 자신이 검토하고 공부한 내용들이 대부분 회의석상에서 토의되는 것이다. BSC를 도입, 실행해 본 적은 없지만 선진기업에서 많이 활용하고 있고 논리적으로 타당하다고 생각했기 때문에 김영민 부장은 자신감이 있었다.

"조금 전에도 말씀드렸듯이, BSC는 기업의 비전과 미션을 바탕으로 수립된 전략에서 시작합니다. 그리고 핵심 성과 지표를 수립할 때 전략에 근거해 확정하기 때문에, 그 핵심 성과 지표를 잘 달성한다면 전략 또한 잘 수행될 수 있도록 구조가 짜여 있는 것입니다. 그래서 BSC가 전략 실행을 돕는 도구가 될 수 있는 것입니다. 최근의 연구를 보면 BSC를 만든 사람들이 BSC를 잘 구축한 기업의 많은 성공 사례를 정리하면서 이 조직들을 SFO라고 명명했다고 합니다. SFO는 Strategy Focused Organization, 즉 전략 집중 조직입니다. BSC를 통해 조직이 전략에 집중할 수 있는 구조로 변할 수 있다는 것입니다. SFO에서는 전 구성원이 전략을 이해하고 그러한 전략을 달성하기 위해 자신이 업무에서 무엇을 하면 되는지 알 수 있도록 합니다. 따라서 구성원 개개인이 회사에 기여할 수 있는 부분을 생각할 수 있게 하는 것도 이 방법론의 장점입니다."

이때 부하 직원들로부터 합리적이라는 평을 듣는 영업 본부의 조 부장이 말을 이었다.

"김 부장님, 그럼 전략을 모든 직원에게 공개해야 한다는 것입니까?"

"그렇습니다. 공개에서 그치지 말고 교육을 시키고 의사 소통을 해야 합니다."

"그럼 곤란하지 않을까요? 회사의 전략이란 그 회사가 성장하기 위한 비밀이 담겨 있는데, 이에 대해 모든 직원에게 교육을 시키고 의사 소통을 해야 한다면 경쟁 회사들이 모두 우리 회사의 전략을 알게 될 것이 아닙니까? 물론 그럴 일이야 없겠지만, 회사 직원 중에 몇몇이 경쟁사에 알려줄 수도 있고, 이직을 하는 직원들도 많지 않습니까? 그럼 우리의 전략적 비밀을 모두 경쟁사에게 고스란히 알려주는 꼴인데 그럼 곤란하지 않을까요?"

"회사의 전략이 노출된다는 것은 매우 위험하므로 물론 노출되어서는 안 되겠지요. 그러나 전략이 알려진다고 해도 가격 정책, 기술 및 생산 노하우, 디자인 등 구체적인 내용까지 알려진다고 할 수는 없습니다. 전략이 동일한 회사가 얼마나 많습니까? 그보다 내부의 임직원이 전략 방향을 정확히 이해하고 공유하는 것이, 우리의 전략을 잘 실행할 수 있는 중요한 요소라는 생각이 듭니다."

김영민 부장은 회의장을 다시 한번 둘러보았다. 사람들이 보고서에 시선을 고정시키고 있었다. 김 부장의 말에 대해 그 의미를 생각하는 것 같았다. 김 부장은 전략의 공유에 대해 부연 설명이 필요하다는 생각이 들었다.

"체화된 전략적 차별성이 우리 회사가 다른 경쟁사에 대해 경쟁 우위를 확보할 수 있는 방법이라고 생각합니다. 이러기 위해서 몇몇 소수의 전문가와 경영진이 전략을 수립한다 할지라도 그 의미를 조직 전체에 전달하고 자신이 이 전략의 실행을 위해 무엇을 해야 하는지 알도록 하는 것이 대단히 중요합니다. 이런 과정을 통해 전략이 전사적으로 체화될 때 우리 회사는 진정으로 전략적 우위를 차지할 수 있습니다."

김영민 부장은 말을 끝내고 회의실을 둘러보았다. 잠시 쉬었다가

하자는 최동집 실장의 제안으로 회의는 중단되었다.

휴식 시간 동안에도 사장은 그대로 자리에 앉아 자료를 보며 간단히 스트레칭을 할 뿐이었다. 따라서 회의는 채 10분이 지나기도 전에 다시 시작되었다.

짧은 휴식 시간 동안 김영민 부장은 BSC를 F-SQUARE 사의 사례와 더불어 쉽게 설명을 해야겠다고 생각했다. 김영민 부장은 그 사례로서 매출 성과를 올리기 위한 편법이 문제가 된 것을 생각해 냈다.

"BSC, 즉 균형 성과표는 쉽게 생각해서 성과 측정 도구입니다. 그러나 다른 방법과 비교해서 성과 측정이 재무 차원에만 국한되지 않는다는 점이 큰 차이점입니다. 여러분도 알다시피, 우리 회사에서도 개개인 및 사업부의 성과를 측정하기 위해 여러 평가 방법을 활용하고 있습니다만, 주로 매출 성장, 순이익 등 재무 수치를 갖고 성과 평가가 이뤄지고 있습니다. 이것도 물론 대단히 중요합니다만 부작용도 있었던 것이 사실입니다. 가짜 매출이 많이 발생하고 직원들의 사기는 떨어져 있는데 간부급은 성과급을 타는 경우도 있고, 심지어 목표량에 도달하기 위해 직원들에게 매출을 전가시키거나 유통 업자를 압박해 물량 밀어내기를 하기도 합니다. 이것은 단기적으로 이익을 증대시킬 수 있을지 몰라도 중장기적으로 회사의 경쟁력을 악화시키는 것입니다. 우선 지난 해에 이뤄진 사이비 매출을 충당하기 위해 올해의 매출은 그 수치만큼 감소해야 하고 기말에는 부족한 매출액을 충당하기 위해 또 사이비 매출을 창출해야 하는 악순환의 고리가 형성되고 있습니다. 부하 직원들의 사기를 희생시키며 이뤄지는 영업은 회사의 장기적 경쟁력인 직원들의 동기 부여를 감소시키는 주요한 원인으로 작용합니다. 또한 물량 밀어내기를 통해 악화된 유통업자와의 관계는 우리 기업의 경쟁력을 계속 약화시키는 요인입니다."

김영민 부장의 지적은 다른 사람들도 공감하는 이야기였다. 김 부장은 몇몇 사람이 고개를 끄덕이는 것을 볼 수 있었다.

"정말 회사를 위해 일할 수 있는 사람들로 채워지고 이들이 바르게 만들어진 전략을 바른 방법론으로 실행할 수 있다면 우리는 성공할 수 있다고 생각합니다. 이를 실현시킬 수 있는 방법론으로 저는 BSC를 주장합니다. 물론 한두 명의 힘으로 될 일이 아닙니다. 조직적으로 힘을 모아야 가능한 일입니다. 회사 내부의 인력들이 이러한 내용을 충분히 내면화할 수 있도록 공동 작업을 해야 합니다."

김영민 부장은 이렇게 BSC 일반론에 대한 이야기를 마무리하고 전체 프로젝트 수행에 대한 접근 방법, 주요 활동, 일정, TFT 구성, 파로스의 자문 방법과 비용 등에 대한 설명을 하면서 보고를 마쳤다.

임원들은 그의 보고 내용에 동의했는지 고개를 끄덕거렸다.

그런데 확신이 필요했는지, 사장이 추가 질문을 했다.

"그럼 김 부장은 우리 회사가 BSC를 구축하면 지금의 문제점들을 다 해결할 수 있다고 생각합니까? 시간이 지나 또 다른 새로운 경영 혁신 기법을 도입해야 하는 것 아닙니까?"

김영민 부장은 뜨끔했다. 이런 경우, 향후 일이 추진되는 과정에서 잘못될 경우 비난의 화살이 자기에게 돌아올 수도 있는 것이다.

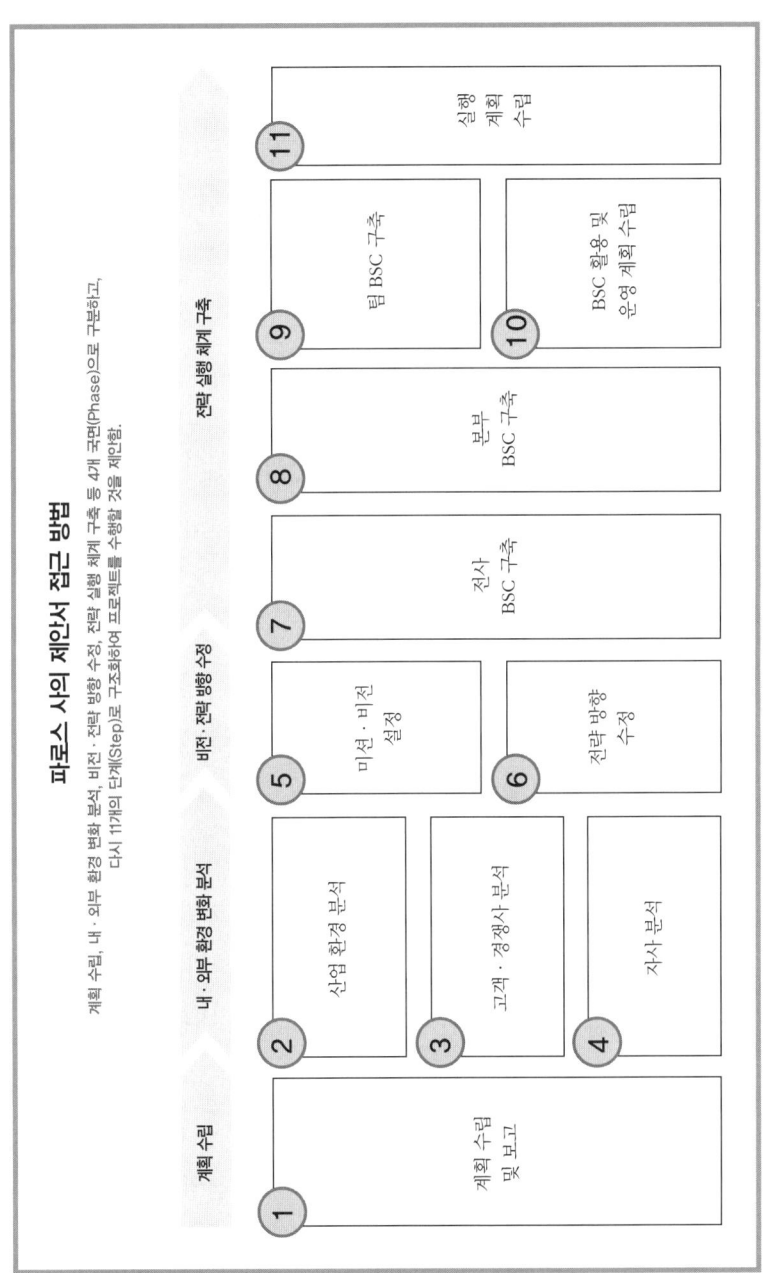

방법론이 만병통치약이 아닌 것은 분명했다. 우리 주변에 많은 경영 기법들이 나타났다가 사라졌다. 그것을 도입하면 경영 혁신이 이루어지고 문제가 해결된다고 했지만 실제 그것은 또 다른 새로운 경영 혁신 기법으로 구태의연한 과거의 경영 툴로 치부되어 버렸다.

사장도 그 점을 염려한 것일까? 그 부분에 대해 어설프게 넘어갈 수는 없었다. 김영민 부장은 평소에 자신이 가진 신념대로 대답을 했다.

"특정 경영 기법을 도입한다 해서 무조건 우리의 문제를 다 해결할 수 있다고는 생각하지 않습니다. 그러나 시간이 지나 새로운 경영 혁신 기법을 꼭 도입해야 할 필요가 있다고도 생각하지 않습니다."

김영민 부장은 하나의 예를 들어 설명했다.

"수험생들이 좋은 교재로 공부한다고 모두 성적이 좋은 것이 아니듯, 그 방법론이 우리를 무조건 성공으로 이끌어 준다고 생각하진 않습니다. 그 방법론을 제대로 이해하고 실천하는 우리의 노력이 더 중요합니다. 그러나 좋은 경영 툴을 잘 선택하는 것은 매우 중요하고, 그렇기 때문에 저는 BSC를 추천하는 것입니다. 그리고 시간이 지나 새로운 경영 툴을 받아들이지 않아도 된다고 말씀드린 것은 모든 경영 툴이 나름대로의 시각을 가졌다고 생각하기 때문입니다. 검증된 많은 경영 툴은 시간이 지난다고 그 본질적 내용이 달라지지는 않습니다. '저는 낡은 경영 혁신 기법이란 없다' 라고 생각합니다. 지금 상황에서 BSC를 제안하는 것은 이 기법이 새롭기 때문이 아닙니다. 그 본질적 내용이 우리 회사에 지속적인 경영 혁신의 계기를 마련해 줄 수 있다는 판단이 들어서입니다."

김영민 부장은 자신의 답변이 적절했는지 판단이 서지 않았다.

사장이 말문을 열었다.

"발표 잘 들었습니다. '교과서가 모든 것을 해결하는 것은 아니다. 그러나 교과서를 잘 선택할 필요는 있다' 그리고 '낡은 경영 혁신 기법이란 없다' 등 김 부장의 설명을 들으니, 난 BSC라는 경영 툴을 적극적으로 검토해야겠다는 생각이 드네요. 다른 분들은 어떻게 생각하십니까?"

'다른 사람들은 어떤 생각을 할까?' 는 김영민 부장도 무척이나 궁금했다. 다행히 사장이 긍정적으로 이야기해 주는 것이 다소 안심이 되었다. 아무도 반대 의견을 제시하거나 부정적으로 토를 다는 사람이 없었다.

"경영기획실에서 이번 일을 잘 추진해 보세요. 김 부장, 오늘 발표 준비하느라 수고했어요. 향후 상세한 내용은 계속 보고해 주기 바랍니다. 고생했습니다."

회의에 참석한 사람들이 박수를 쳐주었다. 분위기가 이런 데도 BSC에 부정적인 최 실장의 표정은 밝아 보이지 않았다.

그러나 김영민 부장은 사장이 저렇게까지 이야기한 이상 이젠 실장도 계속해서 부정적 이야기만 하지는 못할 것이라는 생각이 들었다. 회의 소식을 전해 들은 팀원들, 특히 박 과장이 매우 기뻐해 주었다. 그러나 앞으로 어떤 일이 전개될지 누구도 정확히 알 수는 없었다. 김영민 부장은 오후에 파로스의 한경영 이사에게 이메일을 보냈다.

'안녕하십니까? 한경영 이사님. F-SQUARE 사의 김영민 부장입니다. 지난 주에 말씀드린 경영진 보고가 오늘 있었습니다. 결과는 매우 좋았습니다. 사장님께서 저희가 보고한 프로젝트 건을 승인해 주셨고, 다음 주부터 구체적으로 진행을 할 예정입니다. 파로스와는 자문 형태로 업무를 진행토록 하겠습니다. 자세한 이야기는 만나서 말씀을 드릴 수 있으면 좋겠습니다. 다음 주 월요일 오후 3시에 저희 사무실을 방문해 주실 수 있는지 연락 주십시오. 첨부 -경영진 보고 자료. 이상. 감사합니다.'

김영민 부장은 오후 늦게 한경영 이사의 확인 메일을 받을 수 있었다. 김 부장은 본격적으로 일을 시작해야 할 때가 된 것을 느꼈다. 집으로 돌아오는 길에 김 부장은 버스 속에서 올드 팝송인 'Sailing'을 들을 수 있었다.

노랫말처럼 망망대해에 작은 배를 탄 자신을 상상해 보았다. 그러나 자신감이 있었다.

'항구에 정박할 때 배는 가장 안전한 법이다. 그러나 바다로 나가지 않는 배는 이미 배가 아니다.'

출항이라 해도 좋고, 이륙이라 해도 좋을 '변화의 여정'이 시작되었음을 김영민 부장의 세포 하나하나가 벌써 알아차린 듯하다. 자신도 모르게 손에 힘을 주었다.

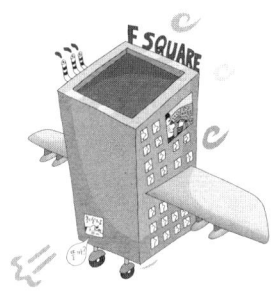

제2부
전략을 수정하고 BSC를 구축하다

7. TFT, 닻을 올리다

8. 양평 워크숍, 2박 3일+24시

9. 새로운 미션과 비전을 찾아라

10. BSC를 이해하다

11. 산정호수 워크숍, 전사 BSC 기본틀을 마련하다

12. 우리만의 BSC 관점을 설정하다

13. 정복할 고지를 찾아라

14. SMART 법칙으로 성과 지표를 정하다

15. 본부 전략 과제 도출을 위한 난상 토론

16. 대반전, 보고회! 적들을 잠재우다

17. 쾌속 항진

7. TFT, 닻을 올리다

김영민 부장은 지난 주말이 솜사탕처럼 달콤했다. 날개라도 단 듯한 홀가분한 마음이 오히려 몸에 안 맞는 옷을 걸칠 때처럼 어색할 지경이었다. 지난 주 금요일, 경영진 회의석상에서 성공적으로 보고를 마치고 난 이후, 그 동안 등이 휠 정도로 억눌린 긴장감이 일시에 빠져나간 느낌은 아무래도 허탈감이라기보다는 홀가분함이었다.

그러나 달콤한 밀월이 그리 오래 가지 않으리라는 점을 김영민 부장은 누구보다 잘 알았다. 사실 항해는 지금부터 시작이다. 지난 금요일의 보고는 고작 닻을 올린 준비 동작에 불과했다. 항구를 빠져나가면서가 문제다. 지난 주 보고를 통해 자신이 제시한 여러 가지 계획들을 구체화하고 실제로 실행해야 하는 '큰 일'이 남아 있기 때문이다.

월요일 아침 출근길은 으레 그렇듯 혼잡했다. 더구나 추적추적 봄비가 내려 월요일 출근길의 정체를 더욱 부채질하고 있었다.

뿌옇게 시계를 가리는 빗길을 조심스럽게 달리면서, 김영민 부장은 오늘 날씨가 어딘지 요즘 회사의 카오스 현상과 비슷하다는 생각을 해본다.

김영민 부장은 옷깃에 묻은 빗방울을 대충 털어내고 사무실로 들어서는데, 그의 눈에 책상 위의 메모가 들어왔다.

'실장님, 전화 요망. 8시 50분.'

자리를 비운 사이에 부하 직원 한 사람이 전화를 받아 메모를 남긴 것이다.

'왜 아침부터 나를 찾는 걸까?'

김영민 부장은 자리에 앉으려다가, 엉거주춤한 자세로 수화기부터 먼저 들었다.

"네, 기획실장실입니다."

"전략경영팀 김 부장인데, 실장님과 통화할 수 있을까요?"

"안녕하세요, 부장님. 실장님께서 지금 잠깐 나가셨는데 오후 1시에 뵙자고 하시네요. 지난 주 회의 건 때문입니다."

"아 예, 그 시간에 실장실로 가겠다고 말씀드려 주세요."

보고 직후라 아직 구체화해야 할 사안도 많고 보완해야 할 것도 많은데, 최동집 실장은 전반적인 사항을 확인할 것 같았다.

경영기획실장으로서 다급한 처지는 이해되지 않는 바가 아니나, 김영민 부장은 내심 당황스러웠다.

김영민 부장은 먼저 정명규 과장, 박영출 과장과 차를 마시며 대비책을 논의하기로 했다.

"정 과장 박 과장, 10시에 잠깐 좀 봅시다. 1시간 정도 시간을 내줘요!"

정 과장은 전화를 걸어 회의 시간을 조정하는 것 같았다.

마침내 10시가 되자, 세 사람은 커피를 한 잔씩 뽑아 앞에 놓고 회의를 시작했다.

"다행히 지난 주 발표가 잘됐네요, 부장님."

박 과장이 먼저 회의를 화제 삼아 말문을 열었다.

"다행이야. 그러나 박 과장도 알다시피 이제부터 시작이지. 상세 계획을 수립하고 분석 작업을 시작해야 하니 앞으로 힘든 일이 많을 거야."

"그래서 말인데요, 부장님. 별도의 팀을 가동하는 것으로 돼 있지 않습니까? 보고 문건에 예상 인원을 6명에서 8명 정도로 잡아놓으셨던데, 어디서 인원을 충당하실 건가요?"

사실 TFT의 가동을 위한 인원 수급이 가장 현실적인 문제였다. 몇 달간은 전담 요원으로 일을 해야 할 것 같은데, 과연 어떤 사업본부가 쉽게 인원을 빼줄지 벌써부터 걱정이었다.

"지난 주 보고 때, 각 본부의 본부장들과 기획부서 사람들이 같이 있었고 각 본부 주요 인력들을 좀 활용하겠다고 했으니 대비는 하고 있을 거야. 그러나 실제로 인원을 요청하면 난색을 표하겠지. 인원을 지원해 주지 않으면 우리 셋이 달라붙지, 뭐!"

"어이구, 부장님. 농담이라도 그런 말씀은 하지 마십시오. 발표하신 계획을 보니 회사의 운명을 결정짓는 중차대한 사안이던데, 우리 셋이서 리스크를 다 떠안자는 말씀이신가요?"

"정 과장, 이 사람 놀라기는…. 과연 자네 말이 일리는 있지. 하지만 부담이 클수록 그만큼 보람도 커지지 않는가?"

"그건 그렇습니다. 하지만 어디까지나 그건 일을 잘 끝내고 성공적이었다는 평가가 나올 때죠."

"물론 맞는 말이야. 어쨌든 이번 프로젝트는 지금까지 한 것보다 훨씬 종합적이고 심도 있는 작업이 될 거야. 괜찮은 멤버들이 합류해야 할 텐데…. 그러면 박 과장이 TFT 인원 협조 공문을 기안하고, 우리가 발표한 내용을 바탕으로 분석 영역을 한번 잡아보는 게 좋을 것 같아."

"특별히 생각하는 사람이 있으신가요?"

묵묵히 김 부장과 정 과장의 대화를 듣고 있던 박 과장의 코멘트였다.

"일단은 인원수 항목만 7명 정도로 명시해서 기안해 주고, 내가 실장님을 통해 직접 연락해 볼게. 그쪽 사정도 알아야 누구를 요청할지 확정할 것 같은데…."

"알겠습니다."

"그리고 정 과장은 내가 TFT로 빠져 있는 동안 선임 과장으로서 부서를 맡아줘야겠어. 물론 내가 가까이 있으니 주요한 사항은 나와 협의를 하고…."

"사실 저도 참여하고 싶은 생각이 굴뚝 같지만, 어렵겠군요."

"부서 업무도 중요하잖아. 내가 믿고 맡길 사람이 정 과장밖에 없지 않은가? 실장님은 다른 사람의 영입을 생각할지도 모르지만, 난 정 과장이 충분히 내 대신 업무를 해줄 수 있을 거라고 믿어. 그러니 어렵더라도 앞으로 몇 개월 동안 내 대신 부서를 좀 이끌어줘. 실장님께는 내가 별도로 말씀드리도록 하지."

"그렇게 말씀하시니, 힘닿는 대로 열심히 해보겠습니다."

"고마워, 정 과장. 그리고 박 과장, TFT 구성은 어떻게든 이루어질 것이고, 다음 주부터는 작업에 바로 착수해야 할 것 같아. 그러니 총무부에 5층 회의실 사용 요청과 사무기기 준비를 부탁해 놓지! 기간은 일단 6개월로 하고 늘어날 수도 있다고 단서 다는 거 잊지 말고…."

"알겠습니다."

박영출 과장은 갑자기 할 일이 많아져선지, 다소 긴장하는 모습이었다.

오후 1시, 약속 시간에 맞춰 실장실을 찾자, 최 실장은 예상대로 향후 계획에 대해 관심을 가졌다.

"실장님, 안녕하십니까?"

"김 부장, 이리 앉으시오."

김영민 부장은 최 실장의 태도가 지난 주와 조금 달라진 것 같다는 생각이 들었다. 하긴 이번 프로젝트를 통해 사장은 실장을 다시 평가할 것이다. 그만큼 중요한 일의 실무 책임자이니 최 실장도 김 부장을 달리 대하는 것이리라.

"지난 발표 후에 사장님이 메시지를 보내셨소."

"어떤 내용입니까?"

"김 부장도 알다시피 매출과 이익이 개선되지 않는 상황이 계속돼, 전략의 수정은 이제 기정 사실이 되었소. 지난 주 계획대로 가능한 빨리 추진해 달라는 것이오."

"그렇지 않아도 오전에 TFT 구성과 분석 영역에 대해 토론하고 왔습니다. 실장님은 각 본부장님께 이 사람들을 보내 달라고 요청해 주십시오."

김영민 부장은 7명의 명단을 최 실장에게 건넸다.

"김 부장과 박 과장은 우리 실 사람이고, 나머지 5명을 다른 부서에 요청해야 하는군. 7명이라…. 너무 적은 것 같기도 한데…."

"인원이 많다고 능사는 아니라고 봅니다. 또 현업 부서의 형편을 감안하면 이 이상 인원을 달라고 하면 무리가 따를 것 같아서요."

"알았소. 내가 해당 본부장들에게 협조를 구해 놓겠소. 언제까지 사람을 보내 달라고 해야 하나?"

"이번 주말엔 예비 모임을 갖고 다음 주부터는 5층 회의실로 출근하라고 말씀해 주십시오. 저희 부서에서도 협조 공문을 오늘 보내겠습니다."

"내 결재를 받고 보내시오. 그리고 김 부장이 TFT로 빠지면 현 부서 업무는 누가 맡나? 기간이 길어 나도 고민을 좀 해봤는데… 새로운 사람을 충원할까 생각중이오."

김영민 부장은 잠시 뜸을 들이다가 자신의 생각을 말했다.

"다른 사람을 충원할 수도 있지만 선임 과장인 정 과장에게 직무를 대행하게 하는 것은 어떻습니까? 지금 상황에서는 충원도 쉽지 않고 제가 가까이 있으니 주요 업무는 같이 검토하면 될 것입니다."

"김 부장이 부담이 클 텐데…. 물론 김 부장만 괜찮다면 그게 최선책이지. 그럼 그렇게 합시다. 혹시 어려움이 생긴다면 다시 이야기하고."

"알겠습니다, 실장님."

김영민 부장은 사장의 관심과 참여 정도가 생각보다 훨씬 높을 것 같다는 느낌이 들었다.

호재였다. 최고 경영자인 사장의 관심이 높을수록, 그만큼 프로젝트는 별다른 장애 없이 빠르게 추진될 것이기 때문이다.

김영민 부장이 부서로 돌아와, 박영출 과장이 기안한 협조 공문을 검토할 때 파로스의 한경영 이사가 찾아왔다.

김영민 부장은 박 과장과 함께 파로스 사의 한경영 이사와 미팅을 가졌다. 먼저 김 부장은 지난 주 경영진 보고 상황을 간략히 설명하고 파로스 사와 연관된 업무에 대해 이야기를 나누었다. 김 부장은 한경영 이사에게 더 많은 시간을 투입해 줄 것을 요청했다.

"말씀드린 대로 파로스의 자문을 받아 일을 진행해야 하는데, 제안서의 내용만으로는 저희가 일을 추진하는 데 어려움이 많습니다."

"어떤 어려움이 있으시죠?"

"프로젝트에서 제공될 컨설팅 사의 방법론과 이에 대한 강의가 자문의 주요 부분입니다만, 저희 처지로선 실무에 대한 자문이 더 필요합니다."

"말씀하신 내용은 충분히 이해가 갑니다. 그렇다고 저희가 직접 일을 하는 것같이 관여할 수 없는 것이 현실적인 제약입니다. 이렇

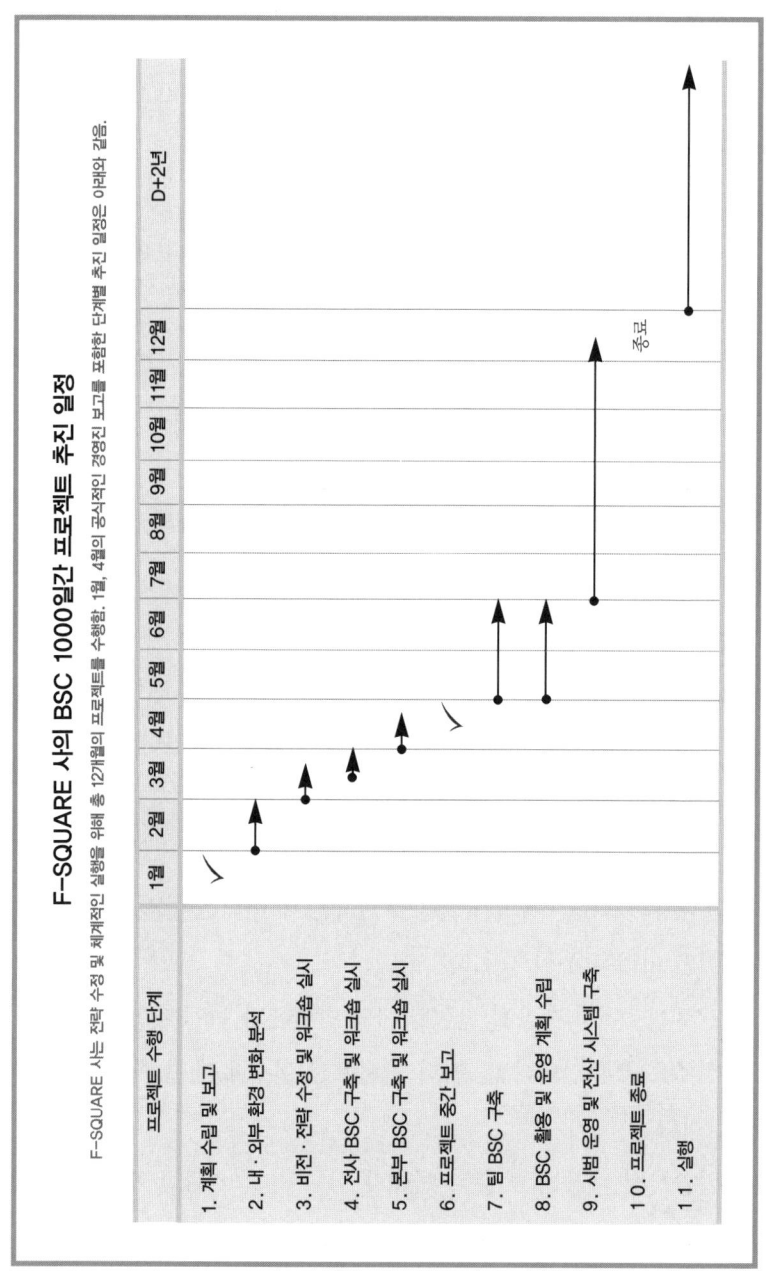

게 하면 어떻습니까?"

한경영 이사는 준비했다는 듯이 대안을 제시했다.

"제가 제안한 방법론 제공과 교육 외에 실무 협의를 위한 채널을 별도로 구축하는 것입니다. 이 채널은 앞으로 구성될 TFT와 저와의 채널입니다. 'E(Execution)-채널'이라고 이름 붙일 것이고, TFT의 창구는 김 부장님이 해주셔야 합니다. E-채널은 물리적 만남을 포함해 프로젝트를 추진하면서 발생되는 문제를 토론하고 해결책을 함께 찾아나가자는 것입니다. 최소 2주에 한 번 정도는 E-채널을 가동하는 것이 좋다고 봅니다."

김영민 부장으로선 파로스 한경영 이사의 제안을 마다할 이유가 없었다. 이 정도의 자문이라면 단순한 방향 제시만이 아니라 구체적인 업무 협의도 가능하리란 판단이 들었다.

일반적으로 자문이란 방향 제시에 그치는 경우가 많은 법인데, 파로스는 다른 모습을 보여주었다.

"좋습니다, 한 이사님. 그렇게 계약서를 작성해서 보내드리겠습니다."

파로스와 업무에 대한 구체적인 방안을 협의한 후, 김영민 부장은 TFT 구성 등 현재의 진행 상황에 대해 이야기를 나누었다.

"TFT 팀원 구성이 쉽지 않으실 것입니다. 프로젝트의 성공과 실패 여부를 가름하는 핵심 요소니 열정을 가진 사람, 미래를 위해 건설적인 의견을 내는 핵심 인력을 선발하는 것이 필요합니다."

"그렇지 않아도 오늘 그것 때문에 걱정입니다. 지난 주 회의를 통해 분위기를 조성했고 오늘 저희 본부에서 공식적으로 협조 공문을 발송합니다."

"협조 공문 정도로는 설득력이 약하지 않을까요? 아예 TFT 인사 발령을 내는 것이 일하시기엔 좋을 것 같은데요."

"아, 그 방법이 더 확실하겠군요. 내친 김에 바로 인사팀과 협의해 보겠습니다. 그리고 오늘 오신 김에 저희 실장님을 뵙고 가시는 것이 좋을 것 같습니다."

"좋습니다. 그렇게 하지요."

김영민 부장과 파로스의 한경영 이사는 분석 활동에 대해 다음 주 초에 회의하기로 약속하고 실장실로 갔다. 김 부장이 먼저 TFT 협조 공문에 대한 결재를 받는 동안, 한경영 이사는 실장실 밖의 소파에서 기다렸다.

한경영 이사는 10여 분이 지나서야 실장을 만날 수 있었고, 프로젝트 추진에 관해 짧은 대화를 나누었다.

실장을 만나고 난 후 한경영 이사의 표정은 밝지 않았다. 한 이사는 최 실장의 태도에서 뭔가 심상치 않은 기류가 흐르는 것을 느꼈으리라! '의심의 눈초리'를 간파했기 때문이다. 김영민 부장은 한 이사가 말은 안 해도 그의 표정을 보고 불쾌하다는 것을 알아차렸다.

"한 이사님! 실장님과의 대화에서 다소 난감하셨을 겁니다. 그래서 저도 좀 힘이 듭니다. 사장님은 적극적으로 후원해 주시는 반면, 실장님은 이러한 변화와 경영 툴에 호의적이지 않습니다."

"이해합니다. 프로젝트를 추진할 때 이런 경우는 늘 존재하지요. 이런 분들이 변화에 동참할 수 있도록 하는 것도 프로젝트의 목적입니다."

"그렇게 잘 추진될 수 있을지 걱정입니다. 어쨌든 노력해야죠. 그럼 다음 주에 뵙겠습니다."

파로스 한경영 이사가 돌아간 월요일 저녁, 김영민 부장은 최 실장이 결재한 TFT 인원 협조 공문을 해당 본부로 보냈다. 그 다음날부터 각 본부에서 온 전화로 사무실이 시끌벅적했다.

가장 난감한 경우가 대안을 제시하지 않고 무조건 사람을 보낼 수 없다고 억지를 부리는 것이었다.

"김 부장이십니까? 저는 생산 본부 기획 파트의 유 부장입니다."

"오늘 BSC 구축 프로젝트에 인원을 차출한다는 이야기를 들었는데, 우리 부서의 공 과장은 안 됩니다. 한창 어려운 시기에 우리 본부의 핵심 인력을 달라고 하면 저는 어떻게 일을 합니까?"

"어려우신 점은 잘 알겠습니다. 그러나 지난 주 회의 때 참석도 하셨고, 본부장님께 말씀을 들어보시면 프로젝트의 중요성이나 시급성을 아실 수 있을 것입니다. 제가 인원을 선정할 때 그 분야를 제일 잘 알 것 같은 사람을 요청했거든요. 어려우시더라도 공 과장을 꼭 좀 보내주십시오."

"하여간 지금은 안 됩니다."

"그렇게 말씀하시면 전사 차원에서 진행하는 프로젝트의 기반을 흔드는 것입니다."

"뭐요? 그쪽만 회사일 하는 게 아니지 않습니까? 지금 현업 부서 사정은 전혀 고려하지도 않은 채 무조건 사람만 내놓으라는 게 말이 됩니까?"

"그 부분은 대단히 죄송하게 생각하지만 어쩔 수 없습니다."

김영민 부장은 이런 류의 항의 섞인 연락을 4개 사업부에서 모두 받았고, 다음날 현업 부서 인원 선정을 마무리하는 데까지 많은 시간을 소비해야 했다. 결국 생산 본부 인원은 다른 인원으로 교체해야 했다.

박영출 과장을 통해서 확인한 프로젝트 룸 및 사무기기 문제도 총무부장과 두 번의 협의를 거친 후에야 겨우 확정되었고, 주말까지는 책상과 의자 등 비품과 사무기기를 설치해 주는 것으로 일단락을 지었다.

예상을 못 한 바는 아니지만, 처음부터 삐걱거리는 통에 김영민 부장은 식은땀이 다 날 정도였다.

드디어 우여곡절 끝에 금요일 오후에 TFT 첫 모임을 갖게 되었다. 임시 사무실인 5층 회의실에 모인 멤버들은 서로 인사를 나누자마자, 너나 할 것 없이 볼멘소리부터 했다.

"중요한 프로젝트인 줄은 알겠는데 내가 빠지면 부서 일을 할 사람이 없어. 일단 맡겨놓기는 했는데 걱정이야."

"나도 마찬가지지."

김영민 부장은 이런 속사정을 잘 알았으므로, 회의를 시작하면서 먼저 감사의 인사부터 꺼냈다.

"여러분, 안녕하십니까? 여러 사정이 있을 텐데 이렇게 다 참여해 주셔서 고맙습니다. 앞으로 설명하겠지만 우리 TFT의 역할은 매우 중요합니다. 같이 힘을 모아 좋은 성과를 창출했으면 좋겠습니다.

실장님, 잠깐 인사 말씀을 해주십시오."

최동집 실장은 평이하게 인사말을 했다.

"반갑습니다. 여러분이 하시는 일이 앞으로 회사의 방향을 결정할 수 있습니다. 중요한 일을 한다는 사명감을 가지면 좋겠고, 경영기획실은 최선의 지원을 다하도록 하겠습니다. 오늘 사장님도 일정이 좀 일찍 끝나시면 여러분을 만나실 것입니다."

최 실장의 인사말이 끝나고 김영민 부장이 앞으로의 일정과 역할 분담에 대해 설명하기 시작했다.

"여러분께 나눠준 자료를 보았을 것입니다. 앞으로 5개월 동안 우리는 전사 전략의 수정과 BSC 구축 프로젝트를 추진하게 됩니다. 쉽지는 않겠지만 우리가 최대한 노력을 기울인다면 가능하다고 생각합니다. 저도 TFT 팀장으로서 많이 부족하기 때문에 외부 기관의 도움도 받을 생각입니다. 그러나 기본적으로 우리 힘으로 프로젝트를 수행한다고 생각합니다. 여러분도 이런 상황을 잘 이해하시고 적극적으로 프로젝트를 수행하시기 바랍니다."

이때 생산 본부의 이정국 대리가 질문을 했다.

"사실 저는 생산 본부에만 있었기 때문에 전사 차원의 것이라든지, 다른 본부의 사정을 잘 모릅니다. 그리고 BSC가 무엇인지도 잘 모르겠거든요. 문제가 없겠습니까?"

"생산 본부의 이 대리죠? 그런 걱정은 우리 모두가 마찬가지입니다. 그러나 기본적으로 본인이 속한 본부에서 주로 해야 할 전략이 있으니, 본인이 잘 아는 부분에 집중하면 좋겠고 다른 본부와 관련된 일은 여기에 오신 다른 분들이나 실무자들과 협력하면서 추진하십시오. 팀워크를 최대한 활용해야 할 것 같습니다. 그리고 우리 모두 전략과 BSC에 대해서는 공부하고 노력해야 할 것입니다. 저도 잘 모르지만 여러분과 같이 열심히 공부하면서 해 볼 생각입니다."

"업무 분장은 어떻게 하실 것입니까?"

마케팅 본부에서 온 이상민 과장이 물었다.

"기본적으로 전략 검토 때 산업 환경 분석, 고객 및 경쟁사 분석, 자사 분석으로 업무 분장을 실시할 것입니다. BSC 구축 단계에 들어가서는 기본적으로 각 본부의 BSC 구축 업무를 하신다고 생각하면 됩니다. 일단 저희의 업무 분장표를 참고하고 문제가 있으면 말씀해 주십시오."

업무 분장은 큰 무리 없이 이루어졌다. 회의가 거의 마무리될 무렵, 밖으로 나갔던 최 실장이 들어왔다.

"사장님께서 여러분을 만나겠다고 하십니다. 같이 올라갑시다."

사장실은 12층에 있었다. 엘리베이터를 나누어 타고 올라가면서 김영민 부장은 사장이 어떤 동기 부여를 해줄까 궁금해졌다.

사장 비서실에서 잠시 기다려 달라고 말했다. 사장은 어딘가에 전화를 하는 모양이었다. 이윽고 비서에게 연락이 왔다. 최 실장을 필두로 들어선 8명의 멤버들이 사장실에 들어서자 방안이 꽉 찼다. 그만큼 사장실은 넓지 않고 소박했다.

"반갑습니다, 여러분! 내 방이 좁으니 그냥 서서 이야기합시다."

"저하고 같이 근무한 분들이 많더군요. 영업 본부 최 과장도 그렇고 마케팅 본부 이 과장도 그렇고…"

사장은 예전에 같이 근무하던 사람들을 보니 감회가 새로운 모양이었다. 사장은 사주의 아들이면서도 항상 겸손하고 소탈하게 사람들과 어울린다는 평판을 얻고 있었다.

"앞으로 몇 달간 고생해야 할 사람들이군요. 실장님, 오늘 TFT 팀원들과 팀워크도 다질 겸 회식하는 건 어떻겠습니까?"

"예, 그렇게 합시다."

최 실장의 대답이 채 끝나기도 전에, 사장은 웃음을 잃지 않으면서 말문을 열었다.

"여러분을 만나고 싶었습니다. 그 동안 기본 계획안을 입안한 전략경영팀이 계획을 잘 세운 것 같아 빨리 추진하라고 특별히 주문을 했습니다. 여러분도 아시다시피 우리 회사는 지금 매우 어렵습니다. 매출도 그렇고 우리가 추구한 패션성도 별다른 진전이 없고…. 저는 이것들이 우리 전략의 수많은 문제에서 발생했다고 생각합니다. 이제 여러분의 심도 있는 작업을 통해 우리 모습을 냉정하게 진단하고자 합니다. 이것을 바탕으로 전략을 새롭게 짜고 잘 실행해 갈 수 있는 체계를 갖추고자 합니다. 많은 경우 외부 컨설팅 기관에 의뢰해 이런 일들을 하게 되는데, 저는 여러분이 직접 해보라고 주문하겠습니다. 임직원이 참여하지 못하고 현장의 목소리를 반영하지 못하는 전략은 '죽은 전략'입니다. 기간도 짧고 시급한 사안이라 부담이 되겠지만 최선을 다해 주시기 바랍니다."

사장의 인사말은 모든 사람들의 가슴에 새겨졌다. 사장은 인사를 마치고서도 TFT 팀원들과 이런저런 대화를 나누었다. 일행이 사장실에서 나온 시간은 저녁 식사 시간 무렵이었다.

김영민 부장은 저녁 회식 자리를 활용해, 팀원들에 대해 좀더 알아야겠다고 생각했다.

TFT 팀원들은 사장 주재 저녁 자리를 파하고 나서, 김영민 부장의 주도로 회사 근처의 조용한 일식집에 자리를 잡았다. 반주를 곁들여 식사하기 시작했다. 회식 자리에서 대화가 오가고 술잔을 기울이면서 서로 마음의 문을 여는 것 같았다. 특히 술이 몇 순배를 돌면서 너나 할 것 없이 결연한 의지가 샘솟는 듯했다.

월요일, 아침부터 5층 회의실 프로젝트 룸은 야단법석이 따로 없었다.

팀원들이 각 본부에서 자기 짐을 가져와 자리를 잡느라, 50여 명을 너끈히 수용하는 5층 회의실이 비좁아 보일 정도였다.

김영민 부장은 이 북새통에서도 수첩을 꺼내 오늘 일정을 확인해 보았다. 파로스의 한경영 이사와 오후 4시에 약속이 되어 있었다. 지난 금요일 저녁, 한경영 이사는 분석 작업을 위해 분석 내용과 방법론에 대한 자료를 보내주었다. 오늘의 미팅은 '팀 빌딩'을 위한 것이었으며, 주제는 프로젝트에 대한 이해, TFT 자세 정립, 분석 방법 공유, 일정 계획 등에 대해 의견을 나누기로 했다.

프로젝트 룸의 정리는 예상 외로 오전에 마무리되었다. 해당 부서의 부하 직원들이 나서서 거들었기 때문이다.

공간 배치는 지난 주에 정리한 업무 분장에 따라 동일한 업무를 맡은 두 사람이 벽을 보고 나란히 옆으로 앉는 구조였다.

김영민 부장은 전체 회의를 소집했다. 회의실 중간에 타원형 탁자를 놓았으므로, 팀원들이 자리를 돌려 앉으면 바로 회의에 들어갈 수 있었다.

"오전에는 짐을 정리하느라 애를 많이 쓰셨습니다. 오늘부터 본격적인 업무를 시작하려 합니다. 계획서에서 보시는 바와 같이 금주에 세부 업무 계획을 잡은 뒤 바로 분석 업무를 시작해야 합니다. '팀빌딩'을 위해 오후 4시에 경영 자문 회사인 파로스에서 한 분이 오실 겁니다."

2시간 동안 TFT 팀원들은 프로젝트 계획서와 파로스의 참고 자료를 가지고 토론을 벌였다. 그 동안 궁금한 것, 명확히 해야 하는 것, 업무 추진 방법 등에 대해 토의했고, 의문 사항에 대해서는 별도로 정리해 두었다.

오후 4시가 되자, 한경영 이사가 도착했다. 한경영 이사는 김영민 부장과 커피를 한잔 마시고 바로 회의에 들어갔다.

"아까 말씀드린 바와 같이 우리 프로젝트를 자문해 주실 한경영 이사님입니다. 그 동안의 의문 사항을 같이 토론하고 의견을 듣도록 하겠습니다."

김영민 부장의 소개를 받은 한경영 이사가 자리에서 일어났다.

"반갑습니다. 파로스의 한경영입니다. 아까 개별적으로 인사를 드렸는데, 프로젝트에 임하는 열정이 대단하다고 느꼈습니다. 저도 그렇고 여러분도 좋은 경험이 될 것 같다는 생각이 듭니다. 여러분은 이번 프로젝트를 통해 무엇을 얻고자 하십니까? 한 분씩 말씀 좀 해주실까요?"

질문을 받은 팀원들이 겸연쩍은 듯이 서로 얼굴을 쳐다보더니, 이윽고 한 사람씩 소견을 밝혔다.

먼저 김영민 부장이 입을 열었다.

"저는 이 기회를 통해 우리 회사가 전략을 가지고 사업을 할 수 있는 회사가 됐으면 좋겠고, 개인적으론 전략 경영에 대해 더 많이 배우고 싶습니다."

김영민 부장의 발언에 이어, 팀원들이 다투듯이 말을 꺼냈다.

"공염불로 끝나는 계획이 아니라, 전사 구성원들에게 공유되고 현실적으로 실행되는 안을 만들었으면 합니다. 만들어놓았는데, 많은 사람들이 모르거나 서랍 속에 처박혀 실행되지 않는다면 무슨 소용입니까?"

"현실성 있는 비전을 만들었으면 합니다. 보통 비전이라면 우리의 몸과 마음이 따라야 하는데, 대개는 그렇지 않거든요."

"시대에 맞는 전략이 만들어졌으면 좋겠습니다."

"평가 업무가 제대로 됐으면 좋겠습니다."

TFT 팀원들이 돌아가면서 바라는 바를 이야기했다.

이번엔 발언 내용을 꼼꼼히 메모해 가며 듣고 있던 한경영 이사가 나섰다.

"좋습니다. 여러분께서 모두 이번 프로젝트의 본질을 잘 이해하신 것 같습니다. 여러분의 이러한 바람들이 잘 이루어졌는지 프로젝트 후에 꼭 확인하시길 바랍니다. 저희는 이런 것을 프로젝트 ROI(Return On Investment)라고 칭합니다. 프로젝트 수행 후에 여러분이 프로젝트를 통해 얻고자 하는 것을 다 얻었다고 하면 높은 프로젝트 ROI가 되는 것입니다. 그렇게 되기를 기대합니다."

잠시 말을 멈췄다가, 한경영 이사는 얘기를 계속했다.

"저희가 이번 프로젝트를 자문 형식으로 진행하므로 직접적인 개입에는 한계가 있습니다만, 저희가 컨설팅에 임하는 자세를 잊지 않을 것입니다. 저희는 '반드시 실행되어 변화를 이끌어낸다' 라는 정신으로 프로젝트에 임합니다. 프로젝트 성패에 대한 책임은 여러분이 떠안는 구조이지만, 저희가 가진 정신을 실천하기 위해 저는 여러분과 2주에 한번 E-채널을 가동해서 최대한 여러분을 도울 것입니다. 여러분도 프로젝트에 임하면서 지켜주셔야 할 것이 있습니다. 항상 먼저 이해하려 하고 질문하고 몰입하십시오. 또한 여러분의 경험과 아이디어를 공유하고 건설적인 피드백을 하십시오."

한경영 이사는 '당부의 말'에 이어 본격적인 미팅의 주제로 얘기를 이어 나갔다.

"경영진 보고 자료를 보니 저희가 제안해 드린 내용이 충실하게 반영되어 있어 전체적인 프로젝트 진행에 대해서는 무난히 이해하실 수 있을 것으로 생각됩니다. 혹시 질문 사항이 있다면 말씀해 주십시오."

몇 가지 질문이 이어졌지만, 문제가 될 만한 것은 없었다. 이미 두 번에 걸친 내부 미팅으로 TFT 팀원들은 프로젝트의 내용과 위상에 대해 충분히 이해하고 있었다.

"좋습니다. 그럼 여러분의 첫번째 과제에 대해 이야기를 나누어 보겠습니다. 여러분의 첫번째 주제는 비전 설정과 전략적 방향 재검토를 위한 분석 작업입니다. 업무 분장에 맞춰 설명을 드리겠습니다."

한경영 이사가 자료를 챙기느라 잠시 고개를 돌리는 사이에도 누구 하나 한눈 파는 사람이 없었다.

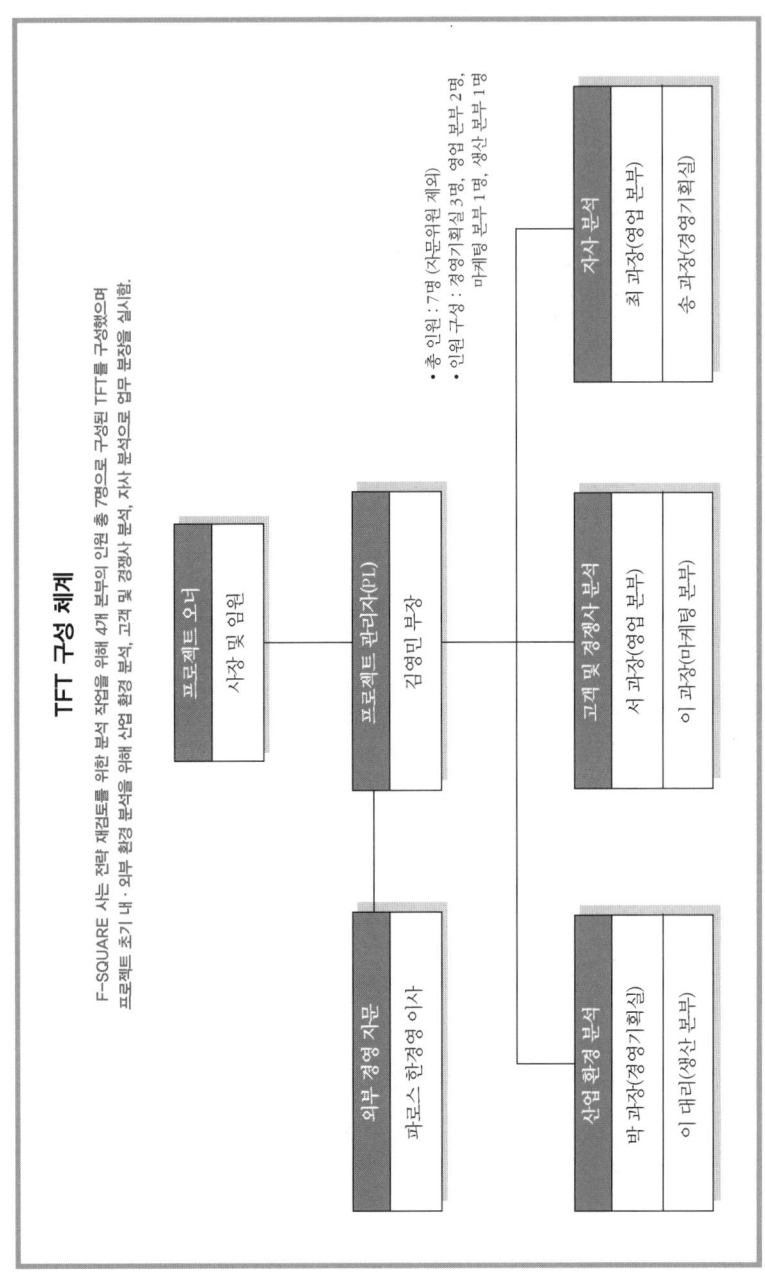

"저희는 산업 환경 분석, 고객 및 경쟁사 분석, 자사 분석으로 크게 업무 분장을 했습니다. 물론 다른 방법, 예컨대 3C(Customer-고객, Competitor-경쟁사, Company-자사)와 같이 업무 분장을 할 수도 있고 다른 범위를 선정할 수도 있지만, 이렇게 나누는 것이 F-SQUARE 사의 전략 방향을 검토하기 위해 가장 적당하다고 생각했습니다. 요컨대 이 구분법은 분야별로 광범위한 분석이 아닐 수 없습니다. 따라서 여러분은 어떤 대상을 잡아 분석할 것인가에 대해 먼저 고민해야 합니다. 특히 여러분은 제한된 투입 시간과 인력을 활용해야 합니다. 모든 분석은 경쟁적 차별화를 달성해서 고객에게 새로운 가치를 부가할 수 있는 것으로 한정해야 합니다. 한마디로 '무엇을 어느 정도 깊이로 분석해야 하는가?'를 우선적으로 확정해야 한다는 겁니다. 이것을 위해 저는 세부 업무 계획을 작성하라고 자문한 바 있습니다. 김영민 부장님이 중심이 되어 이 점을 명확하게 하시는 것이 매우 중요합니다."

한경영 이사는 무려 2시간에 걸쳐 업무 분장별로 분석의 대상과 방법에 대해 설명해 나갔다.

한경영 이사는 미팅을 마친 후 TFT 팀원들이 이번 일에 대해 매우 버거워한다는 것을 알 수 있었다. 하지만 다행인 것이 팀원들의 열의가 매우 높아 앞으로 닥칠 어려움을 잘 헤쳐나갈 것이라고 낙관하면서 F-SQUARE 사를 떠났다.

TFT 팀원들은 파로스 한경영 이사와의 미팅이 끝나고, 이틀이 지난 수요일이 되어서야 세부 업무 계획을 작성할 수 있었다.

김영민 부장은 세부 업무 계획을 한경영 이사에게 메일로 보내 검토를 부탁했다. 저녁 무렵, 한경영 이사의 검토 의견이 답신 메일로 들어왔다.

'대체적으로 업무 계획을 잘 세우신 것 같습니다. 다만 설문 조사는 다시 고려해 보시는 것이 좋겠습니다. 저는 고객과 내부 임직원들에 대한 설문 조사가 매년 이루어진다고 들었습니다. 따라서 신규 설문보다는 기존의 조사 결과 중 많은 부분을 활용할 수 있으리라 생각되니, 이 점을 각별히 검토하시기 바랍니다.'

김영민 부장은 한경영 이사의 정확한 지적에 놀랐다.

F-SQUARE 사의 제품, 서비스, 이미지에 대한 고객의 인식과 내부 임직원들에 대한 설문은 반드시 필요한 부분이었다.

그러나 김영민 부장은 신규 조사에 많은 부담을 느낀 것이 사실이다. 그러던 차에 한경영 이사가 이 점을 지적한 것이다. 마케팅 본부와 인사팀에 문의해서 기존의 설문 항목과 결과를 받아본 결과, 프로젝트에서 활용할 수 있는 항목이 많아 자연스럽게 업무 계획을 수정했다. 김 부장은 효율적인 업무 수행과 공유를 위해 프로젝트 초기엔 매일 저녁 7시 회의를 하기로 계획을 세웠다.

TFT는 매일 저녁, 그날 그날의 업무진행에 대해 토론을 하고 의견을 함께 나누었다. 분석 결과는 매주 1회 TFT 전체가 모여 검토하기로 했다. 첫번째 발표는 다음 주 월요일 오후였다.

TFT 팀 발족 후 한 주가 지난 월요일 오후, 먼저 산업 환경 분석을 담당한 전략경영팀 박영출 과장이 일주일간 매달린 분석 결과들을 발표하기 시작했다.

"지난 주 동안 패션 잡지, 논문, 정부 자료, 증권사의 산업 리포트

등 관련 자료를 가지고 산업 환경을 정리했습니다. 금주엔 패션 산업과 관련된 주요 인사 인터뷰도 진행할 생각입니다."

그러나 곧이어 박 과장의 발표 내용은 장황한 서두와 달리 알맹이가 없었다.

"우리 회사의 주력 제품인 제화는 노무비 비중이 30퍼센트를 웃돌아 생산 공정의 자동화가 어려운 노동 집약적 산업입니다. 특히 생산 제품의 대부분을 내수 시장에 공급하는 전형적인 내수 위주 산업입니다. 현재 우리 회사는 인건비 상승에 대처하기 위한 노력으로 제조 공정 중 외주 가공비의 비중을 높이고 있습니다. 인건비가 저렴한 중국, 동남아 지역에서 부품 및 완제품 수입을 확대하는 추세입니다. 한편 제화 제조에 투입되는 천연 피혁, 합성 피혁, 섬유류, 천연 고무, 합성 고무, 합성 수지 등 주요 원자재의 해외 의존도가 높아 국제 원자재 가격의 변화가 수익성에 영향을 미치고 있습니다."

김영민 부장은 가만히 듣고 있다가 더 이상 참을 수 없다는 듯이 말을 잘랐다.

"박 과장! 그래서 뭐가 어쨌다는 거지?"

"예? 무슨 말씀이신지…."

"내 말을 잘 이해하지 못하는군, 박 과장. 그런 일반적인 동향이 우리 사업에 어떻다는 것인가? 이미 아는 사항이나 의미 없는 데이터는 생략하는 것이 좋겠어. 환경 변화의 기회나 위협 요인을 정리하고 말하고 싶은 이야기, 즉 메시지를 찾아줘야지! 내가 며칠 전에 그렇게 주문하지 않았나?"

"예, 듣긴 했지만, 솔직히 어떻게 하라는 건지는 잘 몰랐습니다."

"이제 와서 그런 말을 하면 어떡하나? 잘 모르겠으면 다시 물어보든가, 잘된 보고서를 벤치마킹해서라도 수준을 높였어야지."

김영민 부장의 서슬 퍼런 다그침에 박영출 과장은 억울한 표정이었다. 사실 다른 TFT 팀원들이 제출한 내용들도 거의 다를 게 없었다. 김영민 부장은 박 과장의 발표 내용을 꼬투리 잡아 전체적으로 수준이 향상되기를 요구했다.

"보고서에 아직 익숙하지 못한 점은 인정합니다. 하지만 파로스가 우리에게 건넨 제안서를 보십시오. 간단 명료하고 무엇을 어떻게 하려는지 전달 내용이 뚜렷하지 않습니까? 이처럼 주장하고 싶은 내용이 무엇인지 명확히 제시하기 바랍니다. 나열식의 현황 분석 자료는 그냥 첨부해 주시구요."

TFT 팀원들은 서로의 의견을 나누면서 자신들이 발표한 내용들의 보완점을 찾고자 노력했다. 김영민 부장은 TFT 팀원들의 발표 내용과 의문 사항을 종합해 E-채널을 통해 한경영 이사에게 전달하고 자문을 구했다.

한경영 이사의 자문에 대해 김영민 부장은 검토하는 한편, 팀원들과 토론했다. 예컨대 '고객 분석'에 대해 한경영 이사는 '브랜드별 고객층이 매우 넓다는 점이 마케팅 전략의 문제'임을 지적했다. 고객층이 넓은 점에 문제 의식을 느끼지 못한 TFT 팀원들은 격렬한 토론 끝에, '고객층이 넓은 것은 곧 패션성을 잃어버린 결과'라는 점을 인정하게 되었다.

이러한 TFT 팀원들의 결론은 향후 F-SQUARE 사가 추구할 전략 방향의 대단위 수정을 유도하는 결론이었지만, 그 영향력이 어떠한지 정확히 인지하는 사람은 없었다.

김영민 부장은 이렇게 하루하루 팀원들과 분석 결과를 토의하고 전략 수립에 도입할 핵심 요점을 정리해 갔다. 이에 따라 기존 자료, 데이터 수집 및 분석, 주요 인사 인터뷰, 설문 활용 등 주요 분석 작업을 하나하나 마무리했다. 이 과정에서 어김없이 한경영 이사와 E-채널을 통해 계속 자문을 받았음은 물론이다.

분석 작업이 3주째 진행됐을 때, 김영민 부장은 사장과 각 본부장을 포함해 사내 주요 의사 결정권자들이 참여하는 전략 워크숍 실시 계획안을 제출했다. 이미 일정에 대해서는 별도의 공지가 있었던 터라, 큰 무리 없이 사장의 결재가 났고 TFT 팀의 보고 준비도 착실히 진행되어 갔다.

8. 양평 워크숍, 2박 3일 +24시

워크숍을 하루 앞두고 김영민 부장은 긴장감에 빠져들었다.
워크숍에서 발표될 TFT의 분석 및 전략 방향에 대해, 경영진과 참석자들이 과연 어떠한 반응을 보일까 생각하다 보니 고민이 아닐 수 없었다. 무엇보다 이전과는 확연히 다른 전략 방향에 대해 어느 정도의 공감대가 형성될지 관건이었다.

워크숍 장소는 양평이었다. 어느새 봄이었다. 산수유나무가 앙증맞은 꽃망울을 터뜨린 지 이미 오래됐고, 목련은 성급하게도 벌써 이울고 있었다. 봄빛이 완연한 근교 휴양지에서 느긋하게 여가를 즐기는 것이 아니고 생존 전략을 짜기 위한 워크숍을 열어야 한다는 생각에 서글퍼졌다.

그러나 지금은 감상에 빠질 때가 아니었다.

2박 3일의 워크숍이 시작되던 수요일 아침 김영민 부장은 아내의 배웅을 받으며 집을 나섰다.

회사에 도착하니 박영출 과장이 먼저 출근해서 기다리고 있었다. 전날 준비해 둔 자료들을 싣고 양평으로 출발한 시간은 오전 10시 10분이었다. 사장도 오전 일정을 끝내고 합류한다고 했으니, 회사에서는 대단히 큰 의미를 갖는 사건이 아닐 수 없었.

양평으로 가는 국도의 경치는 봄빛에 젖어 환상적이었다.

양수리에 이르자 남한강과 북한강이 만나 만들어낸 모래톱에 물새들이 한가롭게 내려앉는 모습이 눈에 들어왔다.

"박 과장, 자네도 콘도에 온 적이 있지?"

"가족들하고 작년에 온 적이 있죠. 2년 전인가는 과장 진급 후 연수를 받으러 온 적이 있고요. 언제 봐도 이곳의 경치는 그만이에요, 부장님!"

"난 이곳이 초행이야. 양평 가는 길이 환상의 드라이브 코스라는 말이 정말 맞기는 맞구먼! 박 과장은 어떤지 모르겠는데, 나이가 들면서 강이며 산이 다시 보이는 것 같아."

"동감입니다. 저도 나중에 은퇴하고 남한 강변에 멋진 카페 하나 차리고 싶습니다."

"그래? 너무 낭만적이군."

김영민 부장은 박영출 과장이 꿈 이야기를 하자 프로젝트의 첫 주제가 생각났다. 그것은 바로 이번 워크숍을 통해 F-SQUARE 사의 꿈을 구체적으로 설정하는 것이었다. 어렵지만 담대하게 도전하

고 노력하면 도달할 수 있는 꿈, 그것은 바로 조직의 '비전 만들기'였다. 개인의 꿈이야 혼자서 설정하고 이루어가면 되지만, 조직의 꿈은 구성원들의 합의 아래 그들에게 영감을 불러일으킬 수 있어야 했다.

그러나 현재의 비전은 그렇지 않다는 것이 TFT의 분석 결과였고, 이번 워크숍을 통해 임직원들의 가슴을 울리는 살아 있는 비전을 만들어야 하는 것이다.

경기도 양평의 콘도에 도착해서 짐을 정리하고 나니, 점심 시간이 다 됐다. 워크숍 전체 참석 인원은 TFT 팀원을 포함해 전체 33명이었는데, 30명이 이미 와 있었다. 최동집 실장이 사장을 수행해서 오후 2시쯤 도착하기로 되어 있었고, 나머지 한 사람은 워크숍 시작 시간인 오후 1시까지 도착한다고 전갈이 왔다.

함께 모여 점심 식사를 하고, 오후 1시에 본격적인 워크숍이 시작되었다.

김영민 부장이 워크숍 전체 개요를 설명하는 것으로, 2박 3일의 일정이 공식적으로 시작되었다.

"오시느라 고생 많으셨습니다. 배포해 드린 워크숍 계획은 미리 보셨을 것입니다. 본 워크숍은 2박 3일 일정으로 진행될 것입니다. 주요 목적은 비전을 재검토하고, 그에 따른 전사 전략 방향을 잡는 것입니다. 사장님도 참석하실 계획이고 여러분의 의견이 앞으로 TFT의 활동과 전사의 전략 수립에 지대한 영향을 미칠 것입니다. 힘든 일정이 되겠지만 적극적으로 참여해 주셨으면 합니다."

비전·전략 워크숍 일정표

F-SQUARE사는 비전·전략 재검토를 위해 아래의 2박 3일 일정으로 비전·전략 워크숍 실시함.

구분	첫째 날	둘째 날	셋째 날
09:00~10:00	워크숍 장소로 이동 및 준비	비전 구성 요소별 비전 목표 설정 및 비전 Statement	전략 이슈별 토론 (전체 토론)
10:00~11:00			
11:00~12:00			
12:00~13:00	점심 식사		
13:00~14:00	워크숍 진행 소개	비전 목표 및 비전 Statement에 대한 합의 도출 (전체 토론)	전략 방향 재검토 (조별 활동)
14:00~15:00	내·외부 환경 변화 분석 결과 발표 및 토론 (전체 토론) -산업 환경 변화 -고객·경쟁사 변화 -자사 변화		
15:00~16:00		전략 방향 수정을 위한 이슈 도출 (조별) -분석 결과 검토 -SWOT* 분석 실시 -전략 방향 조별 설정	전략 방향 최종 확정 (전체 토론)
16:00~17:00			
17:00~18:00	비전 강의		
18:00~19:00		저녁 식사	
19:00~20:00	핵심 가치 발굴 및 미션 Statement 작성	조별 이슈 취합 및 유형별 분류 (전체 토론)	최종 평가 및 이동
20:00~21:00			

* SWOT : 강점(Strength), 약점(Weakness), 기회(Opportunity), 위협(Threat)

김영민 부장은 너무 딱딱하게 사무적으로 말을 꺼냈다 싶어 조금 부드러운 말투로 고쳐 워크숍의 일정과 그 내용들을 설명했다. 30분 정도 설명하고 참석자들로부터 질문을 받다 보니 50여 분이 흘렀다.

김영민 부장은 10분의 휴식 시간을 갖기로 했다. 다음 순서인 TFT의 분석 결과에 대한 발표를 준비하고 있는데, 때맞춰 사장이 도착했다는 전갈이 왔다. 김영민 부장은 콘도의 현관까지 나가 사장을 맞이했다.

"사장님, 오셨습니까?"

"김 부장, 고생이 많습니다. 내가 1조죠? 늦게 와서 다른 조원에게 좀 미안한데, 더 열심히 하면 되겠지. 안 그래요?"

"워크숍 진행에 대해 브리핑을 한 후 잠깐 쉬고 있었습니다. 그리 늦으신 건 아닙니다."

확실히 사장의 태도는 전임 사장과 달랐다. 과거엔 이런 경우 사장이 워크숍 장소에 잠깐 들러 격려하는 인사말 정도 하고 돌아갔지만, 이번엔 사장이 직접 조원이 되어 전체 워크숍에 참여하는 것이다.

사장의 참여는 이번 워크숍의 위상을 단적으로 표현하는 것이라 할 수 있었다. 그리고 사장의 방식으로 볼 때 일방적 지시나 결정을 내리지 않고, 조원들과 허심탄회하게 토론하며 자기 주장을 피력할 것이 분명했다.

첫번째 순서는 산업 환경 분석 결과에 대한 발표와 토론으로, 발표자는 박영출 과장이었다.

"저희는 거시 환경을 포함한 산업 환경의 변화를 분석하고, 경영과 관련한 시사점을 정리했습니다. 발표 가운데 의문 사항이 있으시면 언제든지 질문해 주시지요."

박영출 과장은 그 동안 분석한 내용을 발표하기 시작했다. 김영민 부장이야 팀장으로서 발표되는 내용을 다 알았지만, 워크숍 참석자들에겐 낯선 내용도 있을 것이고 이에 대한 궁금증도 적지 않을 것이다. 이 내용에 대한 활발한 토론을 통해, 회사에 맞는 비전과 전략이 만들어지고 공유될 것이다.

박영출 과장은 분석에 대한 세부 내용을 발표한 후 총체적으로 정리했다.

"저희의 분석을 종합해 보면, 기회 요인보다 위협 요인을 더 많이 발견할 수 있습니다. 우선 시장의 선택 기준이 메이커가 아니라 브랜드로 변화하고 있으므로, 좋은 메이커로 시장에서 우위를 차지하고자 한 우리로서는 사업 방식의 변화가 매우 절실하다고 하겠습니다. 그리고 시장이 매우 세분화되어 있는 것이 우리에겐 또한 매우 어려운 상황을 초래할 수 있습니다."

"질문 있습니다."

참가자 한 사람이 질문했다.

"지금 단계에서 질문해야 하는지 잘 모르겠지만, 시장이 세분화된 것이 우리에게 어떤 어려움을 줄 수 있다는 것입니까?"

"예, 다음 시간에 발표될 고객 및 경쟁사 분석 결과에서 자세히 설명되겠지만, 시장이 세분화되어 있는데도 우리는 세분화된 고객에게 집중된 서비스나 제품을 제대로 제공하지 못한다는 것이죠."

"구체적인 정황 증거가 있습니까?"

"소비자들의 인식을 조사한 내용을 보면 이해가 될 것입니다. 우리는 전통적인 메이커로서 많은 계층의 고객들을 확보하고 있으나, 우리가 추구하는 '패션'이 고객들을 감동시키지는 못한 것 같습니다. 우리 회사의 매출이 떨어지고 수익성이 나빠지는 것은 우리가 패션 산업의 고객들에게 외면당하고 있기 때문입니다. 그런데 그 문제의 본질이 과연 무엇인가 하는 것이 매우 중요합니다. 패션 산업의 핵심은 '패션성을 확보한 브랜드'를 갖고 있느냐 하는 것입니다. 고객들은 자신의 이미지에 맞는 브랜드를 찾아 구름처럼 이동합니다. 따라서 몰개성한 제품은 이제 아무도 찾아주지 않는다는 것입니다. 이것이 최근의 패션 산업을 분석한 핵심입니다. 유감스럽게도 우리 제품은 패션성을 확보하지 못했다고 결론을 내렸습니다. 즉 세분화된 고객에게 패션성을 제공하는 것을 무기 삼아 수익을 창출해야 하는데 그간 우리는 단순히 '중가의 쓸 만한 제품'으로 여러 고객층을 만족시키려 했다는 것이죠. 대답이 되셨는지요?"

박영출 과장은 이어서 파로스의 한경영 이사에게 들은 워크숍 참가자들의 자세에 대해 간단히 부연 설명을 했다.

김영민 부장은 박 과장의 설명이 시기적절하다고 생각했다. 회사에는 먼저 이해하고 몰입하고 경험과 아이디어를 공유하며 건설적인 피드백을 이끌어내는 토론 문화가 부족했다. 김 부장은 워크숍을 주관하는 TFT 팀장으로서 활발한 토론을 이끌어내는 분위기 조성이 최우선이라고 생각하던 참이었다.

"계속 진행하겠습니다."

박영출 과장은 더 이상 질문이 없는 것을 확인하고 계속 발표를 이어갔다.

"이 같은 시장의 환경 변화에 맞춰 세분화된 시장을 겨냥한 외국의 고급 브랜드나 중소업체 브랜드가 매우 늘어나고 있습니다. 이런 브랜드들은 고가 시장이나 중저가 시장으로 양분화되어 가는 시장 상황에 잘 대처하는 것으로 보입니다. 그들은 각자 목표로 하는 시장에서 점유율을 높여가고, 우리보다 앞서서 '패션 시장'을 주도하고 있습니다."

이런 지적은 사실 기존의 평가와는 매우 달랐다.

회사 내의 많은 사람들은 회사가 그 동안 성장가도를 달려왔으니 앞으로도 큰 문제는 없으리라는 안이한 사고에 빠져 있었다. 지금의 어려운 상황은 시장 상황에 따른 것이므로, 상황이 좋아지면 이전의 성장세를 회복할 것이라고 믿고 있었다.

그런데 지금 박영출 과장은 문제의 본질이 다른 곳에 있다고 지적한 것이다. 최소한 현재까지의 분석 내용을 종합해 보면, 박 과장의 분석은 숨길 수 없는 현실이기도 했다.

김영민 부장은 임직원들이 이 문제의 심각성을 같이 공유해 회사 전략의 올바른 방향을 찾아야 한다고 생각했다.

박영출 과장의 발표가 계속되었다.

"다음으로 생산 쪽을 정리해 보겠습니다. 작년도 우리의 매출은 78.2퍼센트가 제화였습니다. 아시다시피 제화는 노동 집약적 산업으로서 자가 생산의 한계를 갖고 있습니다. 따라서 많은 업체들이 가격, 비용, 원부자재 의존도 등을 감안해 해외나 외부에서 힘을 빌리는 아웃소싱의 비율을 점차 증대시키고 있습니다. 이러한 변화를 수용하지 못할 경우 사업의 커다란 위협 요인이 될 수 있다고 생각합니다. 유통 쪽의 환경 변화를 살펴본 결과, 백화점과 할인점이 매우 활성화되고 있습니다. 마찬가지로 이러한 환경 변화를 수용하지 못할 경우 우리의 사업은 매우 어려워질 것입니다. 반면 우리가 추구하고자 하는 패션 사업은 그 성장세가 매우 커서 향후 10년 동안 시장 규모가 평균 10퍼센트 이상 증가한다는 것입니다. 산업 분석을 통해 우리 제품의 많은 부분을 구매하는 여성의 구매력이 점차 증가하고 있다는 것을 확인했는데, 이 점은 우리에게 유리한 '기회 요인'이라 할 수 있습니다."

발표가 시작된 지 벌써 1시간 30분이 흘렀다. 김영민 부장은 잠시 쉬는 시간을 갖기로 했다.

오후 4시가 가까워 오는 시간에 두 번째 발표가 이어졌다. 두 번째는 영업 본부의 서윤택 과장이 고객 및 경쟁사 분석 결과를 발표하도록 되어 있었다.

"저희는 먼저 소비자 인식 조사에 대한 결과를 갖고 발표를 시작할까 합니다."

고객 및 경쟁사 분석을 맡은 서윤택 과장은 이런 발표 자리가 처음이라고 호들갑을 떨었는데, 실제로는 무척이나 자연스럽게 발표를 진행해 나갔다.

"개인적으로 우리의 브랜드가 고객에게 어떻게 인식되고 있는지 매우 궁금했습니다. 그런데 우려한 바가 현실로 나타났다고 할까요. 우리 브랜드에 대한 소비자들의 인식이 좋지 않은 것을 알 수 있었습니다. 3년 전 우리 제품은 여성들에게 선호도 1위였으나 이제는 4위로 떨어진 것으로 조사되었습니다. 또한 브랜드 타깃과 실제 구매 고객의 연령층을 조사한 결과, 실제 구매 고객층이 점차 넓어진 다는 것을 알 수 있습니다."

서윤택 과장은 브랜드별 타깃 고객과 실제 구매 고객을 대비한 슬라이드를 보여주며 설명을 이어 나갔다.

김영민 부장은 확실히 말로만 설명을 진행하는 것보다 잘 만들어진 한 장의 슬라이드가 훨씬 더 설득력이 있을 수 있다는 생각이 들었다. 마케팅 본부에서 온 김 대리가 질문했다.

"물론 발표하신 것은 맞는 말씀입니다. 그러나 현실은 목표 고객에게만 제품을 판매할 수 없습니다. 또한 다양한 고객층에게 다량의 제품을 판매하는 것이 상위 개념의 목표이기 때문에, 이는 잘못된 것은 아니라고 생각합니다."

역시 예상했던 질문이 터져나왔다.

이는 김영민 부장이 분석 작업 후 서윤택 과장과 많이 토론한 부분이다.

'서 과장이 어떤 대답을 할까?'

김영민 부장은 이후 그의 답변이 매우 궁금해졌다.

"말씀하신 내용은 매우 현실적인 지적이라고 생각합니다. 제가 잘못됐다는 인식을 드렸다면 죄송합니다. 그러나 단기적으로 볼 때 문제가 없어 보일 수 있으나, 장기적인 관점에서 문제가 있다고 생각합니다."

"장기적인 관점이란 무슨 뜻입니까?"

"예컨대 젊은 층을 대상으로 제품을 만들었는데 중장년층이 구매를 많이 한다고 가정해 보십시오. 이는 감각이 젊고 패션에 민감한 젊은 사람을 위한 제품이라고 생각한 우리의 판단과는 달리, 시장에서 우리의 감각은 더 이상 젊은 감각이나 패션으로서 인정받지 못한다는 뜻입니다. 이 점은 패션을 지향하는 우리 기업으로서 바람직한 방향이 아니라고 생각합니다."

"지금 서 과장의 말씀은 전혀 현실을 고려하지 않은 결론입니다."

영업 본부의 조 부장이 말문을 열었다.

"사실 저는 우리가 패션을 지향한다는 것에 대해 의문을 갖고 있습니다. 우리의 제품에만 충실해서 잘 만들면 되지, 거기에 패션을 도입한다고 해서 무엇이 달라집니까? 기업의 속성상 좋은 제품을 많이 만들고, 매출과 이익을 많이 올리면 되는 것이 아닌가요?"

조 부장의 짧은 의견에 대해 마케팅 본부의 이상민 과장이 차분한 어조로 반론해 나갔다.

"글쎄요, 저는 패션성을 회복하는 것이 우리의 매출과 이익을 더 극대화할 수 있다고 생각합니다."

이제 토론은 점입가경이었다. 누구라 할 것 없이 너도 나도 의견 개진에 나서서, 토론의 열기는 더욱 뜨거워졌다. 이 과정에서 회사의 판매 전략에 대해 다양한 의견이 나왔지만 시각차는 쉽게 좁혀지지 않았다. 결국 잠깐의 티타임을 갖는 것으로 분위기를 전환하기로 했다.

김영민 부장은 서윤택 과장과 잠시 대책을 논의했다.

"김 부장님, 어떻게 하면 좋을까요? 제가 이런 경험이 없어 정리를 잘 못 하겠네요."

"괜찮아, 서 과장! 크게 보면 현재 우리는 사실을 갖고 이야기해야 하는 단계지, 어떤 결론을 내리는 단계는 아니야. 일단 많은 사람들의 이야기를 공유하는 게 중요하니까, 차분히 이야기를 듣자고. 그런데 서 과장은 근본적으로 이런 문제를 어떻게 풀 수 있다고 생각하나?"

"글쎄요, 결국 사장님의 의지가 아닐까요? 패션에 대한 다양한 문제 제기가 사장님에게서 나오고 있지 않습니까?"

"그렇긴 해도 임직원들이 사장님의 생각에 동의하지 않으면, 여러 구상들이 구체화되기는 어려워. 결국 이런 문제는 우리 회사가 미래에 무엇이 되고 싶은가에 대한 합의, 즉 비전에 대한 합의가 선행되지 않으면 굉장히 소모적인 논쟁이 될 수밖에 없지. 오늘 저녁과 내일에 걸쳐 진행될 비전 작업은 그런 의미에서 굉장히 중요하지."

"이런 난상 토론을 거쳐, 우리가 이루고자 하는 바를 분명히 하는 것이군요."

"그렇지. 일단 서 과장은 발표를 계속하고 임직원들이 의견을 많이 공유할 수 있도록 발표와 토론 기회를 많이 주도록 해."

"잘 알겠습니다."

10여 분의 휴식 시간이 끝나고, 서윤택 과장이 계속해서 고객과 경쟁사에 대한 분석 결과를 발표하고 토론 시간을 가졌다.

그런데 김영민 부장은 서 과장의 발표가 오후 5시를 넘어서도 계속되자 당황했다. 비전 강의가 오후 5~6시까지 진행될 예정이었고 이미 파로스의 한경영 이사가 와서 기다렸기 때문이다.

워크숍 참가자들이 토론하는 동안 김영민 부장은 한경영 이사에게 다가가 현재의 상황에 대해 상의를 했다.

"한 이사님, 이거 죄송합니다."

"아닙니다, 김 부장님. 워크숍을 진행하다 보면 흔히 일어나는 일이죠. 참가자들의 열의가 대단하군요. 어떤 기업은 토론 문화가 전혀 없는 경우가 있는데, 그런 경우가 더 문제지요."

"전에 말씀해 주신 대로 워크숍 참가자 선정에 많은 신경을 썼죠. 그보다 이렇게 시간이 지연되어 어떻게 하죠? 이번 발표가 끝나고 비전 강의를 짧게 해주셔야 할 것 같습니다. 아직 자사 분석 결과에 대한 발표가 남아 있지만 순서를 바꾸도록 하겠습니다."

한경영 이사는 잠시 생각을 하다가 색다른 제안을 했다.

"그러지 마시고 제가 저녁 식사 이후에 강의하는 것으로 조정하겠습니다. 열심히 몰입하시는 분들이 계신데, 강의 시간을 줄인다면 제가 오히려 죄송하지요."

"그렇게 해도 괜찮으시겠습니까?"

"괜찮습니다. 저도 이쪽 산업에 대해 공부하는 좋은 기회라고 생각하고, 발표와 토론을 더 들어보고 싶습니다."

"그렇게 해주신다니 감사합니다."

김영민 부장이 한경영 이사와 시간을 조정하고 나서도 고객 및 경쟁사 분석 결과에 대한 토론은 한동안 더 이어졌다. 5시 30분이 되어서야 고객 및 경쟁사 분석 발표가 끝났다. 자사 분석에 대한 발표가 남아 있어, 6시로 예정된 저녁 식사 시간을 30분 정도 미루고 계속 발표를 했다.

참가자들이 피곤해하는 모습이 역력했으나, 식사 시간을 미뤄서라도 오늘 일정을 소화해야 했다. 저녁 시간에 쫓기는 것을 알고 있어선지 자사 분석 발표는 빠르게 진행되어, 어느새 결론으로 들어섰다. 자사 분석 결과 발표는 영업 본부의 최호승 과장이 담당했다.

"자사 분석에서 특기할 만한 사항은 많은 임직원들이 우리 회사를 특정 제품만을 생산하는 회사로 인식하고 있다는 점입니다. 이러한 인식이 1위를 차지한 반면, 토탈 패션 회사라는 인식은 2위였습니다. 이러한 결과를 보면 우리 제품의 패션성을 회복하는 것이 문제의 본질인가에 대한 우리의 논쟁이 왜 이렇게 격렬한지 그 이유를 알 수 있습니다. 저희가 결론적으로 말씀드리는 것은, 그 동안 우리가 강점으로 내세운 많은 것들, 즉 제품의 신뢰도, 높은 소비자 인지도, 전국적 유통망 등이 이젠 더 이상 우리 회사의 강점이 아니라는 사실을 알게 되었고 오히려 불분명한 브랜드 이미지, 과도한 제품 개발 시간, 높은 자가 생산 비율 등 많은 약점이 존재한다는 것을 알게 되었습니다. 따라서 우리가 흔히 생각하듯이, 단지 경제 상황에 의해 우리의 실적과 이익이 이렇게 나빠졌다고 판단하는 것은 매우 안이한 생각입니다."

참가자들의 문답이 활발히 오갔다.

토론을 지켜보면서 김영민 부장은 참가자들의 인식이 서서히 변한다는 것을 알 수 있었다. 현재 F-SQUARE 사가 겪고 있는 수많은 어려움이 단순한 경제 상황에 따른 것이라기보다, 근본적인 전략 문제라는 것을 인식하는 것 같았다.

9. 새로운 미션과 비전을 찾아라

저녁 식사 시간 내내 김영민 부장은 마음이 급했다. 오후에 진행됐어야 할 비전 강의가 저녁 시간으로 밀려났기 때문이다.

다행히 파로스 한경영 이사의 제의로 워크숍 진행의 여유를 가질 수 있었지만, 한 이사에게 미안한 생각이 들었다. 한경영 이사는 이를 개의치 않는다는 듯 밝은 모습으로 사장과 인사를 하고 같은 테이블에서 식사를 하면서 담소를 나누었다.

"사장님께서 젊은 마인드를 강조하시는 특별한 이유가 있으시죠?"

파로스의 한경영 이사가 질문했다.

"인터뷰 기사를 보신 모양이군요. 제가 말씀드리는 젊은 마인드는 패션 마인드를 말하는 것입니다. 저희는 이미 제조업체에서 패션 기업으로 변신을 선언했지만, 아직 부족한 게 너무나 많습니다.

과거의 양적 성장 시대에 가진 사고의 틀을 벗어나지 못했다는 것이 제 판단입니다. 패션 기업은 패션을 주도해 가는 20대와 30대의 젊은 고객을 끌어들여야만 합니다. 그들이 선호하는 브랜드를 통해 패션의 모든 아이템을 제공해야만 진정한 패션 기업으로서 가치를 창출한다고 생각합니다. 그래서 항상 강조하는 것이 젊은 마인드입니다."

"사장님의 철학이 임직원에게 전달이 잘되지 않아 걱정이시죠?"

"맞습니다. 그걸 어떻게 아셨습니까?"

"사장님도 잘 아시겠지만 조직의 변화는 쉽게 이루어지지 않습니다. 임직원들이 서로 다른 생각을 하기 때문이지요. 절대 서두르실 필요가 없습니다."

"어떻게 하면 좋을까요?"

"원칙적인 얘기지만 지속적인 커뮤니케이션이 필요합니다. 여기엔 두 가지 핵심 성공 요소가 있습니다. 첫번째는 비전과 전략에 대한 합의와 공유가 선행되어야 한다는 것입니다. 두 번째는 반드시 양방향 커뮤니케이션이어야 한다는 것입니다. 그런 의미에서 이런 워크숍은 대단히 중요한 행사입니다. 그리고 이렇게 사장님께서 관심을 갖고 참석해 주시는 것에 놀랐습니다. F-SQUARE 사는 사장님이 생각하시는 바와 같이 패션 마인드를 갖출 수 있다는 생각이 듭니다."

"그렇게 말씀해 주시니 고맙습니다. 저도 합의와 공유, 양방향 커뮤니케이션에 대해 지속적으로 관심을 갖도록 하겠습니다."

한경영 이사의 이야기는 듣는 사람에 따라 당돌하게 들릴 수도 있고, 사장의 기분을 맞추기 위한 것처럼 들릴 수도 있었다. 그러나 김영민 부장에게는 전혀 그렇게 들리지 않았고, 오히려 사장은 한경영 이사의 이야기를 귀담아 듣는 눈치였다. 짧은 만남이었지만 두 사람은 서로에게 강한 인상을 남긴 셈이다.

'대단한 사람인걸.'

김영민 부장은 속으로 한경영 이사의 통찰력에 감탄했다.

저녁 식사 후 비전 강의 시간이 되었다. 김영민 부장의 간단한 소개 후에 한경영 이사가 세미나실의 연단 위로 올라섰다.

"안녕하십니까? 비전 강의를 맡은 파로스 사의 한경영입니다. 저녁 식사는 맛있게 드셨는지요?"

한경영 이사는 사람들을 둘러보면서 가볍게 이야기의 실마리를 풀어나갔다.

"예, 잘 먹었습니다."

"정말 그렇습니까? 체하신 분들도 있지 않을까 싶은데…."

몇몇 사람이 '어떻게 알았지?' 하는 표정과 함께 가볍게 웃었다.

"제가 오늘 여러분께 말씀드릴 내용은 비전입니다. 여러분께서는 전 시간까지 많은 시간 토론을 하셨습니다. 무엇을 토론했는지요?"

"산업 환경 변화에 대해서요."

"우리 고객과 경쟁사에 대해서요."

"우리 성과와 강점 및 약점들이오."

초등학교 아이들이 선생님의 질문에 '저요, 저요!' 하며 대답하는 것처럼 여기저기서 답변이 터져나왔다.

"맞습니다. 저도 일부분 들었습니다. 정말 많은 변화가 있다는 것을 알 수 있었습니다. 이러한 변화 속에서 여러분은 미래에 이룩할 모습에 대해 합의가 이루어졌습니까? 합의가 되었다면 그것은 무엇일까요?"

아무도 대답하는 사람이 없었다. 한경영 이사는 말을 이었다.

"혹시 여러분과 동료들이 미래에 대해 희망을 갖지 못한 것은 아닙니까? 혹시 우리 조직이 무엇을 이루고 무엇을 만들어낼 것인가에 대한 열망이 없는 것은 아닙니까? 혹시 우리 조직이 나아가야 할 올바른 방향을 제시하고 한 곳으로 힘을 모아 체계적인 변화가 가능하게 하는 구심점이 없는 것은 아닙니까? 그렇게 느끼신다면 여러분의 비전은 없는 것입니다. 혹시 있다고 해도, 그건 불확실하거나 여러분 가슴 속에 살아 움직이는 비전이 아닙니다. 여러분은 어떻게 느끼십니까?"

한경영 이사의 강의는 거침이 없었다. 강의를 들으면서 김영민 부장은 위기감을 느끼지 않을 수 없었다. 반어법으로 몰아치는 한 이사의 문제 제기는 날카로웠다. 사실 F-SQUARE 사가 패션 기업으로 변신을 선언했다고는 하나, 임직원들이 합의하고 공유한 비전이 없었다.

그 동안의 비전은 공허한 슬로건으로 만들어져 사원 수첩에 적혀 있을 따름이었다.

'다른 사람들은 지금 어떤 심정일까?'

김영민 부장은 다른 사람들의 생각이 매우 궁금했다. 저녁 식사 후라 피곤하고 졸릴 텐데도 그런 모습은 어디서도 찾을 수 없었.

한경영 이사의 강의는 계속됐다.

"비전이란 미션과 구체화된 미래상으로 구성됩니다. 미션은 변하지 않는 기업의 핵심 가치를 말하며, 끊임없이 추구해야 하는 신념입니다. 북극성과 같다고 할 수 있죠. 우리가 북극성에 도달할 순 없지만, 북극성을 통해 올바른 방향을 찾아낼 수 있는 것과 같은 이치입니다. 구체화된 미래는 일정 시간에 구성원들의 노력에 의해 도달할 수 있는 조직의 미래입니다. 구체화된 미래는 구성원들이 되고자 하는 것, 성취하고자 하는 것, 열망하는 것에 대한 합의라고 할 수 있습니다."

한경영 이사는 미션과 비전의 개념에 대해 먼저 이야기하고 이에 비춰본 F-SQUARE 사의 현재 비전에 대한 문제점을 지적해 나갔다.

"제가 TFT의 도움을 받아 F-SQUARE 사의 현재 비전을 간단히 살펴보았습니다. 현재 비전은 '고객에게 신뢰받는 기업'으로 설정되어 있더군요. 하지만 이 같은 비전을 통해서는 앞으로 이루고자 하는 것이 무엇인지 명확하게 알 수 없고, F-SQUARE 사의 힘을 한 곳으로 집중하게 하는 올바른 방향을 제시하지도 못합니다. 임직원들이 우리의 비전이라고 인정하지도, 공유되지도 않는 상태입니다. 따라서 현재 F-SQUARE 사의 비전은 여러분이 추구하는 바에 적합하지 않다고 생각합니다."

이때 영업 본부 조 부장이 발언할 기회를 얻어 자신의 생각을 밝혔다.

"솔직히 말해 지금 말씀하신 내용이 맞습니다. 저도 우리 회사의 비전에 대해 생각한 적이 있었는데, 과거에는 일정 부분 맞는 것 같았습니다. 그러나 지금 우리가 하는 업무를 생각하면 '이건 아니다!' 라는 생각이 듭니다."

이어서 몇몇 사람이 더 나서서 비전에 대한 자신의 생각을 발표했는데, 상당 부분 한경영 이사가 발표한 현재의 문제점에 공감하는 내용이었다. 한경영 이사는 참가자들의 이야기를 듣고 타 회사의 비전 사례들을 하나씩 소개하기 시작했다.

"한 예로 질적이나 양적 목표를 제시하는 비전이 있습니다. 나누어드린 사례에서 보시는 바와 같이 월마트는 2000년도까지 1,250억 달러의 매출을 이루겠다고 한 것이 좋은 사례입니다. 또 다른 형태의 비전 제시도 많이 있습니다. 1940년 미국의 스탠퍼드대는 '서부의 하버드가 되자!' 는 비전을 제시했습니다. 1970년 혼다는 야마하를 무너뜨리겠다는 투쟁적 비전을 제시했습니다. 한편 모두가 잘 아는 GE는 시장에서 1~2위를 차지한 사업만을 존속시키면서, 대기업의 강점과 소규모 기업의 민첩함을 갖자는 비전을 제시했습니다. 요컨대, 여러분이 제시할 비전이 어떠한 형태가 되어도 상관없습니다. 단, 그 비전 속에 우리 기업의 핵심 가치와 구체화된 미래상이 제시되어야 합니다."

한경영 이사는 비전의 모습들을 하나씩 소개하고 이에 따른 기업과 조직들의 변화된 모습을 소개해 주었다. 어떠한 비전을 가지는가에 따라 그들의 모습은 너무나도 많이 변했다는 것을 알 수 있었다.

1시간에 걸친 비전 강의의 결론 부분에서 한경영 이사는 워크숍의 중요성과 참가자들의 열정을 요청하는 이야기를 했다.

"여러분이 노력하는 결과에 따라 F-SQUARE 사의 미래가 결정됩니다. 이것은 결코 한 부문의 일방적인 결론이 강요돼서는 안 됩니다. 여러분이 의견을 내고 합의하는 과정을 거칠 것입니다. 많은 의견을 제시하고 토론해 주시길 바랍니다. 감사합니다."

좌중에서 박수가 터져나왔다.

김영민 부장은 한경영 이사의 비전 강의가 매우 성공적이라고 생각했다. 새로운 비전 설정에 대한 공감대를 형성할 수 있었고 사람들의 반응도 매우 좋았다.

한경영 이사를 배웅하면서 김영민 부장은 인사 겸 강의를 들은 소감을 밝혔다.

"강의가 매우 좋았습니다. 사람들이 우리가 왜 여기에 왔는지 이제 확실히 알게 된 것 같습니다."

"그렇다면 매우 다행이군요. 저에게도 이런 기회를 주셔서 감사합니다."

한경영 이사를 배웅하고 돌아온 김영민 부장은 다음에 진행할 일이 걱정이었다. 문제는 시간이 예상보다 많이 지연됐는데 미리 나누어준 일정표엔 지금 시간에 새로운 미션에 대한 조별 토론이 끝날 시간이었다.

김영민 부장은 참가자들에게 양해를 구해야겠다는 생각이 들었다.

"여러분께 죄송한 말씀을 드립니다. 오늘은 첫날이고 오시느라 피곤하실 텐데, 일정에 따라 시간을 지키지 못할 것 같습니다. 늦더라도 일정을 진행하고자 하니 양해해 주시기 바랍니다."

몇 사람이 볼멘소리로 내일로 미루자고 토를 달았지만, 대다수는 더 진행하자는 의견이었다.

그런데 첫날의 일정은 나중에 발생한 워크숍의 기간 연장에 비하면 아주 작은 일정 지연에 불과했다.

김영민 부장은 조 편성을 다시 한번 점검했다.

총 4개 조로 나뉜 편성에 따르면 사장이 1조, 영업 본부장이 2조, 마케팅 본부장이 3조, 경영기획실장이 4조에 속해 있었다. TFT 팀원들은 조별로 고르게 분포되었다.

이제는 새로운 비전을 위해 조별로 토론을 실시할 시간이었다.

"조에 직급이 높은 사람이 있을 경우, 아무래도 상급자의 의견을 따라가기 쉽습니다. 그러나 이제부터 여러분은 동등한 입장에서 토론해 주시기 바랍니다. 각 조에서 조장을 새로 정해 주시고, 직급을 염두에 둔 의견이 아니라 여러분이 그 동안 느낀 우리 회사의 미션과 이를 실현하기 위한 미래의 모습을 구체적으로 그려내고 조원들 간의 합의를 이끌어주십시오. 그리고 그 결과는 내일 아침 서면으로 제출해 주시면 됩니다."

각 조는 분임 토의실로 갔다.

이미 시간은 밤 9시가 되어 갔다. 사실 언제 끝날지도 몰랐다. 토론이 길어지고 합의가 되지 않을 경우 밤을 새워도 결론이 나지 않을 수 있는 험난한 작업이다.

첫날 일정이 너무 늦어져서 다음날은, 아침 10시 일정을 시작하기로 공지되었다. 김영민 부장은 참가자들이 별다른 불만 없이 잘 따라준다고 생각했다. 예전의 워크숍이었으면 이렇게 진행할 수 없었다.

다음날 아침 10시, 4개 조는 미션 선언문을 각각 발표하고 토론에 들어갔다. 3조는 새벽 3시까지 토론했다는 이야기도 들려왔다. 사장님은 해외 투자 자금 유치 건으로 어제 밤늦게 서울로 돌아갔고 전략을 토론하는 마지막 날에 다시 참석하기로 했다.

각 조는 미션 선언문을 갖고 토론을 시작했으나 어제와 마찬가지로 쉽게 결론에 도달하지 못하고 오전 시간을 다 소비해서야 하나의 미션 선언문을 만들 수 있었다.

이렇게 만들어진 미션 선언문은 '패션의 완성으로 사람들을 행복하게 한다'로 설정되었다. 짧은 문구이지만 정말로 많은 토론에 따른 결과였다. 결론에 도달하고도 많은 의문들이 제기되었다.

'우리 기업의 존재 이유를 정말로 잘 표현한 것인가?'
'상상력을 자극하고 우리를 활기 넘치게 하는 것인가?'
'우리 기업의 업무에 중요성을 부여하는 말인가?'
'상징적인 문구로 잘 표현된 것인가?'

사실 김영민 부장도 이 미션 문구에 찬성표를 던지긴 했지만 의문이 들기는 마찬가지였다. 김 부장은 워크숍이 끝난 후 이 문구에 대한 상세한 설명을 붙여 다른 임직원들에게 공유하고 의견을 수렴하기로 하고 다음 단계로 넘어갔다.

다음 단계는 오후부터 진행되었다. 이제는 오전에 작성된 미션 선언문을 바탕으로 F-SQUARE 사의 비전을 설정하는 단계였다. 각 조는 비전의 구성 요소별로 핵심 단어를 선정하고, 이를 명확히 서술하는 작업에 들어갔다. 미션 선언문 작성 때와 마찬가지로 조별로 많은 고민과 토론이 이어졌다. 진행 방법에도 요령이 생겨 불필요한 토론은 많이 줄어든 것 같았다.

  오후 시간을 모두 사용하고서야 조별 비전 선언문의 초안이 만들어졌다. 시간이 화살같이 흐른다는 말을 실감했다.

  간단히 저녁 식사를 한 후 전체가 모여 비전 선언문을 하나로 만들어가는 작업을 진행했다. 조별 발표자가 자기 조의 비전 선언문을 발표하고, 각 선언문에 대한 비판과 제안이 쏟아졌다. 이 과정을 통해 어렵사리 F-SQUARE 사의 새로운 비전 선언문 초안이 만들어졌다.

  '우리는 새로운 패션을 주도해 한국에서 출발한 세계적 패션 브랜드를 보유한 토탈 패션 회사가 되고자 합니다.'

  각 단어의 의미는 많은 토론을 통해 구체화되었다.

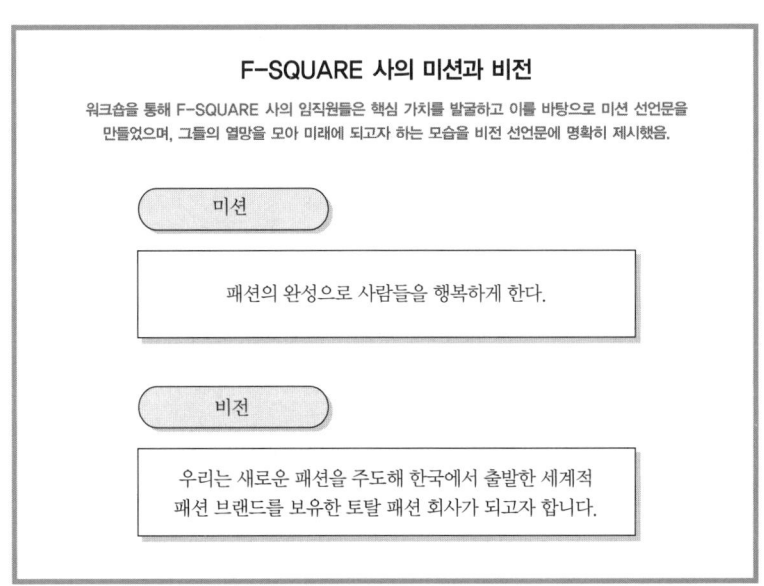

여기서 언급된 '토탈 패션 기업'의 의미에는 사업 영역이 주요하게 강조되었다. F-SQUARE가 제화를 바탕으로 창업되고 성장했지만, 제화 산업의 한계에서 벗어나지 못하면 회사의 발전이 어려울 것이란 인식이 지배적이었다. 따라서 고수익의 패션 산업으로 다각화를 추진해 제화, 의류, 액세서리를 포함하는 기업이 되자는 의미가 담겨 있었다.

한국에서 출발했다는 뜻은 제품의 기획에서 유통까지 많은 가치 사슬을 다양한 국가(이탈리아, 동남아 등)에서 수행하더라도, 그 주된 역할을 한국에서 성장한 F-SQUARE가 수행한다는 것을 뜻했다.

'세계적 패션 브랜드'라는 의미에 대해서는 참으로 많은 토론이 있었는데, 결론적으로 F-SQUARE가 창조하고 싶은 브랜드의 인지도가 세계적인 수준에 이르러야 한다는 것을 뜻했다. 또한 F-SQUARE가 창조한 브랜드의 제품이 비슷한 가격대, 고객층에서 매출 및 영업 이익이 최고여야 한다는 것으로 의미를 명확히 했다. 이와 함께 무형 자산으로서 브랜드의 가치를 국내 패션 산업에서 1위로 제고하는 한편, 향후 세계적인 브랜드 가치 평가에서 동일 업계에서 높은 평가를 받고자 하는 뜻이 담겨 있었다.

토론 과정을 모두 마친 시간은, 예정 시간보다 훌쩍 넘긴 밤 9시쯤이었다. 김영민 부장은 은근히 걱정이 되었다. 일정상 이미 전략에 대한 토론을 실시하고 큰 줄기를 잡아야 하는 시간이었지만 아직 전략에 대한 토론도 시작하지 못했기 때문이다.

셋째 날이 되어 전략에 대한 토의를 시작했다.

사장이 먼저 말문을 열었다.

"여러분, 고생이 많습니다. 어제 같이 참석하지 못해 미안합니다. 오늘 아침 이곳으로 오면서 어제 여러분이 작업하신 결과를 보고받았습니다. 미래에 성취할 우리의 모습이 잘 표현된 것 같다는 생각이 들었습니다. 물론 좀 다듬기는 해야겠지만 여러분의 작업을 통해 도출된 이런 비전을 통해 앞으로 변화하는 우리의 모습을 고객들에게 확실히 보여주어야겠습니다. 오늘 작업은 그런 변화의 가장 큰 방향을 잡는 것입니다. 오늘 하루 여러분이 사장이 된 것처럼 행동하십시오. 그리고 허심탄회하게 의견을 나누시기 바랍니다. 전략에 대한 많은 아이디어가 공유되고 토론을 통해 걸러질 때 그 의미가 명확해지고 설명할 수 있습니다. 전략을 설명할 수 있다면 우리는 전략을 이해하는 것이고, 이해할 수 있다면 또한 실행할 수 있습니다. 여러분의 헌신적인 참여를 부탁드립니다."

사장의 당부가 끝나자, 전략에 대한 조별 토론이 시작되었다.

먼저 내·외부 경영 환경 분석 결과를 기반으로 각 조에서 몇 가지 전략에 관련된 이슈들을 도출했다. 그 다음 각 조에서 도출된 주요 이슈들을 모아 유형별로 분류하는 작업을 실시했다. 벌써 오전 시간이 다 흘러가고 있었다.

점심 식사를 한 후 오전에 정리된 주요 이슈들을 가지고 전체 토론에 들어갔다. 먼저 4조에서 이야기를 시작했다.

"우리 조는 먼저 고객에 대해 이야기를 했습니다. 분석 결과에서는 첫날 들으신 바와 같이 우리의 목표 고객과 실제 구매 고객 간의 심각한 괴리가 있었습니다. 그것은 우리가 비전을 달성하는 데 도움이 되지 않기 때문에, 목표 고객을 명확히 해야 한다고 생각했습니다."

"목표 고객을 명확히 해야 한다는 점은 누구나 다 아는 이야기 아닙니까? 구체적인 대상이 누구인가요?"

3조에서 질문이 나왔다.

"여러분과 토론할 부분인데, 저희는 25세부터 35세까지 젊은 층을 새로운 목표 고객으로 설정했습니다."

"25세부터 35세까지 젊은 층을 목표 고객으로 했을 때, 우리가 얻는 것이 무엇입니까? So what?"

마케팅 본부의 하 부장이 냉소적으로 질문을 툭 던졌다. 갑작스런 반격에 놀랐는지, 4조가 술렁거렸다. 서로 답변을 하라고 미루었고 결국 조장을 맡은 박영출 과장이 대답했다.

"그렇게 목표 고객을 좁혔을 때 우리가 추구하는 패션의 완성을 이룰 수 있다고 생각합니다. 저희는 어제 비전에 대해 고민을 많이 했습니다. 우리의 비전은 세계적 패션 브랜드를 창조하는 것인데, 아시다시피 20대와 30대는 패션 매스(Mass)로 표현되는 고객층으로서 패션의 중심을 이루고 있습니다. 따라서 지금과 같이 넓은 고객층을 가져가는 전략을 갖고서는 우리의 비전을 달성할 수가 없습니다."

박 과장의 답변은 매우 설득력이 있었지만, 2조에서 반대 의견이 나왔다.

"현실적으로 매출을 생각한다면 그렇게 할 수 없어요. 그 사람들에게만 제품을 팔고 다른 사람들에겐 제품을 팔지 말자는 것입니까?"

"굳이 팔지 않을 이유야 없죠. 그러나 우리가 패션을 추구한다고 하면서 무얼 해 왔습니까? 매출 중심 전략도 물론 중요하지만 그것으로 패션성을 잃어버린다면 더욱 중요한 것을 잃어버리는 것이 아닌가요?"

"25세에서 35세에 맞는 제품을 만들기만 하면, 무조건 패션성을 회복하는 것입니까? 저는 그렇지 않다고 생각합니다. 우리 제품을 찾는 많은 연령대의 고객들을 무시하는 것은 말이 안 되는 전략입니다."

여러 사람의 이야기가 더 오가면서 토론 분위기가 다소 과열되었다. 김영민 부장은 분위기 전환의 필요성을 느꼈다. 김 부장은 티타임을 갖자고 했다. 이때 최 실장과 같이 있던 사장이 김 부장을 불렀다.

"김 부장, 고생이 많습니다. 지금 주제는 아주 흥미롭습니다. 토론을 많이 유도해서 참가자들의 의견을 좀 들어봅시다. 참, 그건 그렇고 앞으로 진행은 어떻게 됩니까? 원래 오후 6시 이전에 끝나는 것으로 되어 있는데 이렇게 진행이 되면 6시는 불가능해 보이는데…."

"맞습니다, 사장님. 그렇지만 일정 연장을 해서라도 충분히 토론하고 합의를 끌어냈으면 좋겠다는 생각이 듭니다."

김영민 부장이 말을 맺자, 최 실장이 기다렸다는 듯이 반대 의견을 냈다.

"시간 연장을 한다면 사람들이 싫어할 것이오. 나중에 다시 모이더라도 일단 시간을 지켜야 하지 않겠소?"

사장도 잠시 고민을 하는 것 같았다. 최 실장의 말도 일리가 있으나, 회사의 주요 임직원들이 한꺼번에 모일 수 있는 자리는 쉽지 않은 법이다. 그리고 사장으로서 임직원들이 어떤 생각을 하고 있는지 충분히 아는 것도 매우 중요했다.

"워크숍 연장에 대해 임직원들의 의견을 들어보고 연장에 동의한다면 하루 정도 더 연장합시다. 나도 일정이 있지만 취소하고 내일까지 참여하겠습니다."

김영민 부장은 모든 참가자들이 모인 자리에서 현재의 상황을 설명하고 워크숍 연장에 대해 양해를 구하는 한편으로 사장이 계속 참여한다는 사실을 밝혔다.

예상대로 여기저기서 구시렁거리는 소리가 들려왔다.

이때 영업 본부의 추 과장이 손을 들고 자신의 의견을 말했다.

"때늦은 질문 같지만, 중요한 것이 하나 있습니다. 전 이번 워크숍이 너무 중요하다고 생각이 듭니다. 그러나 우리가 결정한 사항들이 정말로 구체적인 실행 계획이 수립되고 실천될 것인지는 의문이 갑니다. 과거의 경험을 보면 전략 수립은 몇 사람만의 전유물이 아니었습니까? 오늘 제가 하는 고민과 토론에 의해 결정되는 사항이 정말로 실행되는지 알고 싶습니다. 그런데 이전과 달리 토론 결과를 현실에 반영하는 워크숍이라면 저는 하루가 아니라 2박 3일이라도 있을 수 있습니다."

추 과장이 단호하게 의지를 밝히자, 회의실이 일순 조용해졌다.

김영민 부장이 정적을 깼다.

"매우 중요한 의견입니다. 전략경영팀장으로서 말씀드릴 수 있는 것은 분명히 그렇게 되리라는 것입니다. 여기 사장님도 계시고 본부장님들도 계십니다. 저는 오늘의 이 자리가 우리의 앞날을 결정지을 수 있는 매우 중요한 자리이며, 여러분은 의사 결정의 중심에 있다는 것을 다시 한번 강조하고 싶습니다."

김영민 부장의 말을 듣고 있던 사장이 고개를 끄덕거렸다. 최 실장의 표정이 금세 굳어졌다. 사람들이 동의를 표시하기 시작했다.

"해봅시다."

"밤을 새워서라도 우리의 올바른 방향이 뭔지 토론하고 찾아봅시다."

김영민 부장은 이젠 대다수 참가자들이 동기 부여가 됐음을 느꼈다. 김 부장은 처음의 주제로 돌아갔다.

"현재 저희가 도출한 전략의 주요 이슈는 모두 열 가지입니다. 아까 패션성을 확보하는 것과 매출 증대에 관한 의견이 대립되는 양상이었는데, 제 의견을 말씀드리겠습니다. 사실 이러한 두 가지 견해는 속성상 상충될 수밖에 없습니다. 즉 매출을 증대시켜 이익을 확보하기 위해서는 매출 및 이익 관리와 생산 관리 등에 치중해야 합니다. 이렇게 된다면 패션성을 위한 제품이나 브랜드 육성 및 매장 관리는 매우 어려운 것이 사실입니다. 그러나 이 점을 한번 생각해 보십시오. 즉 변화된 시장과 소비자들은 패션성을 상실한 기업에게 더 이상의 매출을 가져다주지 않았다는 점입니다. 현재 우리의 실적 저하는 바로 패션성을 잃어버려 경쟁력을 상실한 탓입니다. 앞으로 패션성의 확보는 매출을 위한 필요 조건으로 보아야 합니다. 따라서 패션의 중심에 서 있는 목표 고객을 선택해 우리의 역량을 집중시키는 것은 어쩌면 당연한 것입니다."

"그럼 목표 고객에 집중한 탓에 발생할지도 모르는 매출 감소는 어떻게 회복할 수 있을까요?"

3조에서 질문이 나왔다.

이 질문에 대해 이번에는 1조에 속한 마케팅 본부의 이상민 과장이 대신 대답했다.

"어차피 우리는 토탈 패션을 지향합니다. 그러니 지금과 같이 형식적인 토탈 패션이 아니라 진정한 의미의 멀티아이템을 추구하는 것으로 사업 전략을 수정하는 것이 어떻습니까? 현재 우리 회사의 매출을 보면 주력 아이템인 제화가 70퍼센트를 차지해 우리가 주장하는 토탈 패션과 괴리가 있다고 생각합니다. 해외 유명 패션 브랜드를 보니까, 매우 다양한 품목으로부터 수익이 발생합니다. 원브랜드 멀티아이템 전략이죠. 우리도 그렇게 가야 할 것입니다."

김영민 부장은 이에 대해 당연하면서도 유효한 전략이라고 생각했고, 다른 사람들도 대체적으로 동의하는 것 같았다.

워크숍은 진지하게 계속되었다.

많은 참가자들이 활발한 의견을 제시했다. 또한 진지하게 경청하는 분위기 속에서 F-SQUARE가 추구하는 비전을 달성하기 위해 올바른 전략 방향이 무엇인지에 대해 서로의 생각을 공유하면서 의견이 모이기 시작했다.

목표 고객에 대한 토론 속에서 얻은 공동 작업은 학습 효과를 발휘하기 시작했고, 참가자들의 열정과 더불어 워크숍의 수준은 향상되어 갔다.

토론은 늦은 밤까지 이어졌다. 시간이 흐르면서 주요 이슈에 대해

하나씩 결론에 도달하기 시작했다.

다음날도 워크숍은 저녁까지 이어졌고, 마침내 몇 가지 중요한 전략 방향에 대해 합의가 도출되었다.

이는 25~35세의 목표 고객에 대한 집중, 원브랜드 멀티아이템 강화, 외부 생산 비율의 확대, 기획·마케팅·디자인 역량 강화, 백화점과 할인점 유통 강화로 요약될 수 있었다.

하루를 더해 총 3박 4일의 워크숍을 마치고 회사로 복귀한 TFT 팀원들은 바쁘게 결과를 정리하기 시작했다.

무엇보다 전략 방향의 변화에 따라 각 사업부에 미칠 영향력은 매우 클 것이다. 예컨대 외부 생산 비율의 확대 전략으로 말미암아 생

F-SQUARE 사의 새로운 전략 방향

내·외부의 환경 변화 분석과 워크숍을 통해 도출된 F-SQUARE 사의 새로운 전략 방향은 아래와 같이 요약됨.

- 25~35세의 목표 고객에 집중
- 원브랜드-멀티아이템 강화
- 외주 생산 비율의 확대
- 기획·마케팅·디자인 역량 강화
- 백화점과 할인점 유통 강화

산 본부의 인원이 축소되어야 할 것인 반면, 멀티아이템 강화 전략으로 해당 역량을 키우기 위한 조치들이 취해져야 할 것이다.

이러한 전략 방향의 변화와 영향력이 분석되고 사장에게 보고가 이루어진 것은 워크숍 후 일주일이 지나서였다. 주요한 내용은 이미 워크숍에서 많은 논의가 이루어졌으므로 큰 변화 없이 진행될 수 있었다.

보고서는 대외비로 분류되어 각 사업부에 배포되었고, 워크숍에 참석치 않은 사람들도 사업의 전략 방향 수정에 대해 이야기를 전해 들을 수 있었다.

그러나 구체적 전략 과제가 정해지지 않은 상태에서 김영민 부장도 언급할 수 있는 부분이 많지 않았다. 다만 그런 방향을 의식하고 앞으로의 사업이 전개되리란 것을 임직원들이 알게 된 점이 기존의 전략 수립 방식과 달랐다. 이젠 BSC 구축을 준비해야 할 차례다.

10. BSC를 이해하다

김영민 부장은 전화기를 들었다.

"한경영 이사님! F-SQUARE의 김영민입니다."

"아, 김 부장님. 안녕하세요?"

"요즘도 바쁘시죠?"

"괜찮습니다. 전에 하던 프로젝트의 최종 보고가 잘 끝나, 보고서 작업을 하고 있습니다. 전보다는 좀 여유가 있는 편입니다."

"다음 프로젝트도 결정되셨나요?"

"예, 다음 달부터 공기업 경영 전략 수정 프로젝트를 시작할 것 같습니다. 어제 최종 결정이 났는데 저희가 경쟁 업체보다 좋은 점수를 얻었다고 하더군요. 다음 주에 계약을 할 것입니다. 참, 거기도 BSC를 도입한 회사입니다."

"그렇습니까? BSC에 대해 기업들이 관심이 많은 모양이군요?"

"그렇습니다. 해외의 경우 《포춘》 지가 선정한 500대 기업의 50퍼센트 정도가 BSC를 구축한 상태이고, 우리나라도 민간 기업이나 공기업들이 BSC를 도입하는 단계입니다."

"사실 한 가지 부탁 말씀을 드리려고요. 지난번에 도와주셔서 저희가 나름대로 회사의 비전을 새롭게 설정하고 전략 방향도 적절히 원만하게 잘 수정했습니다."

"예, 지난번에 워크숍 다녀오시고 말씀해 주셨죠."

"그렇습니다. 이제 저희가 BSC를 구축하는 단계가 되지 않았습니까? 보내주신 자료와 BSC 관련 서적을 보고 나름대로 공부했지만, 저를 비롯한 우리 TFT 구성원들은 궁금한 것이 많습니다. 그래서 가능하시다면 BSC 강의를 한번 부탁드릴까 합니다."

"처음 도입하는 경영 툴이라 어려움이 있으시죠?"

한경영 이사는 잠시 생각을 했다. 다행히 다음 프로젝트에 들어가기 전이라 시간을 낼 수 있을 것 같았다.

"좋습니다. 언제 할까요?"

"저희가 다음 주 수요일부터 전사 BSC 구축 워크숍을 진행할 예정입니다. 급하게 요청을 드려 죄송합니다만, 금주에 가능하신지요?"

"저도 이번 주가 편합니다."

"모레 오전 8시 30분이 어떻습니까?"

"좋습니다. 그럼 그때 뵙도록 하지요. 참, 빔 프로젝터가 필요한데…."

"예, 준비해 드리겠습니다."

한경영 이사는 아침 출근 시간 혼잡한 시간을 피해 사무실에 일찍 출근을 했다. F-SQUARE 사무실은 여의도 전철역 근처에 있으니 10여 분이면 도달할 수 있는 거리다.

한경영 이사가 F-SQUARE 사에 도착한 것은 8시 15분이었다.

아직 이른 시간이라 엘리베이터 안은 그리 혼잡하지 않았다. 5층에 내려 회의실 팻말이 붙은 곳의 문을 여니, 김영민 부장이 보였다.

"안녕하십니까? 김 부장님."

"아, 한 이사님. 어서 오십시오. 바쁘신데 이렇게 와주셔서 감사드립니다."

"아닙니다. 이런 기회를 주셔서 오히려 제가 감사드립니다. 오늘 강의가 도움이 되셨으면 좋겠습니다."

"저희야 당연히 도움이 크지요."

한경영 이사는 TFT 팀원들과 인사를 나누고 곧바로 강의를 시작했다.

"안녕하십니까? 김 부장님으로부터 대강의 진행 사항은 들어 알고 있습니다. 비전 및 전략 워크숍을 잘 진행하셨고 이제 본격적으로 BSC를 구축할 단계인 것으로 알고 있습니다. 여러분께서도 BSC 이론에 대해서는 잘 아실 줄 믿습니다. 따라서 오늘은 여러분께서 궁금하신 사항들과 더불어 실제 사례를 중심으로 말씀드릴까 합니다. 먼저 궁금하신 사항을 질문해 주십시오."

김영민 부장이 먼저 입을 열었다.

"BSC를 도입하는 경우가 여러 가지 있는 것으로 알고 있습니다. 저희는 전략을 실행하는 모니터링 제도로서 BSC를 도입하려는 것인데, 다른 기업들은 어떤지 알고 싶습니다."

김 부장이 질문하고 나자, 다른 사람들도 질문하기 시작했다.

"BSC 도입 후 효과에 대한 사례를 좀 들어주십시오."

"BSC 구축에서 주의해야 할 점들을 알려주시면 좋겠습니다."

두 가지 질문이 추가로 이어졌다.

"다른 분들은 어떻습니까?"

한경영 이사는 아직 질문을 던지지 않은 다른 사람들에게 시선을 돌리며 물었다.

"저는 전사와 하부 단위로 연결되는 것이 어떤 것인지 실제 사례를 보았으면 합니다."

"저도 다른 기업의 구축 사례를 보고 싶습니다."

마지막 두 사람이 대답했다.

"알겠습니다. 제가 막 질문하신 내용을 이렇게 순서대로 칠판에 적었습니다. 오늘 강의가 빠짐없이 제대로 됐는지 나중에 확인해 보지요."

먼저 한경영 이사는 TFT 팀원들이 질문한 내용들을 칠판에 적어 놓고 강의를 시작했다.

"많은 사람들이 BSC를 새로운 성과 측정 시스템으로 이해하고 있으나 저희는 BSC를 이야기할 때 항상 전략과 실행을 우선 이야기합니다."

"무형 자산의 측정과는 어떻게 연관됩니까?"

관련 서적을 꼼꼼히 탐독한 박영출 과장이 불쑥 질문을 던졌다.

"좋은 질문입니다. 무형 자산의 중요성이 커지면서 조직이나 프로세스에 내재된 무형 자산이 바로 기업의 가치를 결정하는 더욱 중요한 요인이 되는 것이 정설입니다. 예를 들어 국내 SJC는 시장 가치 대비 실제 자본이 40퍼센트에 불과하고 미국의 마크 사는 14퍼센트에 불과합니다. 그렇다면 SJC의 나머지 60퍼센트, 마크 사의 나머지 86퍼센트는 무엇이겠습니까?"

"무형 자산이라는 말씀이시죠?"

"그렇습니다. 이러한 무형 자산은 혁신을 자극하는 조직 문화나 조직 구성원의 숙련된 기술과 지식, 업무 프로세스, 고객과의 관계 등에 내재되어 있습니다. 이러한 기업의 성과를 과거의 재무적 성과 측정 방법으로는 불가능하다는 것입니다. 그런데 BSC는 이러한 무형 자산을 고려하므로 무형 자산의 측정과 매우 밀접한 관련이 있습니다."

"제가 잘 몰라서 그러는데, 기본적인 질문인 것 같습니다만 전략 실행과는 어떻게 연관되나요?"

TFT의 이정국 대리가 쑥스러워하며 물었다.

"기본적인 질문이라도 상관없습니다. 잘 이해하고 앞으로 나가는 것이 중요한 일이기 때문에 질문을 많이 할수록 좋습니다. 지금 질문에 대한 해답은 첫번째 전략 과제를 선정하는 것, 두 번째는 모니터링하는 것으로 말씀드릴 수 있습니다. BSC에서는 여러분 부서의 모든 업무를 관리하지는 않습니다. 전략을 달성하는 데 필요한 핵심 과제를 선택하고 이 과제에 집중할 수 있도록 할 것입니다. 그리고 해당 과제의 달성 정도를 측정하고 피드백을 해, 전략 과제와 목표의 적정성을 끊임없이 모니터링한다는 것이죠. 이러한 체계가 제대로 구축되면 F-SQUARE 사는 전략 중심 조직이 되고 전략의 실행을 담보할 수 있는 것입니다."

한경영 이사는 참석자들이 강의 내용에 점차 몰입해 가는 것을 느낄 수 있었다. 그는 잠깐 뜸을 들이다가 좌중에게 불쑥 질문을 던졌다.

"여러분은 회사의 전략에 대해 어떻게 생각하시는지요?"

"올바른 전략을 수립했는지 의심이 갈 때가 많습니다."

"어떤 전략이 실행되는지 모를 때가 많아요. 그냥 해당 부서의 업무만을 열심히 할 따름이죠."

"전략을 아무리 잘 세워놓으면 뭐합니까? 실행이 잘돼야 하는 것 아닌가요? 지금 우리 회사의 어려움도 어쩌면 전략 자체에 문제가 있을 수도 있지만 과거 전략의 실행에 더 큰 문제가 있는 것이 아닐까요?"

여러 사람들이 돌아가면서 한마디씩 했다.

김영민 부장은 TFT 팀원들의 이야기를 들으면서 이들과 힘을 합쳐 노력하면 훌륭한 성과가 나올 수 있으리라는 기대감이 들었다.

"여러분이 하신 이야기는 매우 중요한 것입니다. 여러분의 현장 경험과 학자들의 이야기는 일치하는 것 같습니다. 조직의 성과는 비전과 전략을 수립하고 공유하며 실행함으로써 얻어지는 것입니다. 그런데 많은 조직의 경우 전략 개발 역량이 부족하고, 개발했다 하더라도 구성원들이 이해하지 못하고, 설령 구성원들이 이해한다고 하더라도 제대로 실행되지 않는 경영 시스템상의 구조적 결함이 있는 경우가 많습니다."

"특히 실행이 더 문제가 되는 것 아닌가요?"

"그렇습니다. 전략을 수립한 회사 가운데 10퍼센트 미만 정도가 효과적으로 전략을 실행하고 있다고 합니다. 매우 충격적인 얘기입니다."

"전략이 잘 실행되도록 하는 기존의 경영 시스템들이 많이 있었던 것 같은데, 그것들에 무슨 문제점이 있는 것은 아닌가요?"

김영민 부장의 질문이었다.

"기존의 경영 시스템이라 하면, 구체적으로 무얼 말씀하시는 건가요?"

"예를 들어, 재무 회계 시스템에서 전략이 제대로 수행됐는지 확인할 수 있지 않습니까?"

"김 부장님은 잘 아시면서 질문한 걸 보면, 중요한 사실을 공유하고 싶으신 것이로군요."

한경영 이사가 넘겨 짚자, 김영민 부장이 빙그레 웃었다.

"맞습니다. 지금 김 부장께서 말씀하신 바와 같이 기존의 시스템도 전략의 실행을 관리했지만, 돌이켜 보건대 몇 가지 중대한 문제점이 있습니다. 첫째, 과거 지표 중심으로서 전략 수립이나 이행과는 단절이 된다는 것입니다. 둘째, 단기적인 재무 성과 충족에 초점이 맞춰져 있어, 관리 지향적이고 전략 성과에 대한 피드백이 부족하다는 것입니다. 셋째, 전략 기획과 재무 담당자의 노력이 단절되어 전략적 자원 할당이 부족하다는 점입니다."

"그럼 BSC는 이러한 문제점들을 다 극복할 수 있을까요?"

누군가 좀 의심스럽다는 투로 질문했다.

한경영 이사는 잠시 생각했다.

"이러한 문제점을 고려해서 BSC에 대한 정의를 내려보겠습니다. 첫째, BSC는 조직의 비전과 전략으로부터 도출된 평가 지표들의 조합입니다. 목표나 측정 지표들은 비전과 전략을 실행할 수 있는 언어라고도 하지요. 둘째, BSC는 균형 잡혔다고 합니다. 여기서 재무와 비재무, 결과 지표와 성과 동인, 후행 지표와 선행 지표가 균형 잡혀 있으므로, 단기적 재무 성과에 치중되지 않고 전략 성과에 대한 피드백이 가능합니다. 셋째, BSC는 가치 사슬의 모든 측면을 이해하고 측정할 수 있습니다. 따라서 사업의 전체 균형을 회복하고 관리자들의 협력을 증진시킬 수 있습니다. 따라서 전략적 자원 할당이 가능하다는 것이죠."

"어렵군요. 사례를 들어 쉽게 설명해 주실 수 있나요?"

김영민 부장의 요청에 따라, 한경영 이사는 BSC 프로젝트를 수행한 결과에서 선별한 자료를 소개했다. 일반 기업, 종합 병원, 공공기관 등 그 동안 파로스가 수행한 BSC 프로젝트의 결과물을 보게 되자, TFT 팀원들은 어느 정도 이해를 할 수 있었다.

"지금 말씀하신 기업들은 어떤 목적으로 BSC를 도입했습니까?"

김영민 부장은 처음의 질문에 대한 답을 집요하게 되물었다.

"저희가 BSC를 도입한 기업들을 대상으로 설문 조사를 한 결과, 국내 BSC 도입 기업의 31퍼센트는 전략적 성과 관리 시스템 차원에서 BSC를 도입했고, 27퍼센트는 전략 실행을 모니터링하기 위해서 BSC를 도입했습니다."

"성과 관리를 한다면 보상과 연관되어야 하지 않겠습니까?"

김영민 부장의 이 같은 반문은, BSC에 대해 전문가다운 면모를 보여주는 것이었다.

"맞습니다. 현재는 절반이 넘는 54퍼센트의 기업이 BSC와 보상을 연계시켜 BSC의 실행력을 높이고 있습니다."

한경영 이사는 BSC를 보상과 연계시킨 사례를 간략히 소개하고 잠시 휴식 시간을 가졌다.

"강의가 도움이 되시는지요?"

한경영 이사가 김영민 부장에게 물었다.

"물론입니다. 저희가 가장 알고 싶어한 것이 타 기업들의 사례였습니다. 제한적인 내용이라 좀 아쉽긴 하지만 그런 실질적인 사례를 보여주셔서 도움이 될 것 같습니다."

"타 기업의 사례를 충분히 제시하지 못하는 점은 양해하시기 바랍니다. 고객의 동의 없이는 공개할 수 없기 때문입니다. 그리고 처음 BSC를 구축하는 처지에서는 당연한 욕구이겠으나 다른 기업의 사례에 너무 집착하지 않으셔도 될 것 같습니다."

"그건 왜 그렇습니까? 저는 타 기업의 사례가 매우 중요하다고 생각하는데요."

김영민 부장이 의아해하며 물었다.

"그 말씀은 맞습니다. 그러나 더욱더 중요한 것은 F-SQUARE 사에 맞는 BSC를 구축하는 것입니다."

"무슨 뜻입니까?"

김영민 부장이 알 듯 모를 듯한 표정으로 다시 물었다.

"예를 들어 타 기업들의 좋은 핵심 성과 지표나 목표를 본떠 F-SQUARE의 핵심 성과 지표를 만들었다고 하더라도, 그것이 F-

SQUARE 사의 프로세스에서 관리할 수 없거나 F-SQUARE 사에서 달성하지 못하는 것이라면 아무 의미가 없다는 겁니다. 구축 후에 임직원으로부터 공감할 수 있는 BSC 체계가 되어야 한다는 것이죠."

한경영 이사는 말을 하면서 좀 걱정이 됐다. 사실 이 부분이 핵심이면서 어려운 부분이었기 때문이다.

"무슨 말씀이신지 알겠습니다."

이제야 김영민 부장은 그 뜻을 이해하는 것 같았다.

휴식 시간이 끝나고 다시 BSC 강의가 이어졌다.

한경영 이사는 이번에는 전략 지도의 개념을 소개했다.

"전략 지도는 한 기업의 전략을 설명합니다. 기업이 목표를 달성하기 위해 자원과 시스템, 프로세스를 어떻게 활용해 바람직한 결과물로 전환시켜 주는지 한눈에 보여주는 것이죠."

한경영 이사는 전략 지도의 사례를 들면서 상세한 설명을 덧붙였다.

그러나 TFT 팀원들은 이 부분에 대해 난감해하는 표정이었다.

"지금 말씀하신 것같이 인과 관계도 규명되어야 한다면, 저희에겐 매우 어려운 작업입니다. 이 개념을 이번 프로젝트에서는 생략해 버릴까요?"

프로젝트 리더로서 김영민 부장의 순발력이 돋보이는 문제 제기였다.

"제가 말씀드린 수준까지 전략 지도를 완성하기는 쉽지 않습니다.

그보다는 임직원들이 이해할 수 있는 개념적인 수준에서 전략 지도를 작성해 보는 것이 많은 도움이 될 것입니다. 그리고 프로젝트 이후에 인과 관계 규명 작업 등 전략 지도를 정교화하는 작업을 추진하시는 것이 좋습니다."

한경영 이사의 설명에 김영민 부장을 비롯한 TFT 팀원들이 고개를 끄덕였다.

이어서 한경영 이사는 BSC 구축 단계별로 주요 활동을 소개했다.

이 부분은 TFT 팀원들이 본격적으로 해야 할 일들이어서 관심이 매우 높았다.

이때 BSC 도입에 관련된 다양한 활동에 대한 설명을 듣던 서윤택 과장이 혼란스럽다는 표정을 지으며 물었다.

"BSC를 도입할 때 고려해야 할 점을 다시 한번 정리해 주셨으면 좋겠습니다."

"가장 많은 문제점이 발생하는 부분은 평가 지표를 개발할 때입니다. 전략과 연계성이 없는 평가 지표를 만들거나 순이익, 매출액 등과 같은 재무 지표에만 한정되어 지표를 개발하는 경우가 많습니다. 또한 평가 지표간 연관 관계가 분명해질 수 있도록 지표가 개발되어야 한다는 것입니다."

"BSC를 통한 성과 관리 프로세스에서 평가 결과의 피드백도 중요한 것 같은데 어떻게 보십니까?"

"그렇습니다. 평가 결과의 지속적 피드백 기능이 없다면, 이는 전략의 실행을 지원하는 BSC의 기본 기능이 작동하지 않는 것입니다."

이때 경영기획실의 송요상 과장이 색다른 질문을 던졌다.

"IT 시스템을 도입할 때 주의해야 할 점은 무엇인가요?"

"아, 송 과장님은 IT 시스템에 관심이 많으시군요!"

"예, 전에 전산실에 근무한 적이 있습니다."

"그 부분의 관건은 일상 거래 중심의 기간 시스템과의 연계가 잘 이루어지도록 해야 한다는 것입니다. 예컨대 BSC D/B로 연계하기 위해 중간 단계를 두어 각 기간 시스템과 인터페이스를 구축할 수도 있습니다. 또한 관리 회계 시스템이 낙후됐다든가 데이터 웨어하우징(Data Warehousing)이 정비가 안 됐다든가 하는 문제가 있으므로 이런 문제들이 명확하게 정의되어야 합니다."

몇 가지 질문들이 더 이어졌다.

강의를 마칠 시간이 되었는데도, TFT 팀원들이 질문을 계속할 기미를 보이자 한경영 이사는 미안한 마음이 들었다.

"제가 다른 약속이 잡혀 있어 이제 마무리해야 할 것 같습니다. 죄송하게 생각합니다."

한경영 이사는 하지 않아도 될 사과의 말을 했다.

"아닙니다. 저희가 많은 도움을 받고 있는데 한 이사님의 시간을 계속 뺏을 수가 없죠. 오늘 강의 감사합니다."

김영민 부장이 대표로 감사의 인사말을 하자 다른 TFT 팀원들이 박수로서 감사의 뜻을 표했다.

11. 산정호수 워크숍,
전사 BSC 기본 틀을 마련하다

한경영 이사의 강의가 있은 후, 김영민 부장은 워크숍 때 설정된 비전을 이루기 위한 새로운 전략 방향을 이끌어낼 계획에 몰두했다.

가장 중요한 것은 조직 단위별로 주어진 전략 과제를 달성해야 한다는 것이었다. 전사 단위에서 달성해야 할 전략 과제가 선정되면, 이를 위해 각 본부가 완수해야 할 과제를 선정해야 한다. 다음은 이와 관련해 각 팀이 달성해야 할 전략 과제를 선정하는 일이다.

이렇게 조직 단위별로 전략 과제를 체계적으로 선정하고, 핵심 성과 지표를 통해 추진 과정과 달성 여부를 평가한다면, 전체 조직이 비전을 향해 한치의 오차도 없이 매진해 나갈 수 있을 거라는 확신이 들었다.

우선 첫 단계로 김영민 부장은 전사 단위의 BSC 구축을 위한 준비에 박차를 가했다.

그러던 어느 날 워크숍 참가자 명단을 짜던 박영출 과장이 고충을 호소했다.

"부장님, 저희가 요청한 24명의 인력 중 현재 참가하겠다고 확답을 한 사람은 13명뿐입니다. 부장님이 별도로 협조 요청을 해주십시오."

"박 과장은 그들이 미적거리는 게 뭣 때문이라고 생각하나?"

김영민 부장은 대충 짐작이 가면서도 물었다.

"말이야 업무가 바빠서라고 핑계를 대지만, 제가 보기엔 부서의 냉소주의가 문제인 것 같습니다."

"냉소주의라…. 지금 우리가 하는 일을 별로 중요하게 생각하지 않는다는 말이지?"

"그렇죠. 시간이 지나면 또 흐지부지될 제도를 만든다고 생각하는 것 같기도 하고, 지난번 양평 워크숍에 참가한 사람들은 이번엔 다른 사람이 가면 되지 않느냐고 발뺌하는 등 여러 반응을 보입니다."

"일단 박 과장이 다시 한번 연락해 주고 정 답변이 없으면 다시 알려주게. 내가 한번 연락해 볼게."

"알겠습니다, 부장님."

자리에 돌아온 박영출 과장은 다시 이메일을 쓰기 시작했다. 전사 BSC 구축을 위해 비전과 전략 워크숍을 다녀온 사람이 일관성을 유지해야 하고, 현업을 잘 아는 사람이 반드시 있어야 한다는 일반적인 이야기를 먼저 했다. 그리고 워크숍에 참석하지 않을 경우 모든 워크숍의 결과에 절대적으로 따라야 한다는 이야기와 모든 결과가 사장님께 보고된다는 경고도 담았다.

사실 박영출 과장은 사장이 얼마나 이 프로젝트에 관심이 있는지 의문이 들었다. 그러던 차에 전사 BSC 구축 워크숍 준비가 마무리되어 갈 무렵 사장이 프로젝트 룸을 찾는 돌발 상황이 벌어졌다.

그날은 이틀 후면 BSC 구축 워크숍에 들어가는 월요일 저녁이었다. TFT 전체가 함께 저녁을 먹고 프로젝트 준비를 하고 있는 밤 9시쯤 갑자기 문 쪽에 앉아 있던 박영출 과장이 당황해서 엉거주춤 일어서면서 인사했다.

"잘돼 갑니까? 고생이 많죠?"

사장은 불쑥 프로젝트 룸으로 들어서면서 밝은 표정으로 인사를 건넸다.

김영민 부장도 당황하긴 마찬가지였다. 저녁이라 넥타이도 풀어 놓고 자리도 정돈되지 않은 어수선한 프로젝트 룸에 갑자기 사장이 들어선 것이다.

"아 예, 사장님, 안녕하십니까?"

김영민 부장도 얼떨결에 인사를 했다.

"모레 워크숍이 계획되어 있죠?"

"예, 그렇습니다."

"어려운 점은 없습니까?"

사장은 김영민 부장을 보면서 '뭐든 지원해 주겠소' 라고 말하는 것 같았다.

"예, 특별히 어려운 점은 없지만 임직원들의 관심이 좀 부족한 것 같습니다. 인력을 요청해도 잘 지원이 되지 않아 고민입니다."

이때까지 박영출 과장의 2차 요청으로 추가로 확보된 참가자는 3명뿐이었다. 김영민 부장은 내일 자신이 직접 연락해 볼 참이었다.

"그래요? 이런 일에 참여하는 것 자체가 매우 뜻 깊고 우리 회사에서 매우 중요한 일인데 인식이 부족한 것 같군요."

사장은 잠시 생각을 하더니 그 밖에 다른 어려움은 없는지 물었다.

김영민 부장은 BSC를 처음 구축하는 데에 대한 어려움을 이야기했으나, 이것은 어차피 김 부장과 TFT가 해결해야 할 일이란 것을 김 부장 자신이 더 잘 알았다.

사장은 30여 분 정도 TFT 팀원들과 이야기를 나누고 자리를 떴다.

다음날 아침 출근한 김영민 부장은 사장이 보낸 이메일을 열어볼 수 있었다. 사장은 전 직원을 대상으로 지금 진행되는 BSC 구축 프로젝트의 중요성과 임직원들의 관심과 이해를 유도하는 내용의 메일을 어젯밤 늦게 보냈던 것이다.

김영민 부장은 오전이 채 지나기도 전에, 각 사업부로부터 TFT팀이 요청한 인원을 차질 없이 참가시키겠다는 연락을 받을 수 있었다.

엊그제 갑작스런 사장의 방문은 전사 BSC 워크숍에 활력을 불어넣었다. TFT 팀원들과 사업부의 참가자들이 매우 적극적인 자세를 보여주어 김영민 부장은 매우 다행으로 생각했다.

김영민 부장은 승용차로 워크숍 장소로 이동하면서 동석한 박영출 과장과 워크숍 준비 과정에 대해 이야기를 나누었다.

전사 BSC 구축 워크숍 일정표

F-SQUARE 사는 전사 BSC 구축 워크숍을 아래의 2박 3일 일정으로 실시함.

구분	첫째 날	둘째 날	셋째 날
09:00~10:00	워크숍 장소로 이동 및 준비	전략 과제 설정 방법 소개	CSF 및 KPI 설정 방법 소개
10:00~11:00	워크숍 진행 소개	전사 전략 과제 도출 (조별 활동)	전사 전략 과제별 핵심 성공 요소 및 성과 지표 도출(조별 활동)
11:00~12:00			
12:00~13:00	점심 식사		
13:00~14:00	미션·비전 수정 결과 발표 및 토론	전사 전략 과제 발표 및 토론 (전체 토론)	전사 전략 과제별 핵심 성과 지표 발표 및 토론(전체 토론)
14:00~15:00	전략 방향 수정 결과 발표 및 토론	토론 결과를 참고하여 전사 전략 과제 도출(조별 활동)	핵심 성과 지표 확정 및 지표 정의서 작성(조별 활동)
15:00~16:00	관점 설정 소개		
16:00~17:00	BSC 관점 설정(조별 활동)		최종 토론과 합의 도출 (전체 토론)
17:00~18:00		저녁 식사	
18:00~19:00			
19:00~20:00	BSC 관점 합의(전체 토론)	전사 전략 과제에 대한 최종 토론과 합의 도출	최종 평가 및 이동
20:00~21:00		(전체 토론)	

"박 과장, 고생했어. 참가자들 '수배' 하느라고 고생 많았어."

"수배요? 하하하, 맞습니다. 정말 수배였습니다."

"그런데 부장님, 꼭 지난번 참가자들이 와야 하는 걸까요? 누가 와도 결과는 비슷할 것 같은데."

"그럴 수도 있지. 그러나 워크숍 결과는 참가자들에 의해 결정되기 때문에 일방적인 교육과는 달라. 그래서 지난번 비전 및 전략 워크숍을 참석한 사람들을 중심으로 적극적이고 좋은 의견을 내놓는 사람들을 선발한 거야."

"이번 참가자들이야말로 핵심 인물이라는 말씀이네요?"

"그렇지. 그만큼 회사에서 인정받았다고 생각해서 고맙게 생각해야 하는데 말이야!"

"워크숍이 시작되면 그 이야기를 좀 해줘야겠어요."

"그런데 이거 생각보다 시간이 걸리는데, 늦지는 않을까? 벌써 9시가 넘었는걸!"

김영민 부장은 다소 조바심이 났다. 워크숍 장소인 운천 산정호수까지는 넉넉 잡고 2시간 반이면 도착할 수 있으리라 믿어 시간이 남겠다 싶었는데, 포천에 못 미처 차가 정체되어 제 속도를 내지 못했다.

"그래도 10시까지는 문제 없을 겁니다. 포천만 지나면 일사천리입니다."

"박 과장은 이렇게 멀리 나와 워크숍을 하는 걸 어떻게 생각하나?"

김영민 부장은 장소 선정에 대해 박 과장이 어떻게 생각하는지 궁금했다.

"제가 장소를 잡긴 했는데, 거기까지는 별로 생각하지 않았어요. 보통 다 그렇게 하지 않습니까?"

"다 그렇게 하는 데에는 그만한 이유가 있지. 평소 일하던 곳에서 이런 회의를 할 수도 있겠지. 회의실을 잡으면 되니까. 그러나 그렇게 하면 참가자들이 워크숍에 몰입할 수가 없어. 박 과장은 그런 경험 없나?"

"물론 그런 경험이 있죠. 언젠가 5층 회의실에서 하루 일정으로 교육을 하는데, 잠깐 사무실에 들른다고 중간에 빠져나온 것이 그만 저녁 때까지 가더라고요."

"그럴 거야. 한창 바쁠 때 옆에 있으면서 급한 일을 처리해 주지 않을 수도 없고…. 그래서 이렇게 많은 비용을 들여서라도 현재 업무에서 떨어진 곳에서 워크숍하는 게 정답이지. 기필코 특정 결과를 내야 한다는 분위기도 조성할 수 있고 수준도 높이고 말이야."

"그렇겠군요, 부장님. 이번 워크숍도 지난번같이 좋은 결과가 나와야 하는데 벌써부터 걱정입니다."

"나도 그래. 워크숍 결과가 좋지 않다면 전적으로 우리 책임이야."

"좀 부담되네요."

"항상 그렇지 뭐. TFT 업무라는 게 원래 목적 지향적이지 않나. 반드시 결과를 내야 하고, 결과물의 수준을 높일 수 있도록 최선을 다해야 하는 거지."

얘기를 주고받다 보니 벌써 국도에서 산정호수로 빠지는 갈림길이었다.

산정호수 H콘도에 도착한 것은 10시 10분이었다. 숙소의 열쇠는

12시에 받을 수 있다는 프런트의 설명에 따라, 일행은 일단 회의실로 준비물들을 옮겼다.

노트북 컴퓨터, 발표 자료, 포스트잇(Post-it), 필기구, 빔 프로젝터, 기타 사무기구, 음료수, 간식거리 등 꼭 필요한 것들과, 별것 아닌 것 같지만 없으면 아쉬운 것들까지 모두 회의실로 옮겼다.

TFT 팀원들은 발표 자료를 배포하고 자리 배치를 하며 빔 프로젝터를 설치하는 등 잠시 부산하게 움직였다. 그런데 아직도 도착하지 않은 사람들이 몇 명 있었다.

"박 과장, 오지 않은 사람들에게 전화 좀 해봐."

"예, 그렇지 않아도 10분 내로 도착한다고 몇 사람에게서 방금 전화를 받았습니다."

그러나 10분 내로 도착한다던 사람들이 합류한 것은 10시 40분이 다 되어서였다. 일정보다 조금 늦어지기도 해서, 김영민 부장은 서둘러 워크숍의 시작을 알렸다.

"멀리 포천까지 오시느라고 고생이 많으셨습니다. 시간이 조금 늦춰졌는데 저녁에 충분한 시간이 있으니 별 무리는 없겠습니다."

"저녁 일정은 언제까지 할 겁니까? 일찍 하고 좀 쉽시다. 공기 좋은 데 와서 술도 한잔 하고 그래야 하는 것 아닙니까?"

마케팅 본부의 하 부장이었다. 김영민 부장은 웃으면서 대답했다.

"맞습니다, 하 부장님. 저도 그렇게 하고 싶습니다. 우리가 오늘이라도 좋은 결과를 낼 수 있다면 내일 하루 종일 등산이나 하죠."

말을 하는 이나 듣는 이나 그런 행운은 결코 주어지지 않으리라는 점을 모두 잘 알고 있었다.

김영민 부장은 2박 3일의 일정을 소개한 뒤 첫번째 시간으로 들어갔다.

"첫 시간은 먼저 우리 회사의 전략 방향 수정에 대한 결과를 다시 살펴보는 시간입니다. 메일로 자료를 보내드렸습니다만, 지난번 비전 및 전략 워크숍에 참가하지 않으신 분들에겐 좀 생소할 것으로 생각됩니다. 우리 회사는 보시는 바와 같이 전략 방향을 대폭적으로 수정할 것입니다."

김영민 부장은 새롭게 정립된 전략 방향의 개요를 정리한 슬라이드를 비추면서 말을 시작했다.

"보시는 자료는 지난번 워크숍에서 토론한 결과를 참조해서 저희 TFT가 사장님께 최종 보고한 내용입니다. 물론 그 전에 각 사업부의 의견도 수렴했습니다. 오늘 참가자 중 영업 본부나 마케팅 본부에 계신 분들도 잘 아실 것입니다."

"예, 저희들도 그때 궁금한 것이 많아 여러 가지 질문을 했지요."

영업 본부의 한 참가자가 대답했다.

김영민 부장은 슬라이드를 하나하나 넘기며, 간단하게 의미를 설명해 갔다.

"일단 제가 새롭게 정립된 전략 방향을 전체적으로 설명드리겠습니다. 첫번째 '25~35세의 목표 고객에 대한 집중'은 모든 연령층의 고객을 공략하는 것에서 탈피해, 패션 리더라 할 수 있는 25세부터 35세까지의 고객만을 목표로 사업을 전개하겠다는 것입니다."

"그 점은 아직도 많은 논란이 있지 않습니까? 사장님은 어떤 생각이신가요?"

"사장님도 원칙적으로 동의하셨습니다. 물론 부문별로 상세한 전략 수립이 뒤따라야 할 것입니다."

참가자들이 웅성거렸다. 이런 반응에 대해 김영민 부장은 아직도 임직원들이 충분히 공감하지 못하는 것으로 해석했다.

"둘째 '원브랜드-멀티아이템 강화'는 목표 고객을 최소화하는 대신 목표 고객이 바라는 다양한 아이템을 대폭 강화하자는 것입니다. 이를 통해 매출을 극대화할 수 있고 브랜드 중심의 사업 전략을 구사할 수 있습니다. 셋째는 '외주 생산 비율의 증대' 입니다. 이는 신속한 생산과 패션성을 확보하기 위해 필수적이라 생각됩니다. 넷째는 '기획 · 마케팅 · 디자인 역량 강화' 입니다. 이 점은 매우 당연한 것입니다만, 그간 소홀한 측면이 많았습니다. 다섯 번째는 '백화점과 할인점 유통 강화' 입니다. 백화점과 단독 매장을 강화하되 직영점을 줄인다는 것이 주요 내용입니다. 이렇게 해서 시장에 대응하고 우리의 포지셔닝을 명확히 하자는 것이죠. 지금까지 말씀드린 내용 중 질문 있으십니까?"

"저는 이런 엄청난 변화가 과연 실행이 될까 하는 의문이 있습니다. 예컨대 외주 생산 비율의 확대는 당연한 것 같은데도 그 동안 주저해 왔다는 것이죠. 그것은 우리 기업이 내세우는 '화합' 이라는 조직 문화와 병행하기 어려운 과제 같은데 어떻게 생각하십니까?"

생산 본부에서 온 한 참가자가 이의를 제기했다.

"화합이라는 조직 문화와 외주 생산 비율 확대는 다른 차원의 문제입니다. 화합이라는 철학적 가치가 비효율적인 부분을 계속 끌어안는 깃과 동일시되어서는 안 될 것입니다."

"제가 생각하기에 쉽게 실행할 수 있는 전략은 아닌데, 앞으로도 그렇지 않을까요?"

"우리도 쉽게 선택할 수 있는 대안은 아니었습니다. 지난번 워크숍에 참가하신 분들이 함께 겪은 치열한 공방전을 지금도 기억하실 것입니다. 그러나 지금은 결단을 내려야 할 때입니다. 사장님 말씀대로 이제는 변해야 할 때입니다. 변하지 못한다면 우리의 미래는 없습니다. 이 점을 깊이 생각해 주십시오."

김영민 부장은 일부러 말끝에 힘을 주어 대답했다.

몇 사람이 추가 질문을 했지만 전체 방향을 뒤흔들 만한 내용은 아니었다. 잠시 티타임을 갖고 주제별로 세부 분석 내용 발표가 이어졌다.

김영민 부장은 전략 방향의 충분한 이해 없이는 다음 단계로 넘어가지 말라고 하던 파로스 한경영 이사의 말이 생각났다.

오후엔 TFT 세 사람이 김영민 부장이 간략하게 발표한 전략 방향을 도출하기까지 분석 내용과 지난 비전 및 전략 워크숍 결과를 자세히 설명했다. 참가자들의 질문과 토론이 이어졌지만 대부분 이미 공론화된 내용들이라 크게 이견은 없었다.

TFT의 발표가 끝난 것은 오후 4시가 다 되어서였다.

12. 우리만의 BSC관점을 설정하다

김영민 부장은 본격적으로 전사 BSC 구축 작업에 들어갔다. 먼저 관점에 대해 설명하기 시작했다.

"이제는 관점을 설정할 단계입니다. BSC를 이해하기 위해 가장 기본이 되는 것이 관점(perspectives)입니다. 관점은 기업의 가치가 과연 어디서 나오는가에 대한 시각을 제공한다고 보면 됩니다. BSC 이론에서는 많은 기업들을 분석 조사한 결과를 토대로 재무, 고객, 프로세스, 학습과 성장이라는 네 가지 관점을 제시합니다."

"전 잘 모르겠습니다. 용어도 너무 생소하고…. 좀더 알기 쉽게 설명해 주시면 안 될까요."

영업 본부의 엄 과장이 곤혹스러운 표정을 지으며 말했다.

"이전에 BSC에 대해 들어보지 못하신 분들은 당연히 그러실 겁니다. 이렇게 생각하시면 어떨까요? 이론서에 나오는 비유입니다만, 비행기의 조종사가 속도에만 신경을 써서 조종한다면 그 비행기에는 어떤 현상이 벌어질까요?"

"비행 도중에 연료가 떨어져 불시착할 수도 있겠죠."

"고도(高度)에 신경을 쓰지 않는다면 높은 건물에 충돌할 수도 있겠죠. 9·11 테러 장면이 떠오르네요."

"정비가 제대로 갖춰지지 않았다면 비행중 고장으로 추락할 수도 있겠죠."

여러 사람들이 자신의 생각을 털어놓았다.

"맞습니다. 분명 불상사가 생길 겁니다. 요컨대 '관점'이란 기업이라는 비행기를 잘 조종해서 비전이라는 목적지에 도착하려 할 때 임직원이라는 조종사가 관리하고 확인해야 될 영역이 무엇인가를 알려주는 것입니다."

"비유를 들으니 이해가 되는군요. 관점이 다르면 그에 따라 해야 할 일이 달라질 수도 있군요."

"그렇습니다."

"일반적으로 기업들은 동일한 관점을 갖고 있습니까?"

"꼭 그렇지는 않습니다. 정해진 공식이 아니라 기업의 상황에 따라 달라질 수 있는 것이죠. 물론 기업들은 일반적으로 동일한 목적이 있기 때문에 특정 패턴이 존재하는 것은 사실입니다. 높은 성장을 추구하고 많은 이윤을 얻으려고 한다는 것이죠."

"그 특정 패턴이 BSC 이론에서 제시한 재무, 고객, 프로세스, 학습과 성장이라는 말이군요."

"그렇습니다. 네 가지 관점은 기업의 활동 영역을 균형 있게 관리할 수 있는 시각을 각각 제공해 줍니다."

"무엇을 해야 하는지 구체적으로 말씀해 주십시오."

"우리 기업이 재무, 고객, 내부 프로세스, 학습과 성장이라는 관점을 그대로 유지할 것인지, 아니면 다른 관점을 변화시켜야 하는지, 변화시킨다면 어떤 관점이 좋은지 결론을 내리시면 됩니다. 1시간을 드리겠습니다. 1시간 후면 저녁 식사 시간이니 식사 후 조별 발표를 하도록 하겠습니다."

"결국 저녁 시간까지 워크숍이 진행되는군요."

"충분한 토론과 공유가 이루어지려면 어쩔 수 없습니다. 원래 일정표에도 저녁 9시까지 계획이 잡혀 있지 않습니까? 이해해 주십시오."

"그건 페이퍼상의 일정이고, 실제로는 좀 일찍 끝날 거라고 생각했죠."

김영민 부장은 이전의 워크숍이 생각났다. 전에는 대부분의 사람들이 워크숍이 밤까지 진행된다는 것을 생각도 하지 못했다. 대부분 저녁 식사 이후엔 쉰다는 개념이었고, 술판을 벌이는 것은 흔한 일이고 심지어 도박판이 벌어지기도 했다.

그러나 이제는 F-SQUARE 사도 많이 달라져 있었다. 강행군에 투정을 부리는 사람은 소수일 뿐이다.

"참, 조장을 뽑도록 하겠습니다. 조장의 책임은 워크숍 기간 동안 조별 토론을 이끌어 결과를 도출해야 한다는 것이고, 권한은 발표자를 선정할 권리가 있는 것으로 하겠습니다. 각 조에서는 조장을 선출해 주십시오."

잠시 동안 술렁거리다가, 각 조에서 조장 선출이 완료되었다. 다수결에 의한 경우도 있었고, 자원에 의한 경우나 직급이 높은 사람이 추대 형식으로 선정되기도 하는 등 방법도 다양했다.

"이번엔 각 조장님들께서 워크숍에 임하는 각오나 희망을 간단히 말씀해 주십시오."

김영민 부장이 각 조장에게 3분 스피치를 요청하자, 1조 조장으로 선발된 김 대리가 먼저 앞으로 나섰다.

"1조 조장입니다. 떠밀리다시피 조장이 되었습니다. 저는 이번 워크숍을 통해 우리가 하는 일이 전사 전략과 어떻게 연관되는가를 명확히 했으면 좋겠습니다. 전략은 나와 상관이 없는 것 같다는 생각이 자주 들었거든요."

2조 조장은 하 부장이었다.

"예, 저는 이번 기회를 통해 우리 회사의 전략을 명확히 알았으면 좋겠어요. 저는 마케팅 본부에 있지만, 우리가 선택하고 집중해야 할 고객이 누구인지 의심스러울 때가 많았습니다. 특히 과연 우리 회사가 전략을 갖고 있는 회사인가 하고 의심스러울 때도 있었죠."

"3조 조장을 맡은 추 과장입니다. 저는 그저 열심히 다른 분들이 많이 이야기할 수 있도록 분위기를 만들고, 그 결과 조를 리드해 제일 좋은 결과가 나올 수 있도록 하겠습니다."

"저희 4조는 우리가 일상적으로 하는 일 중에 과연 어떤 일이 더 중요한지 알고 싶습니다. 평소에도 내가 하는 일이 우리 회사에 중요한 일인지, 회사의 가치를 높이는 일인지 알고 싶었습니다. 그리고 이번 기회를 통해 사장님과 같은 위치에서 우리 회사의 업무를 살펴보고자 합니다."

사람들이 박수를 보내주었다.

"좋습니다. 여러분의 각오를 들으니 이번 워크숍 결과가 다른 어느 때보다 좋을 것 같다는 생각이 듭니다. 그러고 보니 벌써 저녁 식사 시간입니다. 일단 맛있게 저녁을 드시고 나서 조별 토론을 시작하십시오."

식사 시간은 빨리 지나갔다. 김영민 부장은 2조 사람들과 같이 식사를 하고 짬을 내어 콘도 주변을 잠깐 산책했다. 4월 초순이었지만, 어제 내린 봄비 탓인지 저녁 공기가 차게 느껴졌다. 김영민 부장이 산책을 마치고 돌아와보니 회의장은 아직 설렁했다. 대부분의 참가자들이 아직 모이지 않은 탓이다.

"김 부장님, 저희 조로 오시는 건 어떻습니까? 김 부장님이 오시면 진행이 아주 잘될 것 같은데요."

1조 조장인 김 대리가 말을 걸었다.

"김 대리가 이 일에 적극적인 모습이 좋아 보여. 평소처럼 많은 의견을 내고 토론을 이끌어줘. 나는 워크숍 끝날 때까지 진행자 역할만 할 테니까."

"진행자는 의견을 내면 안 되는 겁니까?"

"내 얘기로 선입견이 생겨 자기 의견을 자유롭게 내놓을 수 없거나 리듬이 깨질 수도 있어 참여하지 않을 작정이네. 때로 원활한 진행을 위해 개입하기도 하지만 말이야."

"아직은 개입할 때가 아니라는 말씀이시네요?"

"하하, 그렇게 되나? 어쨌든 지금은 정보를 정확히 전달하고 진행 상황을 파악하려고 해. 진행이 순조롭고 좋은 의견들이 나오는데 진행자가 굳이 이런저런 방향을 제시해서 혼란을 주고 싶지는 않아."

"사실 부장님을 비롯한 TFT 팀원들이 이 프로젝트에 대해 가장 많이 알고 이런 작업도 팀 안에서 할 수 있는 것 아닌가요?"

"그렇긴 해. 워크숍을 하는 것이 시간 낭비처럼 보일 수도 있는데 한 가지 중요한 차이가 있지. 바로 실행력의 차이야."

"실행력의 차이라뇨?"

"예를 들어, 외부 컨설팅 사가 맡거나 조직 내에서 TFT가 조직되어 어떤 결과를 빠르고 신속하게 냈다고 가정해 보자고. 그렇게 나온 결과가 논리적으로 타당하고 내용 또한 알차다고 할지라도, 이를 실행할 구성원들이 공감하지 못한다면 무슨 소용이 있을까?"

김영민 부장은 한경영 이사에게 들은 내용을 김 대리에게 설명해 주었다.

"핵심은 결과를 도출하는 데에 많은 사람이 참여해야 한다는 뜻이군요."

"외부 회사의 컨설팅을 받는 경우에, 내실 있는 회사일수록 내부 사람들이 많이 참여하는 워크숍을 여러 번 개최한다고 하더군."

"그럼 우리 경우에도 더 많은 사람이 참여해야 하는 것 아닌가요? 여기 온 사람이라고 해봐야 회사 전체 인원과 비교하면 턱없이 적은 숫자이지 않습니까?"

"맞아. 원칙적으론 이런 워크숍에 다수가 참여해야 하는데, 문제는 시간과 비용이 한정돼 있다는 거지. 그래서 워크숍엔 항상 좋은

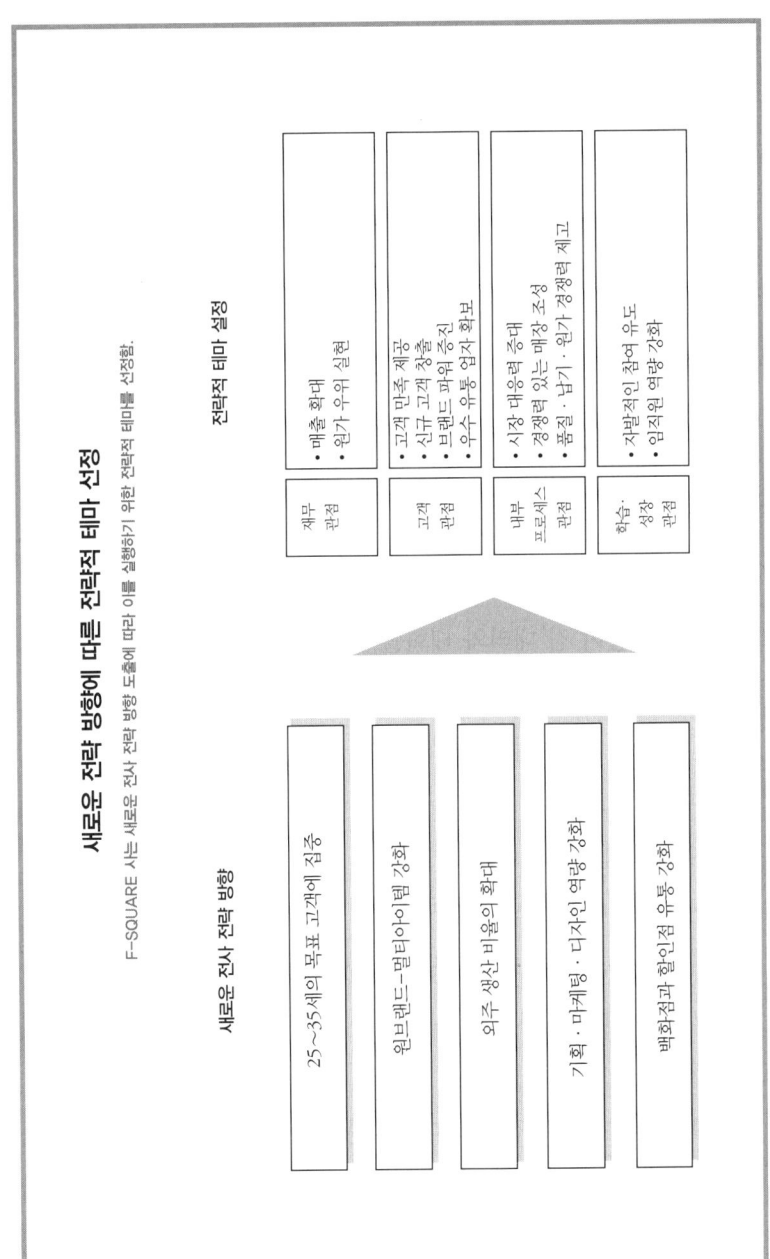

제2부 전략을 수정하고 BSC를 구축하다

의견을 많이 내고 진지하게 몰입하는 김 대리와 같은 자세를 가진 사람들을 선발하려고 하지."

"부장님도 참, 은근히 띄워주시는 것 같은데 워크숍의 좋은 결과를 기대하시는 거죠?"

"그런가?"

"그러지 않아도 박 과장님이 워크숍 참석자들이 회사 내 핵심 멤버들이라고 추어주시던데 기분은 좋더군요."

"아, 그랬나? 그런 일급 비밀을 누설하다니…. 하하하."

김영민 부장은 이곳으로 오는 도중 박영출 과장과 나눈 대화가 생각나서 웃음을 참지 못했다.

김영민 부장이 김 대리와 대화를 나누는 사이에, 각 조는 개별 토론에 들어갔다. 그러나 1시간을 예정했지만 결과 제출이 늦어졌고, 30분이 더 지나서야 발표 자료가 제출되기 시작했다. 3조의 결과 제출을 마지막으로 자료 취합이 끝나고 조별 발표가 시작됐을 때는 이미 밤 9시를 넘어섰다.

"먼저 3조부터 발표해 주십시오."

3조 조장을 맡은 추 과장이 발표를 시작했다.

추 과장은 관점 설정에 따른 조원들의 토론 사항을 요약한 슬라이드를 올려놓았다.

"저희는 네 가지 관점에서 다루지 못하는 것이 있다고 결론을 내렸습니다. 예를 들어 고객 관점에서 중간 고객이 제대로 나타나지 않는다는 것입니다."

"예를 들어 자세히 설명해 주십시오."

"우리 회사로선 공급 업체와 좋은 관계를 유지해야 하고, 유통 업자들과도 협조가 잘 이루어져야 사업에 유리합니다. 그런데 이런 관점이 반영되어 있지 않은 것 같습니다. 그리고 기업의 목적 중 하나인 지역 사회 봉사와 같은 것들도 매우 중요한 것들인데 그런 것을 반영할 만한 관점이 없다고 생각됩니다."

"다른 분들은 어떻게 생각하십니까? 의견을 말씀해 주십시오."

이것은 김영민 부장도 미처 생각하지 못한 지적이었다. 모두 한동안 말이 없었다. 잠시 후 1조의 김 대리가 말을 이었다.

"우선 공급 업자나 유통 업자들을 협력자 또는 중간 고객이라 할 수 있을 것 같습니다. 그들과의 관계가 매우 중요하다는 것을 우리는 잘 알고 있습니다. 그것을 부정하지는 않습니다. 그러나 그러한 관계를 우리의 비즈니스 프로세스로 인식해서 관련 프로세스가 잘 이루어지도록 하면 되지 않을까 생각합니다. 다른 관점을 추가해 이 문제를 풀어나가려면 복잡해지기만 할 것 같습니다."

"지역 사회 봉사 같은 것들은 어떻습니까?"

3조의 하 부장이 물었다.

"물론 우리가 공익성이 강한 조직이나 기업이라면 그런 것도 매우 중요한 관점이 될 수 있습니다. 그러나 우리는 이윤을 추구하는 조직으로서 우리의 비전과 전략을 달성하기 위해, 경쟁 우위와 획기적인 역량을 창출하는 요소들이 더 중요하다고 생각합니다."

"맞습니다. 모든 이해 당사자들을 다 포괄할 수는 없다고 생각됩니다. 저는 BSC가 전략을 실행하는 툴이라고 기억합니다. 그 의미를 완전히 알지는 못하지만 전략을 실행한다면 선택과 집중을 해야 하는 것이 아닌가요?"

김영민 부장은 이런 질문이 오가는 것을 들으며 내심 놀라움을 감추지 못했다. 핵심 인물들이라고 생각하고 선발했지만, 워크숍 참석자들이 예상보다 빠르게 문제의 핵심에 접근한다는 생각이 들었다.

이후에도 많은 문답이 오갔다. 각 조는 나름대로 결론을 내렸다.

"저희 1조는 재무, 고객, 내부 비즈니스 프로세스, 학습과 성장이라는 관점을 활용한다면 우리 기업의 가치 창출 원천을 설명하는 데에 문제가 없다고 생각했습니다."

"저희 2조도 같은 생각입니다. 다만 재무 관점을 성과 관점으로 바꾸는 것이 필요하다는 생각을 했습니다."

"재무 관점을 성과로 바꾸는 이유는 무엇인가요?"

3조에서 질문이 나왔다.

"재무 성과 외에 다른 성과들을 포괄하기 위해서입니다."

"구체적으로 어떤 성과를 말씀하시는 것인가요?"

"아직 확실히 규정할 수는 없지만, 예를 들어 환경적 측면이 우리 기업의 가치를 좌우하는 중요한 것이라고 가정할 때, 이 부문을 포함해야 한다고 생각합니다."

"저희 3조는 재무, 고객, 내부 비즈니스 프로세스, 학습과 성장 관점을 그대로 유지하는 것이 옳다고 생각합니다. 조금 전 2조에서 말씀하신 다른 성과가 전략을 실행하기 위해 중요한 측면이라면 고려해야겠지만, 꼭 그렇지만은 않은 것 같습니다."

"그 아이디어는 제가 생각해 본 것인데요, 환경적 측면이 왜 중요하지 않다는 것이죠?"

생산 본부의 황 과장이 조금 격앙된 목소리로 물었다.

"그런 뜻이 아닙니다. 우리에게 현재 전략을 실행하기 위해 정말 중요한 것이 무엇이냐를 생각해 보자는 것입니다."

"그것도 정말 중요합니다."

이 대목에서 김영민 부장은 진행자로서 토론 내용을 정리할 필요성을 느꼈다.

"잠시만 저도 한 말씀 드리겠습니다. 토론의 내용을 들어보니 사실 양쪽이 다 맞다는 생각이 듭니다. 그런 것도 매우 중요합니다."

김영민 부장의 이야기를 들은 생산 본부 황 과장이 '그것 봐라!' 라는 식의 득의만면한 표정을 지었다. 김 부장은 말을 이었다.

"저는 TFT 팀장으로서 본 워크숍을 준비하는 과정에서 바로 '관점이 참 중요하구나!' 하는 것을 느꼈습니다. BSC를 다른 관리 툴과 차별화시키는 것이 있는데 그것은 BSC가 비전과 전략으로부터 나온 것이었고 그렇게 됨으로써 전략의 줄거리를 정의할 수 있어야 한다는 것입니다."

"전략의 줄거리를 설명한다는 것이 뭐죠?"

"계속해서 강조하는 것이지만, BSC의 목표와 지표들은 인과 관계로 엮어 있어 이런 활동과 과제들을 실행하면 우리 전략이 실행되는 것이고, 우리 목표가 달성된다는 것을 보여주는 것이죠. 그래서 전략을 실행하는 툴이라고 하는 것입니다."

"그래서 어떻다는 말입니까?"

"여러분께서 관점을 생각하시면서 중요하다, 중요하지 않다는 생각에 사로잡히면 우리의 전략을 잃어버리게 됩니다. 이런 경우를 'BSC Trap'이라고 합니다. BSC의 본질인 전략의 실행을 잃어버리고 지표나 관점 등에 집착하며, 심지어 부서 이기주의에 빠진다는 뜻이죠."

"저희가 이야기한 환경적인 관점과 전략의 관계는 어떻게 생각하시는지요?"

생산 본부의 황 과장이 단도직입적으로 물었다.

"물론 중요합니다만, 저희가 지금 전사적으로 추진하려고 하는 전략 방향을 고려하면 인과 관계 성립이 어렵습니다. 이런 관점이 들어와 전략 과제가 개발되면 BSC 본질과 동떨어진 단순한 하나의 측정 지표가 될 가능성이 높습니다. 그것이 전략의 성공을 위해서 절대적으로 필요하다면 BSC에 통합되어야 할 것입니다. 어떻게 생각하십니까, 여러분?"

"굳이 환경적인 관점까지 손댈 필요는 없을 것 같습니다."

"저도 그렇게 생각합니다."

관점에 대한 토론은 대충 방향을 잡아갔다. 몇 사람의 추가 발언이 이어지면서 결론이 자연스럽게 도출되었다.

"그럼 우리의 관점을 재무, 고객, 내부 비즈니스 프로세스, 학습과 성장으로 정하고 계속해서 내일 워크숍을 진행하겠습니다. 오늘 저희가 많지는 않지만 간단한 간식거리를 준비했으니, 즐겁게 드시고 편히 주무십시오."

김영민 부장의 멘트가 끝나면서 짧은 박수소리가 이어졌다.

이미 시간은 10시를 넘어서고 있었다. 김영민 부장은 박영출 과장에게 오늘의 결과를 간략히 정리하라는 지시를 내리고 4층 숙소로 올라갔다.

우연인지 김영민 부장의 방은 4인용으로서 1조의 김 대리와 방을 같이 쓰게 되었고, 생산 본부의 황 과장은 바로 옆방이었다. 자연스럽게 두 방의 구성원들이 모여 간식을 같이 먹었다.

"김 부장님, 제가 잘못 생각하는 건가요? 내가 중시하는 점을 다른 사람들은 대수롭지 않게 생각하니 참 답답하네요."

"그렇지 않아요, 황 과장. 지극히 정상적이죠. 그러나 지금은 전사적인 차원에서 사장님 같은 입장에서 우리 기업을 봐야 합니다. 황 과장이 속한 본부에서는 너무 중요하지만, 전사 차원의 특정 전략을 실행하기엔 연관성이 떨어질 수 있다는 거죠."

"그럼 워크숍에서 하는 모든 일을 전략 실행의 관점에서 생각해야 한다는 겁니까?"

"빙고! 이제야 이야기가 되는군요."

"그래도 전 환경이 중요합니다. 몇 가지 환경 관련 지표가 나빠졌을 때 제가 받는 스트레스가 얼마나 큰지 아십니까? 전 그게 너무 중요하거든요."

"그렇죠, 맞습니다. 그래서 BSC를 활용하기 위해 지금 말씀하신 중요한 지표들을 같이 포함시켜 BSC를 구축하기도 하죠. 그런 지표가 없을 때 어느 부서의 사람들은 BSC가 내가 하는 일의 20퍼센트도 설명하지 못한다고 생각하기도 합니다."

김영민 부장이 쉽게 설명해 가자, 황 과장도 차츰 그 뜻을 이해하는 것 같았다.

다음날 아침 김영민 부장은 6시가 채 되기도 전에 눈을 떴다. 평소보다 조금 일찍 일어났는데, 아무래도 워크숍에 대한 부담감과 잠자리가 바뀐 탓이었다. 김 부장은 잠시 자리에 앉아 명상을 했다. 이것은 10여 년 전부터 해 온 김 부장의 습관이었다. 잠깐의 가부좌와 사색. 이런 행동은 김 부장에게 아이디어 노트를 갖는 습관으로 이어졌다. 오늘은 기록할 만한 아이디어가 별로 떠오르지 않았다. 워크숍 참석자들이 관점별 전략 과제와 지표를 잘 이해하고 좋은 결과를 낼 수 있을 것인가에 대한 걱정만이 앞섰다.

아직 시간이 일러 김영민 부장은 산책을 나갔다. 멀리 호수의 서편 오솔길을 거닐고 돌아오다가 박영출 과장을 만났다. 박 과장은 조깅을 하고 있었다.

"박 과장, 조깅하나?"

"예, 저도 운동을 해야 할 것 같아 조금씩 하고 있습니다."

"어젠 잘 주무시고…."

"예, 꿀잠이었습니다. 일찍 일어나셨네요. 평소에도 일찍 일어나시는 편이죠?"

"아침 산책을 즐길 정도로 일찍 일어나는 건 아니야. 오늘은 출근할 부담도 없고 해서 잠깐 산책이나 하려고 나섰지. 어제 토론 결과 정리는?"

"결과가 단순하지 않습니까? 최종 결과와 주요 토론 내용만을 정리해서 조별로 배포할 수 있도록 해 놓았습니다."

"고생했어."

박 과장과 인사를 하고 돌아선 김 부장의 눈에 복숭아나무 한 그

루가 들어왔다. 김 부장은 꽃이 핀 모습을 바라보다가 어릴 적 자라난 고향이 생각났다. 마을의 우물가에는 이맘때면 복사꽃이 흐드러졌다.

오랜만에 복사꽃을 본 김영민 부장이 반가운 마음에 나무로 다가가는데, 꿀벌 한 마리가 잉잉거리며 스쳐 날아갔다. 갑자기 꿀벌이 나타나자, 김 부장은 자신도 모르게 몸을 사렸다.

'이른 아침인데 벌써 꿀을 모으러 다니나. 굉장히 부지런한 녀석이네.'

김영민 부장은 자신을 놀라게 한 벌을 너무 칭찬한 게 아닌가 하고 생각했다.

'아니지, 저 녀석은 어제 꿀 수집 목표량을 채우지 못한 놈일 수도 있지. 맞아, 그럴 거야.'

복숭아나무를 지나치면서 김 부장은 핵심 성과 지표와 관련된 한 가지 재미있는 비유가 떠올랐다.

'녀석의 관리자가 꿀 수집에 들인 시간이나, 꿀을 구해 돌아다닌 꽃의 개수 같은 것들을 갖고 녀석을 측정했다면 어떻게 됐을까?'

김 부장은 문득 생각난 이 아이디어를 항상 지니고 다니는 작은 아이디어 노트에 적었다.

'핵심 성과 지표에 대해 설명할 때 비유로 써먹을 수 있겠어!'

김영민 부장은 복사꽃 주변을 좀더 서성대다가 이윽고 숙소로 발걸음을 돌렸다.

13. 정복할 고지를 찾아라

김영민 부장이 숙소로 들어온 시간은 8시경이었다. 같은 방을 쓴 사람들이 모두 일어나 부산하게 다음 일정을 준비하고 있었다. 아침 식사를 마치고 회의실에 도착하니 9시였다. 회의실을 둘러보니, 웬일인지 세 사람이 보이지 않았다.

"어제 다들 잘 주무셨습니까? 그런데 몇 분이 아직 안 오신 것 같네요. 어디 가셨습니까?"

김영민 부장이 궁금해하자, 몇 사람이 싱긋 웃었다.

"어젯밤 간식을 안주 삼아 몇 잔 하더니 늦잠을 자는 것 같아요. 다른 오락도 즐겼을 겁니다. 금방 올 겁니다."

'다른 오락'이 무엇인지 모두 알아차린 눈치였다.

"알겠습니다. 이런 경치 좋은 곳에 와서 술 한잔 놓고 담소를 나누는 것도 멋이지요. 자, 오늘은 일정표대로 전사 전략 과제와 지표를 개발하는 단계입니다."

이때 늦잠을 잔 사람들이 슬그머니 회의실에 들어왔다.

김영민 부장은 '많이 따셨습니까?' 하며 겸연쩍어하는 사람들의 마음을 편하게 해주었다.

"먼저 어제 토론 내용과 관점에 대한 결과를 나눠드렸는데, 덧붙여 코멘트하실 분이 있습니까?"

"코멘트라기보다 질문이 있습니다. 지금 정한 관점이 본부 이하 하부 조직에도 그대로 적용되는 것입니까?"

"예, 그렇습니다. 무슨 문제라도…."

"그게 아니고…. 하부 단위에도 그대로 적용되는지 아니면 새로운 관점을 설정해야 하는지 궁금해서요."

"관점은 하부 단위까지 동일하게 유지될 것입니다. 필요에 따라서 관점 밑에 하부 관점을 추가로 설정할 수는 있습니다."

"하부 관점은 어떤 것인가요?"

"각각의 관점을 세분화해서 전략 과제 개발을 더욱더 용이하게 할 수 있는 것이라고 생각하면 됩니다."

"구체적인 예를 들어 설명해 주십시오."

"예컨대 학습과 성장의 관점에서 전략 과제를 개발할 때 학습과 성장을 인력 양성, 조직 문화, 기술 및 정보 축적이라는 관점에서 보겠다고 세분화하면 그것이 하부 관점이 되는 것이죠."

"하부 관점을 꼭 설정해야 합니까?"

"꼭 그렇지는 않습니다. 하부 관점은 전략 과제를 선정해야 할 관점별 주요 영역으로서 전략 과제 선정의 기준을 제시합니다. 따라서 전략 과제 개발을 풍부하게 할 수 있다는 장점이 있지만 꼭 필요한 것은 아니라고 봅니다."

"알겠습니다."

"그럼 전략 과제 개발을 위한 조별 토론을 시작합니다. 나눠드린 자료를 보시면 기존에 저희가 추진하던 많은 일들이 정리되어 있습니다. 자료를 참조하시면 전략 과제 개발 때 크게 도움이 될 겁니다. 특히 전략 과제를 발굴하실 때 저희가 나눠드린 양식을 활용하시면 좋습니다. 비전과 전략 방향을 참조해서 고객을 정의하는 것이 첫번째 단계입니다. 예를 들어 F-SQUARE 사는 고객이 명확합니다. 바로 소비자를 말합니다. 그러나 우리의 제품과 서비스를 구매하는 사람만이 고객은 아닙니다. 종업원도 넓은 의미의 고객이 되는 것이고, 유통 업자도 고객이 됩니다. 이 밖에 공급 업자를 비롯해 정부도 고객이 될 수 있습니다. 이렇듯 전략 과제를 개발하기 위해서는, '집중해야 할 고객'을 선정하는 것이 매우 중요합니다. 두 번째는 고객의 가치 속성을 이해하는 일입니다. 즉 고객은 어떠한 속성에서 가치를 느끼는지 이해하는 것입니다. 간단한 예를 들어볼까요? 여러분은 디지털 카메라를 구입할 때 어떤 점에서 비용을 지불할 가치를 느낍니까? 가격, 디자인, 화소수, 사후 서비스 등 여러 가지가 있을 것입니다. 여러분이 무엇을 중요시하는지에 따라, 디지털 카메라 제조사들이 전략적으로 수행해야 할 과제가 달라집니다. 이러한 가치 속성은 고객에 따라 정의하기 매우 어렵습니다. 따라서 정확한 고객 정의가 선행되어야 하는 것입니다. 세 번째는 이러한 이해를 바탕으로 고객이 느끼는 가치를 높일 수 있는 전략 과제를 개발하는 것입니다. 병원의 예를 들어볼까요? 응급실에 오는 환자들은 진료의 신속성에 대단한 가치를 부여합니다. 따라서 응급실은 신속한 진료가 이루어지도록 전략 과제를 발굴해서 실행해야 합니다."

워크숍 참가자들은 김영민 부장의 차분한 설명에 이해가 간다는 듯 고개를 끄덕였다.

김영민 부장은 이것으로 전략 과제 선정 방법에 대한 설명이 충분하다고 느꼈다. 이번에는 전략 지도의 개념을 설명할 차례였다.

"또 한 가지, 전략 과제를 선정하고 제대로 됐는지 전략 지도를 작성해 보시기 바랍니다. 혹시 자료를 자세히 읽어보신 분은 있으신가요?"

"예, 무척 흥미로운 개념을 담고 있더군요. 전략 지도를 만들면 우리의 전략을 명확하게 이해할 수 있다는 생각이 들었습니다."

영업 본부의 조 부장이 매우 흥미롭다는 투로 대답했다.

"맞습니다. 전략 지도는 한 조직의 경영 전략이 성과로 연결되는 모습을 설명하는 것입니다. 낯선 전장에서 병력을 지휘해 작전을 수행하는 장군에게 절대적으로 필요한 지도와 같은 것이 전략 지도입니다."

"경영진에게 도움이 된다는 말씀이군요."

"경영진에게만 도움이 되는 건 아닙니다."

"좀더 자세히 설명해 주시죠."

"경영진은 전략 지도의 세밀한 작성과 검토를 통해, 기업의 상황과 기업 경영의 취약점을 직시할 수 있습니다. 따라서 자원 배분이 가능해집니다. 또한 목표 달성을 위한 과제 설정이 가능하고 제품, 서비스, 프로세스에서 전문성이나 혁신을 추진할 수 있도록 합니다. 한편 임직원과 원활한 의사 소통의 도구로서 전략 지도를 활용하기도 합니다. 일반 직원은 과거 기업 경영의 단편적인 정보만을 제공받던 한계에서 벗어날 수 있습니다. 예를 들어 과거 재무 결과만을 알게 되던 한계에서 벗어나, 기업의 미래에 관련된 여러 관점의 활동에 대한 다양한 정보를 얻게 되는 것입니다. 따라서 자신이 하는 일이 회사의 비전과 전략을 실행하는 데에 어떤 연관성이 있는지 포괄적으로 알 수 있다는 것이죠."

"매우 중요한 개념인 것 같은데, 이것이 일반화된 것입니까?"

"그렇진 않습니다. 더구나 전략 지도를 세밀하게 작성하는 것이 매우 어렵다고 하더군요. 저희 자문 회사인 파로스 사의 자문에 따르면, 전략 과제나 지표 간의 인과 관계까지 규명되어야 '완성된 전략 지도'가 나올 수 있다고 합니다. 이 작업은 무척이나 어렵고 시간도 많이 든다고 들었습니다."

"휴, 그런 어려운 작업을 떠맡긴다는 말입니까?"

생산 본부의 유 과장이 다소 장난스럽게 물었다.

"그렇게 말씀하시니 송구스럽습니다. 물론 지금 말씀드린 수준의 전략 지도까지는 어렵겠지요. 현업을 하시는 여러분이 수긍할 만한 수준에서, 개념적으로 만들어 보셔도 많은 도움이 될 것입니다."

전략 과제 개발과 전략 지도에 대해 더 이상 질문이 없는 것을 확인한 김영민 부장은 서둘러 워크숍을 진행시켜 나갔다.

"그럼 제가 말씀드린 것들을 참조하시고, 토론을 실시해서 관점별 전략 과제를 발굴해 주시기 바랍니다. 2시간 후에 전체 미팅을 갖겠습니다."

각 조는 분임 토의실을 사용할 수 있었다. 1조는 세미나실을 그냥 사용하기로 하고, 나머지 3개 조는 분임 토의실로 갔다.

김영민 부장은 4개 조의 진행을 점검하고 결과를 독려하기 위해 각 조를 돌아보기로 생각했다. 김 부장은 세미나실에서 토론을 시작한 1조 옆에 자리를 잡았다. 1조는 조장인 김 대리를 중심으로 어제 결과를 검토하고, 해야 할 일을 명확히 점검했다.

먼저 조장인 김 대리가 말문을 열었다.

"어제 TFT가 분석한 자료와 전략 방향에 대해 이야기를 들었고 어제 늦게까지 BSC 관점을 설정했습니다. 이제부터는 지금까지의 자료와 현장 경험, 결과를 바탕으로 전략 과제를 선정하는 시간입니다."

"거기까지는 언더스탠드. 그런데 그 다음부터 좀 복잡해서…."

1조에 속한 한 참가자가 농담하듯이 하소연했다.

"저도 마찬가집니다. 이렇게 하면 어떨까요? 관점별로 담당을 정해 각각의 전략 과제를 만들고 취합해 보는 것이죠."

"좋은 제안이긴 한데, 내가 이해한 바로는 그 방법도 좀 문제가 있을 것 같아."

조 부장이 이의를 제기했다.

"왜냐하면 내 생각엔 재무 관점의 전략 과제라는 것이 BSC에 있는 다른 관점의 전략 과제들과 인과 관계로 연결되는 것이란 말이지. 따라서 다른 관점의 전략 과제들을 잘 수행해서, 재무 관점의 과제들과 연결시켜야 하지 않겠어? 재무 관점부터 차근차근 가는 것이 좋을 것 같아. 김 부장, 내 의견이 어떻습니까?"

김영민 부장이 배석한 걸 보고 조 부장이 의견을 물었다.

"정확하게 이해하신 것 같습니다."

김영민 부장이 환한 웃음과 함께 대답했다.

"그럼, 다른 반대가 없다면 재무 관점부터 보도록 하지요. 재무 관점의 과제는 무엇이 되어야 하나요?"

조장인 김 대리가 조원들을 둘러보며 질문을 던졌다. 다른 사람들이 묵묵부답이자, 김 대리가 먼저 이야기를 꺼냈다.

"재무 관점에는 기업의 전통적 관리 요소들을 많이 수렴하는 것 같습니다. 재무에 문외한인 제가 보아도 과거 우리 귀에 익은 과제들과 비슷한데, 맞습니까?"

김 대리는 흥미로운 것을 발견했다는 표정이었다.

"맞아요. 전통적 시각과 크게 다르지는 않습니다. 다만 그 관리 요소들을 다른 관점의 요소들과 인과 관계로 연결해 관리하는 것이 BSC의 차별점이라고 저는 이해합니다."

다른 사람이 동조했다.

"그럼 과제별로 명문화해 나가야 할 것 같은데, 일단 적어보겠습니다."

김 대리는 화이트보드를 앞으로 끌어당기며 말을 이었다.

"우선 재무 관점의 전략 과제라는 것은 일반적인 기업들의 것을 참조하면 될 것 같습니다. 우선 한번 적어보죠. 예를 들어 재무 관점의 과제는 우리 회사의 주인이라 할 수 있는 주주들에게 어떻게 보이느냐 하는 측면에서 과제를 선정하면 될 것 같습니다. 그래서 저는 '기업 가치 증대'를 먼저 제안합니다."

조장인 김 대리의 제안에 한 사람이 의문을 제기했다.

"그거 너무 일반적인 것이 아닌가요? 요컨대 '영업 이익 20퍼센트 증가', 뭐 이런 것이 전략 과제가 되는 건가요?"

김 대리가 이 말을 듣고 고개를 한번 갸우뚱하더니 김영민 부장 쪽을 돌아보며 지원을 요청했다.

"그건 구체적인 목표 같은데, 구체적인 목표까지 지금 잡아야 하는 것인가요? 마침 김 부장님이 계시니 답변해 주십시오."

김영민 부장은 빙그레 한번 웃고 김 대리의 요청을 받아들였다.

"구체적인 목표는 전략 과제를 선정한 후에 KPI 정의서를 작성하면서 잡으면 됩니다. 따라서 여기서는 기업 가치 증대가 우리 성과를 말해 주는 정점이 될 수 있는지 판단하면 되지 않을까요?"

"우리 성과의 정점이라구요? 아, 그렇게 하면 '기업 가치 증대'는 명확해지겠군요!"

"맞습니다. 무척 자명하네요."

"그럼, 첫번째 전략 과제로서 기업 가치 증대를 놓기로 하겠습니다. 또 다른 의견을 말씀해 주십시오."

김영민 부장은 이번엔 4조가 모여 있는 분임 토의실로 향했다. 사람들이 바깥에서 서성거리는 것이 보였다.

"잘돼 가나, 박 과장?"

"잠깐 쉬기로 했습니다. 조원 각자의 이해도가 너무 달라, 어떻게 논의를 전개해 나갈지 갈피를 못 잡겠어요!"

박 과장이 이마의 땀을 손으로 훔치며 난감한 듯이 말했다.

"지금 이슈가 뭔가?"

"목표 고객 만족도 향상을 전략 과제로 삼을 것인지에 대해 토론하고 있습니다."

"목표 고객 만족도는 명확한 것이 아닌가? 반대 의견은 뭐지?"

"모든 고객에 대한 만족도 향상이 우리의 전략 과제가 되어야 한다는 의견이 나오고 있습니다."

"그 의견을 낸 분이 혹시 지난번 비전 및 전략 워크숍에 참석한 분이 아니신가?"

"맞습니다."

"그렇군. 박 과장은 어떻게 할 생각이야?"

"글쎄요. 제 생각대로 될지는 몰라도 우리의 전략을 다시 한번 검토하고 토의해야 할 것 같습니다. 왜 우리가 목표 고객을 좁혀야 하는지 이해한다면 초점이 모이지 않을까 싶어서요."

"아마 그럴 거야. BSC를 구축할 때 자꾸 비전 및 전략을 간과하는 것이 문제인 것 같아. 비전 및 전략으로부터 과제나 지표가 나온다는 점을 항상 고려한다면 의견이 한 군데로 모일 수 있을 거야."

사실 김영민 부장은 마음이 급했지만, 그렇다고 어떤 예단을 갖고 단정적인 결론을 유도할 수는 없었다. 참가자들의 의견을 최대한 수렴하면서 서로 공유하는 것도 워크숍의 주요 목적 가운데 하나이기 때문이다. 시간이 걸리고 시행착오가 따를지라도, 활발한 의견이 오가도록 지켜보는 것이 최선책이라고 김 부장은 다시 생각했다.

박영출 과장과 헤어져 3조를 방문했을 때 김영민 부장은 조장을 맡고 있는 추 과장이 칠판 앞에 서 있는 것을 보았다.

칠판은 필체가 각기 다른 글씨로 판서가 되어 있어 매우 어지러웠다. 많은 의견들이 오간 것 같았다.

"글쎄요. 제 생각엔 '시장 대응력 증대'라고 하면 너무 애매한 표현이 아닌지…."

"딱히 좋은 표현이 떠오르지 않아…. 하지만 의미는 이렇습니다. 우리가 패션 업체로서 경쟁력을 잃어가는 건, 결국 시장의 변화를 감지하지 못했다는 것이죠. 그러다 보니 고객의 욕구에 맞출 수 없는 것 아닙니까?"

"그렇다면 시장 대응력 강화의 핵심은 시장 조사 기능이라는 말씀입니까?"

"꼭 그렇진 않습니다. 시장 조사는 마케팅 본부에서 주로 해야 할 일이겠지요. 다른 본부에서도 시장의 변화에 대응해서 할 일이 많다고 생각합니다."

"맞습니다. 시장 조사 기능만으로는 시장 대응력이 갖는 의미를 표현해 낼 수가 없습니다. 어제 우리가 들었던 시장의 변화를 보고 시장 조사 기능을 강화해야겠다고 생각하는 건 한 부분일 뿐이죠."

"지금은 전사 과제를 이야기하는 시간이니, 시장 대응력 강화라는 과제를 선정하는 것이 맞다고 생각합니다. 그리고 본부 전략 과제를 선정할 때 좀더 구체적으로 각 본부에서 할 수 있는 과제로 전환해야겠지요. 예를 들어 시장 조사 기능 강화라는 과제는 마케팅 본부에서 과제로 선정하면 되지 않을까요?"

"저도 그 의견에 동의합니다. 패션 산업은 경쟁력의 원천이 바로 시장에 있습니다. 따라서 시장 조사 기능 외에도 고객의 라이프 스타일과 감성을 따라잡을 수 있어야 할 것입니다. 시장 조사 기능 강화는 다 포괄할 수 없다는 생각이 듭니다."

여기까지 진행된 것을 보고 김영민 부장은 3조를 떠나 다른 조로 발걸음을 옮겼다.

김영민 부장이 2조의 분임 토의실을 찾았을 때는, 이미 오전 11시를 넘어섰다. 2시간 내에 정리를 해달라고 했으니 이제 각 조의 의견이 취합되어야 할 시간이었다. 그런데 쉽지 않을 것처럼 보였다.

김영민 부장이 분임 토의실로 들어서자, 하 부장이 반갑다는 표시로 손을 들어 보인다.

"김 부장님, 어서 오세요. 우리 좀 도와주시구려."

"잘 진행되는 것 같은데요."

"그게 그렇지 않습니다. 저희는 학습과 성장 관점의 전략 과제들을 정리하고 있는데 범위가 너무 많은 것 같아요."

하 부장이 그렇게 말하지 않아도 화이트보드는 소비자, 내부 고객, 유통 업자라는 고객 개념이 정의되었고, 브레인스토밍에 따른 것인 듯 20여 개의 의견들이 나열되어 있었다.

"글쎄요. 사실 전략 과제의 숫자에 정해진 기준이 있는 것은 아닙니다. 그러나 전사의 과제로 볼 것인지 아니면 하부 단위 과제로 볼 것인지 판단을 내려야 합니다."

김영민 부장의 말은 곧 전사 수준에 맞는 과제를 선정해 달라는 주문이었다.

"전략 과제간의 수준을 고민해 보라는 말씀이군요."

"그렇습니다. 예를 들어 칠판에 써 있는 것 중, 우수 인력 확보와 제품 개발 역량 강화라는 두 가지 과제를 볼 때 한 과제가 다른 과제를 포괄할 수 있는 것은 아닌지 생각해 보면 어떨까요?"

"아! 우수 인력 확보는 그룹 전체의 인력 수급을 담당하는 경영기획실의 전략 과제로 구분할 수 있겠네요. 그리고 우수 인력 확보는 제품 개발 역량 강화의 한 요소가 되는 것이고요."

"그렇게 할 수 있습니다. 그렇게 해 놓으면 전사 전략 과제와 본부 전략 과제가 인과 관계로 연결되어 정렬이 이루어졌다고 할 수 있죠."

"그걸 더 쉽게 정리할 방법은 없습니까?"

"직관을 통해 얻은 아이디어들을 논리적으로 연결시켜 보시는 것도 좋은 방법입니다. 여러분이 다 아시는 방법인 로직 트리를 이용하는 거죠."

"아, 로직 트리가 있었지! 그게 이런 데 활용될 줄은 몰랐네."

최 과장은 김영민 부장의 말이 끝나자, 여백이 남아 있는 칠판 오른편으로 몸을 움직였다. 최 과장은 칠판에 관점과 고객을 적어놓고 각 전략 과제를 트리 구조로 연결시키는 작업을 할 차례였다.

김영민 부장은 시계를 한번 들여다보고 여태까지의 논의를 정리할 시간을 더 주어야겠다고 판단했다.

"여러분이 하시는 작업에 시간이 좀더 필요하신 것 같아 시간을 좀 연장하겠습니다. 다른 조들도 사정이 마찬가지일 겁니다. 12시까지 결과를 제출해 주시고 식사 후엔 세미나실로 모여주십시오."

시간을 낮 12시로 연장했지만, 3조는 여전히 전략 과제안을 제출하지 못했다. 김영민 부장은 박영출 과장에게 3개 조가 제출한 전략 과제들을 검토해, 유사한 과제들로 그루핑해 달라는 부탁을 하고 먼저 식당으로 갔다.

오후 1시가 되자, 참가자들이 속속 세미나실로 모여들었다.

김영민 부장은 조별로 순서를 정해 주고 발표를 진행하도록 요청했다. 1조의 조 부장이 첫번째 발표자로 나섰다.

"안녕하십니까? 1조 발표를 하도록 하겠습니다. 저희는 단순하게 했습니다. 물론 여러 이야기가 나왔지만 전사보다는 본부 전략 과제에 더 맞는 것 같다고 판단한 것들이 많았고, 토론을 통해 통합 과정을 거치기도 했습니다. 먼저 재무 관점을 보시겠습니다. 저희는 어쨌든 우리 회사의 최종 과제는 수익성을 증대해야 한다는 것으로 결론을 내렸습니다. 수익성을 증대하기 위해서는 매출을 늘려야 할 것이고 원가 절감 노력을 계속해야겠지요."

"단순히 매출 증대가 전략 과제인가요?"

"그렇진 않습니다. 매출 증대라는 주제에 우리의 전략 방향을 접목해 '목표 고객 매출 증대' 라고 했습니다."

"저희는 '패션 매스 매출 확대' 라고 했는데 비슷하군요."

"저희는 20~30대 패션 리더 매출 혁신이라고 했습니다. 뜻이 비슷한 것 같군요."

"저희는 '명품 브랜드 매출 확대' 를 전략 과제로 선정했습니다. 사실 패션을 이끌어가는 것은 명품 브랜드가 아닙니까?"

매출 증대라는 테마가 나오자, 여기저기서 자기 조에서 논의한 관련 사항을 밝혔다.

"물론 우리가 명품 브랜드를 만들어 가야 하는 것은 맞는데, 너무 앞서 나간 과제는 아닌가 싶습니다."

"우리의 비전에서 세계적 패션 브랜드를 보유하자고 했습니다. 그렇다면 세계적 패션 브랜드는 명품이 아닌가요?"

"꼭 그렇게 생각할 수는 없을 것 같습니다. 세계적 패션 브랜드의 정의를 한번 자세히 보아야 하는데, 먼저 국내 목표 고객군에서 매출과 영업 이익이 1위가 되는 것으로 정의되어 있습니다."

"그렇습니까? 제가 미처 확인하지 못한 정의이네요."

"지금 생각난 것인데, 4조에서 이야기하신 명품 브랜드 매출 확대는 현실적으로 우리가 할 수 있는 과제는 아니라고 생각합니다. 그 대신 저희 브랜드 중에서 고급 브랜드의 매출을 확대해야 하는 것은 맞습니다. 어차피 패션은 고급 브랜드가 이끌어가지 않습니까? 따라서 고급 브랜드 매출 확대라는 전략을 추가했으면 합니다."

"정말이지, 그건 꼭 추가해야 할 것 같네요. 지금도 사실 고급 브랜드를 담당하는 팀은, 구색 맞추기 정도라는 인식 때문에 좀 피해 의식이 있는 것 같아요. 이제 이런 과제를 전사 전략 과제로 선정하면 자원을 더 투입할 수 있겠지요."

토론은 끊임없이 이어졌다. 좋은 아이디어도 많이 나왔지만, 시간이 너무 지체되었다. 이때 김영민 부장이 의사 진행 발언을 했다.

"지금 과제 하나에 너무 많이 시간을 쓰고 있습니다. 일단 다른 분들의 의견을 공유하고 2차 분임 토의에서 조별 최종안을 내주시면 좋겠습니다."

1조의 발표가 계속되었다.

"재무 관점의 두 번째 전략 과제로, 우리는 업계 내 '원가 우위 리더'라는 것을 설정했습니다."

"표현이 다소 난해하군요. 원가 우위 리더가 전통적으로 저희가 알고 있는 원가 절감과는 무엇이 다른가요?"

"예, 그 점을 좀 설명해 주십시오. 저희 조는 그냥 원가 절감이라고 했거든요."

"원가 우위 리더는 무조건적 원가 절감과는 좀 다르다고 보셔야 합니다. 원가 절감을 한다고 패션성이나 품질을 잃어버리는 일은 없어야 할 것입니다. 따라서 업계 내 원가 우위 리더는 동일한 품질과 가격대의 경쟁사 제품대비 낮은 원가 전략을 구현하겠다는 점을 명확히 한 것이라고 보시면 됩니다."

"의미는 크게 다르지 않은데, 조금 정교해진 느낌이네요."

중간중간 동조와 반론의 얘기가 오가는 중에도, 1조의 발표는 계속 이어졌다.

"고객 관점의 전략 과제로서 저희는 최종 목표 고객과 중간 유통업자의 처지를 감안해 전략 과제를 선정했습니다. 먼저 유통 업자 측면을 말씀드리면, '유통 업자와 윈-윈 관계 구축'이라는 과제로 요약할 수 있습니다. 우리는 과거에 유통 업자들을 우리의 전략에 충분히 고려하지 않은 것으로 생각됩니다. 그들에게 한푼의 이익을 더 주면, 그게 곧 우리의 손실로 이어진다고 생각했죠. 이젠 이런 낡은 생각을 버려야 할 때가 아닌가 생각합니다."

"원칙적으로 맞습니다. 유통 구조가 변화되어 직영점이 퇴조하는 상황에서 유통 업자와의 전략적 관계가 구축되지 않으면 우리의 전략을 효율적으로 실행하기가 매우 어렵다고 생각합니다. 저희 조는 '중간 고객 만족도 향상'이라고 과제를 정했는데 '윈-윈 관계 구축'도 좋다고 생각됩니다."

"좀 구체적인 이야기인데 어떤 세부 전략이 가능합니까?"

"예를 들어 저희가 생각하기에 우선 우리의 직영점에서만 판매하던 고급 제품들을 향후 유통 업자들을 통한 유통으로 전환시켜 그들의 이익을 좀더 확대해야 한다고 생각합니다."

"방향은 그게 맞는 것 같네요. 동의합니다. 저희도 그런 이야기를 했는데 구체적인 그림을 그리지 못했거든요."

"고객의 측면에서는 신규 고객을 창출하고, 목표 고객의 만족도 향상이라는 과제가 역시 가장 중요하다고 생각합니다."

참가자들의 토론이 시간이 갈수록 열기를 띠었다. 토론은 밤늦게까지 계속되었다. 전사 전략 과제는 두 번의 조별 토론과 전체 토론을 거쳐서야 대강의 합의가 이루어졌다. 결국 워크숍 일정은 애초 계획인 저녁 9시를 훨씬 넘어 11시가 되어서야 끝날 수 있었.

김영민 부장은 온몸이 물 먹은 솜처럼 처졌다. 이나마 버틸 수 있는 것은 평소 체력 관리를 해 둔 덕분이었다.

14. SMART 법칙으로 성과 지표를 정하다

다음날 김영민 부장은 어제와는 달리, 8시가 다 되어 눈을 떴다. 그것도 같은 방에서 잔 김 대리가 세면을 마치고 욕실에서 나오는 기척에 잠이 깬 것이다.

"부장님, 피곤하신가 봐요. 코도 많이 고시던데요."

"그랬나? 미안해. 내가 술을 많이 마시거나 피곤하면 코를 골아."

김영민 부장이 대충 세수를 하고 콘도의 1층 식당에 도착한 것은 8시 30분, 아침 식사가 끝나 가는 시간이었다. 하 부장과 몇 사람이 같은 식탁에 앉아 식사하는 것이 보였다. 그들도 이제 막 식사를 시작한 듯했다.

"하 부장님, 좋은 아침입니다!"

"어서 오세요. 내가 제일 늦은 줄 알았는데, 김 부장님이 더 늦으셨네요."

"피곤하시죠?"

"저보다야 김 부장님이 더 피곤하시겠죠. 이것저것 준비하시느라 고생이 많으신 것 같은데…. 워크숍 진행중에도 계속 각 조를 오가며 챙기시고 결과물도 정리해야 하지 않습니까?"

"별 말씀을요! 모두 진지하게 참여해서 힘든 줄 모릅니다."

"원래 저도 이런 프로젝트에 관심이 많았는데, 이번 워크숍에 참여하면서 참 많이 배우는 것 같습니다."

"그렇게 생각해 주시니 무척 고맙습니다."

김영민 부장이 아침 식사를 서둘러 끝내고 세미나실로 들어서자, 삼삼오오 한담을 나누던 참가자들도 하나둘씩 제자리에 앉았다. 박영출 과장과 준비 사항을 점검하고 나서, 김영민 부장은 오늘 일정의 시작을 좌중에 알렸.

"어제 고생 많으셨습니다. 많이 피곤하시죠? 워크숍을 주관하는 입장으로서 어제와 그제 이틀간은 정말 여러분께 죄송한 마음입니다. 여러분이 고생하신 결과로 어제 저희는 중요한 결과를 얻었습니다. 저희 TFT가 더 발전을 시켜야 하겠지만, 어제 대강 합의된 전사 전략 과제는 매우 중요한 의미가 있습니다. 회사 전략을 실행하기 위해 전체 조직이 꼭 해야 할 일들을 규정하기 때문이죠. 오늘이 우리 워크숍 마지막 날입니다. 항상 끝이 좋으면 다 좋다고 하지 않습니까? 피곤하시더라도 마지막까지 열정을 가지고 참여해 주시면 감사하겠습니다. 오늘은 핵심 성과 지표를 만드는 것이 주요한 과제입니다. 흔히 KPI라고 하지요. BSC 구축에 필요한 전 과정이 중요합니다만, 특히 핵심 성과 지표를 제대로 도출했는가의 여부가 BSC 구축에 결정적인 역할을 합니다. 핵심 성과 지표가 제대로 만들어지지 않으면 조직의 전략 과제 수행 성과를 제대로 파악할 수 없기 때문입니다."

김영민 부장은 각종 핵심 성과 지표에 대한 예를 들어 가며 핵심 성과 지표의 종류와 특징들을 설명해 나갔다.

"지표를 만들 때 특기할 사항은, S.M.A.R.T하게 만들어야 한다는 겁니다. Smart를 떠올리시면 쉽게 기억이 될 것입니다."

김영민 부장은 화이트보드에 각 알파벳이 뜻하는 바를 풀어 쓰기 시작했다.

"S는 Specific, 즉 구체적이어야 한다는 것입니다. 구체적이어야 한다는 뜻은 전략 과제의 달성 여부를 구체적으로 나타낼 수 있어야 한다는 것입니다. M은 Measurable, 다시 말해 '측정'할 수 있어야 한다는 것입니다. 아무리 좋은 지표라도 우리가 가진 데이터와 프로세스로서 측정해낼 수 없다면 지표로서 선택이 불가능합니다. A는 Attainable, 즉 달성 가능한 지표라야 한다는 것입니다. R은 Result, 즉 전략 과제를 통해 구체적으로 달성하는 결과물이어야 합니다. T는 Time-bound, 즉 일정한 시간 내에 달성 여부를 확인할 수 있어야 한다는 것이죠."

김영민 부장은 이어서 어제 아침 산책길에서 얻은 아이디어를 화이트보드 위에 적으면서 설명을 시작했다. 어제 아침 갑작스레 나타난 꿀벌에게서 얻은 아이디어였다.

"쉽게 설명이 되도록 꿀벌주식회사를 예로 들어봅니다. 당연히 꿀벌주식회사의 전략 과제 중 하나는 꿀을 많이 모으는 것입니다. 꿀벌들이 열심히 꿀을 모으고 있습니다. 꿀벌의 성과를 측정한다면 어떤 평가 지표를 써야 하겠습니까?"

"꿀의 양을 보아야 합니다."

"좋습니다. 여러분 모두 이미 잘 알고 계시는 것 같습니다. 그런데 꿀벌이 방문한 꽃의 개수를 지표로 삼는다면, 이것이 과연 Specific, 즉 구체적인 것일까요? 결코 구체적이지 못한 지표일 겁니다. 이 같은 관리를 계속한다면 꿀벌주식회사는 망할 수밖에 없습니다."

"부장님, 하지만 실제 사례에서는 그렇게 명확히 구분되는 게 아니지 않습니까? 저도 평가를 받으면서 그런 지표를 갖고 내가 평가를 받는다는 사실에 대해 화가 날 때도 있는데, 막상 생각해 보면 대안이 없더라구요."

"맞습니다. 그래서 평가 지표 개발이 어렵다고 말하는 겁니다. 80퍼센트를 설명할 수 있는 평가 지표가 있다면 그나마 성공적이죠. 핵심 성과 지표는 한번 만들고 끝내는 것이 아닙니다. 환경 변화와 평가 결과 데이터를 분석해 지속적으로 보완해야 하는 것입니다."

김영민 부장은 지표와 관련된 몇 가지 사항에 대해 자세한 설명을 덧붙였다.

"핵심 성과 지표의 숫자에 대해 질문하시는 분이 많은데, 사실 명확한 규정은 없습니다. 다만 핵심적인 것 몇 가지만 있으면 좋습니다. 한 가지 전략 과제에 최대 세 가지를 넘지 않도록 해주십시오. 그리고 핵심 성과 지표를 선정하실 때 전략 과제의 핵심 성공 요소

(CSF)를 반드시 설정해 핵심 성과 지표를 만들어주시기 바랍니다."

"김 부장님, 핵심 성공 요소에 대한 개발 사례가 나누어주신 자료에 있던데, 잠깐 설명해 주십시오."

하 부장이 김 부장의 발언 도중, 중요한 사안에 대해 추가 설명을 요청해 왔다.

"좋습니다. 예를 들어 '수익성 향상'이라는 전략 과제가 있다고 하죠. 로직 트리를 생각해 보십시오. 수익성을 향상시키기 위한 핵심적인 성공 요소가 무엇일까요? 먼저 '매출을 증대' 시키는 방법이 있습니다. 또 하나는 '비용 절감'의 방법이 있을 수 있습니다. 두 가지는 명백한 핵심 성공 요소라 할 수 있습니다. 따라서 '매출 증대'를 위해서는 핵심 성과 지표로서는 당연히 매출이나 판매 금액 등을 지표로 선택하면 될 것입니다. 비용 절감을 위한 지표로서는 구매 비용 절감률, 생산 비용 절감률, 판매비 절감률 등이 쓰이면 될 것입니다. 이렇게 로직 트리를 활용할 때는 MECE하게 해야 한다는 표현을 쓰기도 합니다."

"MECE는 또 무엇이죠?"

"MECE란 '중첩되지 않게, 빼놓지 않고'라는 뜻으로 이해하시면 됩니다. 각 단계의 요소들이 서로 배타적이면서도 합쳤을 경우는 전체를 이루어야 한다는 것이죠. 'Mutually Exclusive, Collectively Exhaustive'의 약자입니다."

"쉽게 말해 매출 증대와 비용 절감은 서로 중첩되지 않는 활동 요소이면서 두 요소를 합쳤을 때 수익성 향상을 모두 설명할 수 있다는 말이군요."

"맞습니다. 아주 잘 말씀해 주셨습니다. 이런 개념은 용어가 낯설어서 그렇지 실제로 다 아실 만한 내용입니다. 그러나 복잡한 현상을 다루다 보면 간단하고 명료한 개념이 흔들리게 되어 매우 혼란스럽습니다."

"자료의 다음 페이지에 보면 이렇게 핵심 성공 요소를 통해 개발된 각 지표들은 수직적 연계성을 갖는다고 되어 있습니다. 지표를 개발할 때 고려해야 할 중요한 요소인 것 같은데 설명을 부탁드립니다."

"맞습니다. 핵심 성과 지표들이 만들어지면, 다음엔 지표간의 연계성을 생각해 보아야 합니다. 연계성이 있는 지표들이라면 전략을 설명할 수 있습니다. 예를 들어 자료에서 보시는 것은 어느 물류 기업의 핵심 성과 지표들인데 하나의 스토리로 연결이 됩니다. 예를 들어보겠습니다. 학습과 성장 관점의 지표인 직원의 기량이 높아진다면, 내부 비즈니스 프로세스 관점의 지표인 프로세스의 질이나 사이클 타임의 단축으로 연결됩니다. 이것은 고객 관점의 지표인 적시 배달률이 높아져 고객 충성도가 높아지는 결과로 연결됩니다. 최종적으로 재무 관점의 지표인 투하 자본 수익률이 높아지는 것이죠."

"그럼 각 지표들을 개발해 놓고 이렇게 연관성을 갖는지 검토해야 한다는 뜻이네요. 그런데 시간이 너무 걸리지 않을까요?"

"꼭 그렇진 않습니다. 이미 우리는 전략 과제들간의 연계성을 검토하지 않았습니까? 따라서 핵심 성과 지표가 'S.M.A.R.T' 하게 개발된다면 자연스럽게 연계성을 갖게 될 것입니다."

"핵심 성과 지표를 잘 만드는 것이 중요하다는 말씀이군요. 그런데 현실적으로 완벽한 지표를 만드는 것이 매우 어렵지 않습니까?"

"그렇습니다. 지표란 것이 원래 완벽하지 않습니다. 변화된 환경을 감안하고 평가 결과를 분석해 지속적인 보완을 해야 합니다. 하지만 대부분의 기업들이 안타깝게도 그런 지속적인 보완 작업에 실패합니다."

김영민 부장은 지속적인 지표의 보완 작업에 대한 이야기를 끝으로 오늘 활동에 대한 설명을 끝내고, 점심 식사 전까지 토론을 마치는 일정으로 핵심 성과 지표 선정과 관련해 조별 토론을 시작해 줄 것을 요청했다.

각 조에서는 어제와 달리 제출 시간에 맞춰 조별 토론 결과를 내놓았다. 식사 후, 이윽고 조별 발표가 시작되었다. 오늘 발표의 첫 순서는 4조였다.

"저희 4조에서 먼저 발표하겠습니다. 먼저 재무 관점의 지표들을 말씀드리겠습니다. 기업 가치 증대의 핵심은 역시 당기 순이익이 아닐까 합니다. 당기 순이익이 높아진다는 것은 그만큼 기업 가치가 높아진다는 뜻이 아니겠습니까?"

발표가 시작되자마자, 3조의 한 사람이 예상하고 있다는 듯이 반론을 제기했다.

"저희도 당기 순이익을 생각했는데 당기 순이익을 가지고서는 우리가 얼마나 효율적으로 일을 했는지 파악하기 쉽지 않다는 생각이 들었습니다. 예를 들어 1억을 투자해서 1,000만 원의 당기 순이익을 얻은 것과 10억을 투자해서 2,000만 원의 당기 순이익을 얻은 것 중 과연 어느 쪽이 더 효율적입니까? 당기 순이익이 2,000만 원으로 더 많지만 투자 비용이 커서 그만큼 효율성이 떨어진다는 것이죠. 따라서 ROI나 ROE와 같은 개념이 더욱더 효과적인 지표가 될 거라고 생각합니다."

이때 1조 조장인 김 대리가 말을 끼어들었다.

"그 말씀이 맞는 면이 있습니다만, 이 점도 한번 따져봐야 할 것 같습니다. 뭐냐 하면 ROI나 ROE는 분명 효율성을 측정할 수 있으므로 질적인 측면을 평가할 수 있고, 당기 순이익의 절대량도 매우 중요한 양적 요소이므로 두 가지를 다 고려해야 합니다. 따라서 저희 조에서는 EVA(Economic Value Added)를 생각해 보았습니다."

김 대리가 이야기를 마치자 한 사람이 혼잣말을 하듯이 나지막히 물었다.

"김 대리! 자네 EVA가 뭔지 아나?"

"사실 잘 모릅니다. 여기 기업 회계 업무를 담당하는 손 과장이 정리해 주셔서 저는 발표만 하는 것입니다."

김영민 부장도 사실 EVA에 대해서는 생각해 볼 기회가 없었다.

그러나 최근에 많은 기업들이 가치 경영을 내세우면서 EVA를 자주 거론한다는 것 정도는 알고 있었다.

"손 과장, 여러 사람들이 좀 생소할 것 같은데 우리가 알기 쉽게 설명을 해주실 수 있나요?"

"체계적인 정리가 아니라 좀 어설픕니다만, 제가 아는 범위 내에서 간단히 말씀드리겠습니다."

손 과장은 김영민 부장의 요청에 기다렸다는 듯, 화이트보드 앞으로 걸어나와 설명하기 시작했다.

"EVA라는 것은, 방금 김 대리가 이야기한 대로 기업 경영 성과의 질적 측면과 양적 측면을 동시에 평가할 수 있다는 점에서 유용한 지표로 인식됩니다."

손 과장은 곧 이어 EVA 공식을 화이트보드에 적었다.

'EVA=세후 영업 이익−투자 자본 비용=투자 자본×(ROIC−WACC)'
'ROIC(Return on Invested Capital):투자 자본 수익률'
'WACC(Weighted Average Cost of Capital):가중 평균 자본 비용'

"다시 말해 EVA는 세후 영업 이익에서 투자 자본 비용을 공제한 값으로 정의됩니다. 이것은 기업이 투자한 자본을 활용해 어느 정도의 부가가치를 창출했는가를 보여줍니다. 즉 자본 비용을 고려한 실질 이익에 초점을 맞추는 것이죠. 산출 공식에서 투자 자본은 양적인 면을, 투자 자본 수익률과 가중 평균 자본 비용의 차이는 질적 수익성을 의미합니다."

"예를 들어 설명해 줄 수 있습니까?"

"아주 간단한 예를 들어보죠. 100억의 자기 자본을 투자해서 5억을 번 기업이 있습니다. 이때 시장 이자율이 10퍼센트라고 하죠. 그럼 이 기업은 5억이라는 돈을 벌었지만 공식에 의해 5억−100×0.1=−5억, 즉 EVA는 마이너스가 되는 것입니다."

손 과장이 예를 들어 가며 알기 쉽게 설명했지만, 대부분은 이해가 잘 가지 않는다는 표정이었다. 사실 김영민 부장도 완전히 이해할 수는 없었다. 한편 이처럼 좋은 지표가 이제야 이슈가 되는 이유가 궁금했다.

"기존의 전통적 회계 지표들보다 좋은 것 같은데, 행여 단점이 있는 건 아닙니까?"

김영민 부장이 물었다.

"아주 좋은 질문입니다. 사실 EVA 개념은 아주 오래 전에 소개되었습니다. 그런데도 아직 일반화되지 않은 데는 몇 가지 이유가 있다고 생각됩니다. 그 첫번째는 기존의 재무 지표들이 나름대로 좋은 장점이 있어 계속 쓰이고 있기 때문이라고 생각됩니다. 두 번째는 EVA가 단점이 있기 때문입니다. 대표적인 것을 말씀드리자면 자본 비용의 추정이 어렵다는 것입니다."

"자본 비용이 뭐죠?"

"자본 비용이란 영업 활동에 투자된 자본의 조달 비용을 의미하는데 부채에 대한 이자 비용과 자기 자본에 대한 기대 수익인 자기 자본 비용의 합입니다. 쉽게 말해 투자 자본을 다른 곳에 활용했을 때의 수익을 감안해서 그 이상의 영업 이익이 나면 플러스 성과가 되는 것이고 그렇지 않으면 마이너스 성과가 되는 것입니다."

"기회 비용을 말씀하시는 것이 아닌가요?"

"맞습니다. 정확히 보셨습니다. 문제는 바로 그 기회 비용을 정확히 산출하는 것이 매우 어렵다는 점입니다. 많은 경우 예금 이자가 곧 기회 비용이 됩니다."

"우리 회사에서는 EVA에 의한 관리를 해 오지 않았는데, 그렇다면 이에 따른 측정이 불가능한 것은 아닐까요?"

"어렵긴 하지만, 가능하리라고 생각합니다."

"그럼 양적 측면과 질적 측면을 모두 고려할 수 있는 EVA를 핵심 성과 지표로 하는 것이 좋을 것 같군요."

2조에서 나온 반응이었다.

"저희도 EVA에 대해 나쁘게 생각하지는 않습니다. 다만 EVA가 ROI에 대비해서 월등히 좋다고는 생각하지 않습니다. 각각의 장단점이 있다는 생각이 듭니다. 지금도 많은 기업 분석에서 ROI를 거론하고 있죠. 그만큼 유용한 툴이라는 생각은 듭니다."

3조에서는 여전히 ROI에 대한 미련이 많은 것 같았다.

"그 말은 맞습니다. ROI도 하나의 대안이라는 데는 이견이 없습니다."

손 과장은 이렇게 말하고 자리로 돌아가 앉았다.

"EVA건은 조별 토론 시간에 다시 한번 의견을 정리해 주시고, 일단 다음 발표를 진행하겠습니다."

김영민 부장은 다음 순서를 진행시켰다. 이 정도의 토론과 이해의 과정을 거쳤으니, 각 조에서 최종 판단을 내릴 수 있으리라는 생각에서였다.

핵심 성과 지표에 관련한 토론은 예상 외로 많은 시간을 잡아먹었다. 고객 관점의 전략 과제로 선정된 신규 고객 창출에 대한 핵심 성과 지표에 대한 토론도 마찬가지였다.

"저희가 생각하기엔 신규 고객 증가수가 가장 적합한 지표입니다. 신규 고객 창출인데 무슨 다른 지표가 필요합니까?"

"제 말은 신규 고객 증가수를 어떻게 측정하느냐 하는 것이죠."

"그거야…."

"모든 매장을 찾아가 일일이 고객에게 기존 고객인지 신규 고객인지 파악할 수도 없지 않습니까?"

"그 말은 맞네요. 그럼 대안을 좀 말씀해 주십시오. 대안이 없다면 전략 과제를 바꿔야겠다는 생각이 드네요."

"글쎄요. 제 생각엔 목표 고객 중 신규 고객이 증가하면 어차피 시장 점유율이 올라가는 것이 아닌가 생각됩니다. 따라서 전문 기관에서 발표하는 브랜드별 시장 점유율 데이터를 입수해서 분석하면 되지 않을까 생각합니다."

"그게 더 현실적인 지표 같습니다."

다른 사람이 동의했다.

"Specific, 즉 가장 구체적으로 적합해야 한다는 측면을 고려한다면, 비용이 많이 들더라도 매장에서 확인해야 하지 않을까요?"

"글쎄요. 비용 문제는 다시 한번 정리해 보아야겠지만, 실제 비용 부담이 크지 않다면 신규 고객 증가율을 파악하는 것이 좋을 것 같군요."

"제 생각엔 비용이 너무 많이 들 것 같은데요. 시장 점유율로 하는 것이 좋습니다."

토론자들의 의견이 두 가지로 갈라져 있었지만, '목표 고객 시장 점유율'을 채택하자는 쪽이 더 설득력이 있는 것 같았다.

이 같은 의견 대립은, 내부 비즈니스 프로세스의 전략 과제인 품질 향상과 학습과 성장 관점의 전략 과제인 제품 개발 역량 강화에 대한 핵심 성과 지표 선정을 정리하는 과정에서 나타났다.

"품질 향상에 대한 핵심 성과 지표는 QA 부서의 불량률로 정했습니다."

"제가 생각하기엔 불량률은 생산 부문의 핵심 성과 지표는 될지 몰라도 전사 전략 과제인 품질 향상의 핵심 성과 지표로선 좀 부족한 감이 듭니다. 저희 조에서는 고객에게서 발생하는 반품률이 더 타당하다고 생각됩니다."

"품질은 생산에서 책임지는 구조가 아닌가요? 특히 외주 생산이 많아지는 추세고, 그게 또한 우리의 전략 방향인데 생산 출하 단계의 불량률을 관리해야만 품질을 관리할 수 있습니다."

"아직도 저희 말씀을 잘 이해하지 못하시는 것 같습니다. 전사 차원에서 우리의 품질이 정말로 좋아졌는가는 결국 고객에 의해 판단됩니다. 공장에서 불량률을 낮추는 것은 물론 중요합니다. 그러나 외부에 드러나는 우리의 품질은 결국 반품률에 의해 판단할 수 있습니다. 보시다시피 작년의 고객 반품률이 2퍼센트에 달했습니다. 고객 반품을 분석한 결과 우리는 디자인 품질, 생산 품질, 물류의 품질 등 매우 다양한 정보를 얻었고 이를 각 부서에 통보해서 좋은 반응을 얻었거든요. 이런 좋은 지표가 핵심 성과 지표가 되어야 하지 않겠습니까?"

학습과 성장 측면의 전략 과제인 제품 개발 역량 강화에 대한 핵심 성과 지표는 새로운 복합 지수를 만들어낸 경우였다.

"제품 개발의 역량 강화에 대해 여러 가지로 생각해 보았는데, 역시 건수가 제일 중요하지 않을까 생각합니다."

이런 내용이 발표되자, 여러 조에서 반대 의견이 빗발쳤다.

"무조건 개발 건수가 많다고 '제품 개발 역량'이 높아졌다고 할 수 없습니다. 양적인 지표일 뿐입니다. 그보다는 신제품의 판매 실적을 목표로 삼는 것이 더 현실적이지 않을까요?"

"'제품 개발 역량 강화'에 대한 지표로서 판매 실적을 이야기하는 것은 너무 거리가 멀다는 생각이 듭니다. 판매 실적은 영업 부서의 지표가 되어야 하는 것이 아닌가요?"

"꼭 그렇진 않다고 생각합니다. 제품 개발을 하면 뭐합니까? 잘 팔리는 제품을 개발하는 게 핵심이죠. 따라서 전사 과제인 제품 개발 역량 강화가 잘됐는지 알려면 신제품의 판매 목표 달성도를 보아야 한다고 생각합니다."

"이런 건 어떻습니까? 신제품의 개발 목표 달성도 같은 거 말이죠. 제품 개발 기간을 얼마나 준수했는지, 비용은 어느 정도 준수했는지, 품질은 어느 정도를 준수했는지 여부가 '제품 개발 역량'을 나타내주는 것 아닌가요?"

"그 말씀에 동의합니다."

"지금 지표가 여러 개 나왔는데 이걸 모두 채택해야 하나요? 사실 하나하나가 모두 의미 있는 것들입니다. 어디 묘안이 없을까요?"

지표에 대한 토의 과정에 이미 많은 시간이 흘렀다.

잠시 휴식 시간이 주어졌다.

"김 부장님! '제품 개발 역량 강화'에 대한 지표들이 모두 의미가 있는 것들이라 어느 하나를 꼭 집어 선정하기가 쉽지 않네요. 제 생각엔 복합 지수를 만드는 건 어떨까 싶은데요."

커피를 마시면서 박영출 과장이 김영민 부장에게 새로운 의견을 제시했다.

"박 과장 생각이 맞을 것 같아. 나도 세 가지 지표들 중 어느 것이 제일 낫다고 판단하기가 좀 어렵더라구. 복합 지수로 가면서 각각의 비중을 적절하게 조절하면 좋을 것 같은데, 박 과장이 더 궁리해서 제안을 해보지."

휴식 시간이 끝나고 학습과 성장 관점의 지표들에 대한 토론이 이어졌다. 각 조에서 발표한 지표에 대해 다시 한번 자신들의 판단이 가장 옳다는 주장이 가세되면서, 절충안이 나오지 않았다.

이때 박영출 과장이 손을 들고 발언 기회를 얻었다.

"이렇게 하면 어떻겠습니까? 한 가지로 정확히 측정 가능한 지표가 있다면 그걸 선택하겠지만 그렇지 않은 경우 복합 지수를 만들기도 합니다. 지금과 같은 경우도 꼭 한 가지만을 선택해야 할 필요는 없는 것 같습니다. 예를 들어 '제품 개발 역량 강화'라는 과제에 대해 '제품 개발 역량 지수'로 지표화하면 된다는 것이죠."

"그렇다면 '제품 개발 역량 지수'를 어떻게 만듭니까?"

"물론 세부 사항은 어차피 따로 정의해야 합니다. 제가 말씀드리고 싶은 것은 제품 개발 건수와 신제품 개발 목표 달성도, 그리고 신제품 판매 목표 달성도를 복합적으로 수렴해 우리 회사만의 고유한 지표를 만들어내면 되는 것이죠."

박 과장의 제안에 대해 그 의미를 파악하는지 다들 말이 없었다.

"그럼 일단 '제품 개발 역량 지수'라고 이름 붙이겠습니다. 다음

전사 전략 과제, 핵심 성과 지표, 비중

구분	전략적 테마	전략 과제	핵심 성과 지표	비중
재무 관점	매출 확대	F1. 기업 가치 증대 F2. 시장에서 성장	• EVA • 브랜드별 매출 • 목표 고객 매출 비중	12% 8% 13%
	원가 우위 실현	F3. 업계 내 원가 우위의 리더	• 제품 단위당 총 원가(경쟁사 대비)	7%
고객 관점	고객 만족도 제고	C1. 목표 고객 만족도 향상	• 제품 시장의 점유율 • 위장 고객의 평가 점수	5% 6%
	신규 고객 창출 브랜드 파워 증진 우수 유통 업자 확보	C2. 신규 고객 창출 C3. 고객의 브랜드 인지도 향상 C4. 우통 업자와 윈-윈 관계 구축	• 시장 점유율 • 고객의 브랜드 인지도(경쟁사 대비) • 유통 업자 만족도	6% 5% 3%
내부 프로세스 관점	시장 대응력 증대	P1. 시장 조사 기능 강화	• 관련 부서 만족도 • 조사 정보 활용률	4% 4%
	경쟁력 있는 매장 조성	P2-1 매장 분위기 쇄신 P2-2 매장 입지 경쟁력 강화	• 매장 관리 점수 • A등급 상권 매장 비율	3% 3%
	품질·납기·원가 경쟁력 제고	P3-1 품질 향상 P3-2 납기 준수 P3-3 경쟁력 있는 원가	• 반품률 • 납기 준수율 • 원가 혁신 목표 달성도	2% 2% 2%
학습·성장 관점	자발적인 참여 유도 역량 강화	L1. 조직 만족도 강화 L2-1 제품 개발 역량 강화 L2-2 판매 역량의 강화	• 사원 만족도 • 제품 개발 역량 지수* • 교육(친절, 판매 스킬, 제품 지식) 시간	5% 5% 5%

* 제품 개발 역량 지수 : 제품 개발 건수+신제품 개발 목표 달성도+신제품 판매 목표 달성도

시간이 지표 정의서를 만드는 시간인데 어떻게 측정할 수 있는지 정의해 주시면 될 것 같습니다."

처음 발표 내용에 대해 활발한 토론이 따랐던 탓에 4조의 발표 시간은 거의 2시간 남짓 걸렸다. 다행히 4조의 발표에서 많은 이야기가 오갔으므로 다른 조의 발표에는 긴 시간이 필요치 않았다. 이 덕에 오후 4시가 넘어서면서 전체 발표가 마무리되었다.

김영민 부장은 다음 단계의 일정에 대해 언급했다.

"지표를 만드느라 고생하셨습니다. 이제는 토론된 내용을 갖고 조별로 최종 토론을 하는 시간입니다. 다른 분들의 시각을 많이 참조해서 제일 좋다고 생각하시는 지표를 최종 확정해 주십시오. 그리고 해당 지표에 대한 지표 정의서를 함께 만들어 제출하시면 됩니다. 5시 30분까지 제출해 주시면 이어서 발표를 진행하겠습니다."

참가자들은 다시 조별 토론에 들어갔다.

김영민 부장은 은근히 걱정이 되었다. 이번 단계는 지표 정의서까지 만드는 작업이라 고도의 집중력을 요하는 시간인데, 워크숍 마지막 날 오후라 긴장이 풀어진 참가자들의 집중력이 과연 따라줄까 싶어서였다.

조별 토론 결과는 예정보다 30분이 지연되어, 6시에 결과물을 디스켓에 담아 취합했다. 김영민 부장은 각 결과를 노트북에 담아 빔 프로젝트로 쏘아놓고 마지막 발표와 토론을 진행할 생각이었다.

"여러분 모두 고생이 많습니다. 이제 마지막 날 오후도 저물어 가는데, 아직도 발표하고 토론할 내용을 보면 원래 일정보다는 좀 늦어질 것 같습니다. 이 대목에서 조정을 해야 할 것 같습니다. 저녁 식사를 한 후 좀 늦게까지 하는 것이 좋을까요? 아니면 저녁 식사를 뒤로 미룬 후 계속 토론하고 7시 전후로 전체 일정을 끝내는 것이 좋을까요?"

"저녁 식사를 하다 보면 맥이 끊기니, 내친김에 끝을 보죠."

참가자들은 이구동성으로 아예 결론을 낼 때까지 일정을 진행하자고 했다.

열정 때문이라기보다 빨리 워크숍에서 벗어나고 싶은 마음이 강해 보였다. 김영민 부장도 이런 분위기를 모르는 바가 아니었다. 이 시간이 2박 3일 워크숍 일정의 마지막이고, 그간 생소한 워크숍 업무에 신경을 쓰느라 모두 피곤한 것이 당연했다.

그래도 전체 워크숍 진행을 책임지는 김영민 부장은 마무리를 소홀히 할 수 없었다.

일단 조별 발표가 이어졌다. 최종 결과를 종합해 놓으니, 논란이 된 지표 선정에 대한 참가자들의 의견이 일목요연하게 드러났.

먼저 '기업 가치 증대'에 대한 지표의 경우, 3개 조가 EVA를 핵심 성과 지표로 선정했고 3조만이 ROI를 선택했다.

신규 고객 창출의 경우, 3개 조가 시장 점유율을 핵심 성과 지표로 선정한 반면, 3조는 신규 고객수 증가율을 핵심 성과 지표로 선정했다.

품질 향상에 대한 핵심 성과 지표는 1조와 2조가 반품률을, 3조와 4조가 불량률을 선택했다.

제품 개발 역량 강화에 대한 핵심 성과 지표로는 '제품 개발 역량 지수'를 4개 조에서 모두 선택했다. 다만 지표 정의서에 대한 의견이 좀 달랐다. 지표 정의서에 대한 발표를 할 때였다.

'제품 개발 역량 지수'는 2조에서 발표를 했다.

"다른 조에서도 '제품 개발 역량 지수'를 모두 선택하셨군요. 저희가 작성한 지표 정의서를 보시고 각 조에서 하신 것과 비교해 주시길 바랍니다."

2조의 하 부장이 자신의 조에서 만든 지표 정의서를 설명하기 시작했다. 측정 주기, 지표 설정 배경, 비중을 설명하고 산출식에 대해 설명을 했다.

"저희는 '제품 개발 역량 지수'의 세 가지 요소, 즉 개발 건수, 개발 목표 달성도(품질, 기간, 비용), 매출 목표 달성도의 비중을 80퍼센트, 10퍼센트, 10퍼센트로 각각 정했습니다. 그리고 매출은 제품 개발 후 6개월간의 매출로 정했습니다."

"2조에서 설정한 비율은 현실적으로 좀 맞지 않습니다. 제 생각엔 제품 개발 역량을 제대로 측정하려면 건수보다는 개발 목표 달성도나, 매출 목표 달성도의 비중을 더 높게 잡아야 할 것입니다."

"글쎄요. 생산 본부의 이야기를 들어보면 현실적으로 몇 건의 제품을 개발했느냐 하는 것이 매우 중요한 요소가 됩니다. 생산 본부의 최 과장이 부연 설명을 좀 해주실래요?"

"예, 제가 생산 본부에 근무한 지 10여 년이 되었습니다. 그간 개발 및 생산을 챙기면서 느낀 점을 말씀드리면 이렇습니다. 저희가 QA 품질을 맞추면서 개발과 생산을 챙기는 것이 쉬운 일이 아니죠. 따라서 건수를 맞추는 것은 그만큼 제품 개발 역량이 높다는 것을 의미합니다. 다른 분들의 의견을 받아들여 제품 개발 달성도나 목표 매출 달성도를 넣긴 했지만 제품 개발 건수의 비중이 제일 중요하다고 생각합니다."

"2조의 발표대로 개발 건수를 중시하는 쪽으로 비중을 잡는다면 아까 우리가 토론한 것이 의미가 없지 않습니까?"

"저희 조에서도 비중을 바꿔야 한다고 생각합니다. 건수의 비중은 30퍼센트 정도로 줄이고 제품 개발 목표 달성도를 40퍼센트, 그리고 매출 목표 달성도를 30퍼센트 정도로 하는 것이 적절하다고 봅니다."

여러 사람의 주장이 뒤를 이었다. 결국 개발 건수의 비중이 40퍼센트 정도로 줄어드는 쪽으로 의견이 모였다.

지표 정의서에 대한 발표와 토론이 이어지면서 시간은 저녁 7시를 훌쩍 넘기고 있었다. 완전한 합의를 이루기엔 아직도 많은 시간이 필요했지만 김영민 부장은 이젠 워크숍을 종료해야 할 시점임을 알고 있었다.

"여러분, 고생 많으셨습니다. 여러분께서 많은 의견을 주셔서 큰 방향을 잡은 것 같습니다. 개인적인 욕심이야, 시간을 더 잡아 미진한 부분에 대해 더 토론을 벌이고 싶지만 여건상 여기서 워크숍을 마칠까 합니다."

"김 부장님, 다음 워크숍에도 저희가 또다시 오는 건가요?"

"아, 최 과장께선 벌써부터 다음 일이 걱정되시나 봅니다. 다음 워크숍은 본부별로 BSC를 구축하는 내용입니다. 본부별로 몇 명씩 대표를 뽑겠지만, 기본적으로 여러분이 오시는 것이 좋겠습니다. 전사

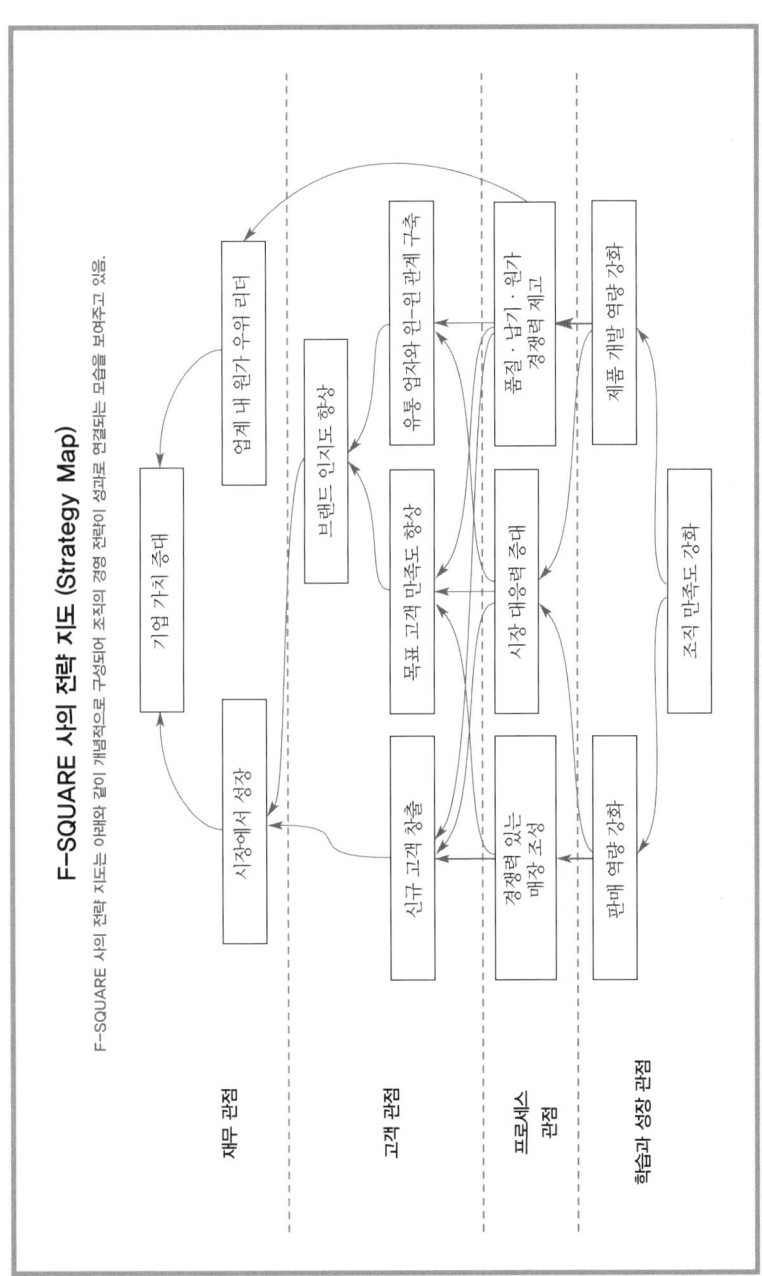

제2부 전략을 수정하고 BSC를 구축하다

BSC 워크숍의 내용에 대해 이해하실 수 있는 분이 오셔야 본부 BSC 구축이 더 정치하게 될 수 있기 때문입니다."

"부장님 말씀은 충분히 이해합니다. 하지만 본래 업무를 언제 하라고 그러십니까? 저는 지난번에도 참석했는데 부서 사람들한테 미안하더라구요. 개인적으로야 새로운 것을 배워 좋은 점이 많지만, 자꾸 내 일을 다른 사람에게 떠넘기는 꼴이 되니…."

"이해합니다. 당장 오늘 내일의 문제를 다루는 현업도 여러분에게 중요하겠지만, 우리 회사가 전략을 제대로 수립하고 잘 수행하는지, 임직원들은 잘 이해하는지, 이런 문제는 앞으로 우리 회사의 미래를 결정하는 중요한 것입니다. 어렵더라도 적극적으로 참가해 주시기 바랍니다. 자, 이제 여러분께 숙제를 드리도록 하겠습니다."

"안 그래도 흰머리가 다 생길 지경인데, 또 숙제를 주십니까?"

"그리 어려운 건 아닙니다. 저희가 다음 주에 결과를 정리해서 본부별로 보내드리겠습니다. 그 결과를 각 본부 내에 공유하시고 이에 따른 의견을 수렴해 주셨으면 합니다. 이게 숙제입니다. 이해하십니까?"

"아, 그거라면…. 알겠습니다."

워크숍은 이렇게 끝났다.

선약이 있거나 개인적 사정이 있는 사람들이 서둘러 행사장을 떠났다. 김영민 부장을 비롯해 나머지 10여 명은 호숫가의 매운탕집에서 반주와 함께 식사를 했다.

김영민 부장이 귀가한 시간은 밤 10시가 넘어서였다. 김 부장이 집으로 들어서자 하나와 동욱이가 뛰어나왔다. 벌써 잠들었어야 할 시간이지만 아빠를 기다리고 있었다. 김 부장은 아이들의 잠자리를 살펴주고 동화책을 읽어주었다. 좋아서 콩콩거리며 침대에서 뛰던 아이들이 어느새 스르르 잠이 들었다.

김영민 부장은 아이들을 재우고 난 후, 아내와 오랜만에 마주 앉았다.

"고생 많았죠? 워크숍은 어땠어요?"

"응, 잘됐어. 사실은 이제 겨우 시작한 거야. 앞으로도 몇 개월간 이 일 때문에 정신없을 것 같아."

"어휴, 당신이 바쁜 것 같아 어디 같이 가자고 말도 못 꺼내겠어요."

김 부장의 아내는 입을 뾰족하게 내밀었다.

"아무리 바빠도 갈 데가 있다면 가야지. 어디야?"

"잊어버렸죠? 내일이 친정아버지 생신이잖아요."

"아차, 그렇지. 미안해, 여보. 내가 깜빡할 뻔했네. 장인어른 선물은?"

"아직 못 샀어요. 애들 때문에 어디 나갈 짬이 있어야죠."

김 부장의 아내는 이래저래 무척 서운한 표정이었다.

"내일 일찍 나가 선물도 사고 같이 갑시다, 여보. 나도 정신이 없어. 누구보다 당신이 잘 알잖아."

김영민 부장은 엔지니어로 평생을 중견 기업에서 일하다가 퇴직한 장인을 떠올렸다. 장인은 아내가 막내딸이라선지, 세세한 부분까지 챙겨주시곤 했다. 결혼 후에도 틈만 나면 막내사위와 막내딸을 보러 자주 찾아오시곤 했는데, 정작 김 부장 내외는 자주 찾아뵙지 못했다.

김영민 부장은 오랜만에 주말을 처갓집에서 보냈다.

다시 월요일이 되었다. 다음 주말엔 본부별 BSC 워크숍을 진행해야 하므로 그전에 지금까지 결과를 공유하고 의견을 받아야 했다.
"박 과장, 주말에 잘 쉬었나? 뭐했어?"
"가족들과 고향에 좀 다녀왔어요."
"참, 박 과장 고향이 춘천이랬지? 호반의 도시, 춘천…. 참 좋은 곳이야. 아, 우리 다음번엔 춘천에서 워크숍을 해볼까?"
"아무리 장소가 좋으면 뭐하나요? 하루 종일 세미나실에 앉아 있어야 하는데…. 그리고 부장님, 이미 용인에 장소를 예약해 놓지 않았습니까?"
"이거, 내 정신 좀 봐! 그랬지. 하긴 지금 장소를 바꾸기엔 너무 늦었지. 춘천이 멀기도 하고 말이야."
사실 김영민 부장은 워크숍 장소를 바꿀 생각은 없었다. 박 과장과 얘기를 나누다 보니 잠시 춘천에 대한 감상에 젖었을 뿐이다.
젊은 시절, 군에 입대하는 친구를 배웅하러 춘천에 처음 가본 이후, 그곳은 가끔씩 김영민 부장에게 추억 만들기를 제공한 장소였다. 대학 시절 사귄 첫사랑 여자 친구와 함께 여행을 하기도 했고, 아내와 연애할 때도 닭갈비를 먹으러 간 적이 있었다.
다음 워크숍 일정에 대해 골몰하던 차에, 잠시 엉뚱한 상념에 빠져들었다.
김영민 부장은 흠칫 놀란 듯 고개를 한번 흔들었다. 다시 현실로 돌아왔다.

지난 주 워크숍 결과를 정리하려면 2~3일 정도 꼬박 매달려야 할 것 같았다. 우선 이슈가 된 전략 과제와 KPI에 대해 다시 검토하고 TFT에서 최종 결론을 내려야 했다.

김영민 부장은 TFT 구성원들에게 워크숍 결과에 대해 정리할 것을 지시해 놓고 최 실장을 찾아갔다. 시간 약속을 이미 해 놓은 터였다.

"김 부장, 고생 많았소. 진행은 잘됐소?"

최 실장의 목소리엔 '과연 잘됐을까?' 하는 냉소적인 느낌이 배어 있었다.

"예, 실장님! 참가자들이 열심히 해주어 생각했던 내용에 많이 근접했습니다."

"나도 비전 및 전략 워크숍을 다녀온 후 구조 조정안을 챙기느라 시간이 없어 이번 워크숍엔 가보지 못했는데 다음번에 참석을 해야 할 것 같아."

"구조 조정의 규모와 실시 시기는 언제 발표가 됩니까?"

"그건 사장님과 다시 한번 조율을 해야 될 것 같소. 노조 문제가 걸려 있어 비밀에 붙이고 있는데…. 다만 구조 조정 규모가 좀 커질 것 같소."

"아, 그렇군요. 워크숍 결과는 3~4일 내로 정리해 실장님께서 보실 수 있도록 하겠습니다. 요약해서 말씀을 드리면 15개 정도의 전사 전략 과제가 선정됐고 과제별로 핵심 성과 지표가 도출됐습니다."

"지난번 전략 방향과 배치되는 과제가 제기된 건 없었소?"

"다행히 그런 건 없었습니다. 어차피 전략 방향에 맞춰 과제들이 정렬되었기 때문입니다."

"핵심 성과 지표에는 뭐 좀 새로운 것들이 나오던가요?"

"몇 가지 있습니다. 예를 들어 당기 순이익이나 투자 수익률만을 관리하던 것에서 한 단계 나아가 EVA를 측정하겠다든가, 제품 개발 역량 지수를 새롭게 만들어낸 경우 등입니다."

"그런 새로운 지표를 적용한다고 하면 여러 문제를 일으키는 것이 아닌가요, 김 부장?"

"그럴 수도 있습니다, 실장님. 그러나 저희가 워크숍에서 많은 토론을 거쳤습니다. 쉽지는 않겠지만 더 좋은 지표가 있다면 교체하는 것이 기업의 성과를 좀더 정확히 측정할 수 있겠다는 판단을 내렸습니다."

"글쎄? 지표 몇 개 바꾼다고 회사의 성과가 달라질지 의문이네."

최 실장은 혼잣말을 하듯, 워크숍 결과에 대해 계속 꼬투리를 잡으려 들었다.

김영민 부장은 내심 불쾌감을 느끼면서도 몇 가지 이슈가 된 사항을 중심으로 최 실장에게 워크숍 결과를 간략히 보고했다.

"이해가 안 되는 부분이 많네. 결과를 정리해서 서면으로 보고해 주세요."

"알겠습니다, 실장님."

실장실을 나오면서 김영민 부장은 실장의 태도를 이해할 수 없었다. 실장이 잘 이해해 주고 적극적으로 후원해 주면 큰 힘이 될 텐데, 뭐가 못마땅한지 여전히 시큰둥했다.

다음날 김영민 부장은 파로스의 한경영 이사와 E-채널을 통해 만남을 가졌다. 이번 E-채널은 전사 BSC 구축 워크숍을 다녀온 후라 TFT 팀원들과 모두 함께 만나기로 했다.

오후 4시부터 파로스 한경영 이사와 미팅을 가져 워크숍에서 쟁점이 된 사항들에 대해 의견을 교환했다.

먼저 김영민 부장은 박영출 과장에게 최종 결과를 설명하도록 했다.

"모두 워크숍에 참석하셨으니 이슈가 되는 내용들을 잘 이해하고 계시리라 생각합니다. 먼저 과제별 비중에 대한 결정을 내려야 할 것 같습니다. 각 조의 의견을 종합해 본 결과 기업의 결과적 측면을 반영하는 재무 관점의 지표들이 평균 40점, 고객 관점의 지표들이 25점이 나왔습니다."

"그럼 두 관점의 지표 합이 65점이라는 이야기인데 너무 높은 것이 아닌가요? BSC를 통해 비재무적 요소들을 고려하자는 것인데 이렇게 하면 비재무적 요소들의 비중이 너무 낮다는 생각이 듭니다."

TFT 팀원들이 워크숍에서 자신이 이해한 내용을 바탕으로 여러 의견들을 제시했다.

"많고 적음에 대한 정확한 기준치가 있습니까? 그렇지 않다면 워크숍 참석자들의 의견을 그대로 수용하는 것이 맞는 것 같은데요."

"아닙니다. 재무적 비중이 너무 높습니다. 이 상태라면 과거에 우리가 관리하던 것들과 달라지는 것이 없다고 봅니다."

TFT 팀원들의 의견은 좁혀지지 않았다.

"제가 한 말씀 드려도 될까요? 프로세스, 학습과 성장 관점의 지표들의 비중을 합하면 35퍼센트나 되는 것이니 비재무적 요소의 비중이 낮다고는 할 수 없죠."

TFT 팀원들의 의견을 가만히 듣고 있던 파로스의 한경영 이사의 말이었다.

"한 이사님, 다른 기업의 사례들은 어떻습니까?"

"정해져 있는 건 없습니다. 그러나 통계적으로 고객과 재무 관점의 지표를 합쳐 55~70퍼센트까지 되어 있습니다."

김영민 부장의 요청에 따라 파로스의 한경영 이사가 다른 기업의 사례를 들어 설명하자 분위기가 달라졌다.

"우리의 선택이 크게 문제 될 것 같지는 않군요. 일단 그대로 진행합시다."

김영민 부장은 파로스 한경영 이사와의 E-채널 미팅을 통해 문제점들을 하나하나 정리해 나갔다.

이 자리에서 EVA를 기업 가치 향상에 대한 핵심 성과 지표로 선정하는 논리를 구성했다. 신규 고객 증가수를 직접 측정하는 것이 매우 어렵고 비용도 매우 많이 든다는 것을 확인하고 시장 점유율을 핵심 성과 지표로 선택할 수 있었다. 또한 품질 향상을 위한 지표로는 반품률이 가장 적합하다는 결론을 내렸고 '제품 개발 역량 지수'의 세부 내용도 확정했다.

김영민 부장은 파로스의 한경영 이사가 산업 지식은 다소 부족하지만, 큰 그림을 볼 줄 알고 논리적 추론을 통해 합리적 대안을 제시한다는 것을 알 수 있었다.

TFT가 이슈에 대한 입장을 정리하고 이에 따라 워크숍 결과를 종합해 보고서를 작성한 것은 3일 후였다. 김영민 부장은 보고서를 최 실장에게 제출했고 몇 시간 후에 최 실장에게서 연락이 왔다.

김영민 부장은 박영출 과장과 함께 실장에게 갔다.

"김 부장, 내가 지표를 살펴보았는데 이런 지표를 관리한다고 해서 우리 상황이 좋아질 것 같다는 생각이 들지는 않네. 기존에 우리가 관리하던 지표와 비슷하지 않은가?"

김영민 부장도 워크숍을 진행하면서 그런 생각을 하지 않은 것은 아니었지만, 최 실장이 거두절미하고 그렇게 말을 하니 답답한 생각이 들었다.

"충분히 그렇게 느끼실 수도 있습니다. 그러나 새로운 지표가 몇 개 있느냐가 중요한 것은 아니라고 생각합니다. 물론 저희도 새로운 지표를 몇 개 도입했습니다. 그러나 더 중요한 것은 향후 지표 관리 수준과 조직 구성원의 수용 정도라고 생각합니다."

"그것이 무슨 의미요, 김 부장?"

"첫번째 우리는 지금까지 지표를 체계적이고 지속적으로 관리를 하지 않았다는 것입니다. 이것은 우리 조직의 낮은 관리 수준을 말하는 것이죠. 두 번째는 조직 구성원들이 혁신과 변화에 대한 마인드를 가져야 한다는 것입니다. 저희는 단순히 지표를 개발한 것이 아닙니다. BSC를 통해 우리 조직의 관리 수준을 높이고자 하는 것이고, 조직 구성원들의 마인드를 변화시키고자 하는 것입니다."

김영민 부장은 여기까지 말하고 약간 머뭇거렸다. 너무 앞서 나간 것 같다는 생각이 들어서였다. 말이야 바른 말이지만, 지속적 관리 부재를 꼬집은 건 사실 그간 경영기획실을 총괄해 온 최 실장에게 정면으로 반박하는 의미가 있었기 때문이다.

최 실장은 잠시 생각하더니 말을 이었다.

"김 부장, 뭔가를 잘못 생각하는 것 아닌가? 우리 경영기획실의 주요 업무 중 하나가 바로 자네가 말한 것이야. 경영기획실은 자네가 오기 전에도 잘 돌아갔다구. 지금 BSC인가 뭔가를 도입한다고 하면서 일을 복잡하게 만들고 과거의 성과들을 너무 무시하는 것 같아."

최 실장은 말을 하면서 감정이 격해졌다. '과거의 성과 무시'를 운운할 때는 벌써 얼굴이 벌겋게 달아올랐다.

김영민 부장은 불을 꺼야 한다고 생각했다.

"실장님, 그런 뜻은 아닙니다. 더 나은 방향으로 바꿔보자는 것이지, 과거의 성과를 깎아내리는 건 절대 아닙니다."

"그만두게! 당신하고 논쟁하고 싶지 않아. 분명한 것은 BSC 도입에 대한 책임은 전적으로 당신이 지라는 거야. BSC 구축이 올 상반기에 끝나지? 하반기에 성과가 없다면 당신이 그 자리에 계속 남아 있을 자격은 없지."

이 정도라면 최 실장과의 대화는 의견 교환이나 보고의 차원이 아니라 적대감을 드러낸 것에 지나지 않았다.

실장실에서 나온 후, 김영민 부장은 머리가 멍해 아무것도 느낄 수 없었다. 실장이 BSC 도입에 확신 없이 어정쩡한 태도를 취한다고 하지만, 이처럼 적의를 내세워 교묘하게 책임을 회피할 줄은 몰랐다.

김영민 부장에게 이제 선택의 여지는 없었다. 아무쪼록 BSC를 성공적으로 도입해 회사가 환골탈태하는 모습을 입증하는 수밖에 없었다. 투지가 불타오르는 만큼 책임감으로 어깨가 한층 무거워지는 것 또한 어쩔 수 없었다.

실장실에서 주고받은 이야기는 배석했던 박영출 과장을 통해 TFT에 퍼졌다. 김영민 부장은 TFT가 동요하는 것을 느낄 수 있었다. 사실 김 부장 자신도 BSC 도입과 적용 이후의 성공에 대해 확신을 갖지 못하는 게 사실이었다. 그렇다고 자신마저 나약한 모습을 보일 수는 없다고 생각했다.

김영민 부장은 그 후 일주일 동안 틈틈이 TFT 팀원들을 다독거리고 본인도 확신을 가지고자 노력했다. 이 과정에서 김 부장은 늘 기본을 생각했다.

'효과적인 전략 실행!'

이 말은 김영민 부장의 머릿속에 떠나지 않는 화두로 늘 자리잡혀 있었다. 김 부장은 본부 BSC 구축 워크숍을 준비하면서 BSC를 통해 조직의 전략 실행을 제대로 측정한다면 조직의 성과는 반드시 올라갈 것이라고 믿고 또 믿었다.

15. 본부 전략 과제 도출을 위한 난상토론

전사 BSC 구축 결과에 대해 각 본부로부터 수렴된 의견은 특별한 것이 없었다. 직원들의 관심도가 그리 높지 않다는 반증일 수도 있었다.

오히려 각 본부에서는 현재 진행되는 인력 구조 조정안에 훨씬 더 관심이 있을 것이다. 이런 와중에 본부별로 주요 인원을 선발해서 본부별 BSC 구축 워크숍을 갖는 것이 김영민 부장에겐 큰 부담이었다. 특히 최 실장의 지원은 이미 물 건너간 것이라고 생각됐기에 더욱 그렇게 느꼈다.

워크숍 첫날 아침은 매우 분주했다.
김영민 부장은 아침 7시 30분 사무실에 도착해서 이메일을 확인하고 준비 사항을 점검했다. 박영출 과장도 10분 후쯤 회사에 도착했다. 관련 자료와 배포 자료는 어제 이정국 대리가 가져갔으므로, 김 부장과 박 과장은 개인 파일만을 챙겼다.

"아침 출근 시간인데 좀 막히지 않을까, 박 과장?"

"지금이 8시 5분이니 서둘러 출발하면 되겠네요. 고속도로만 빠져나가면 괜찮을 겁니다."

본부 BSC 구축 워크숍 장소인 용인으로 가면서 김영민 부장의 뇌리 속엔 걱정거리가 내내 맴돌았다.

'이 프로젝트가 과연 성공할 수 있을 것인가? 그렇다면 성공 요소는 무엇인가? 실패한다면 나는 어떻게 되는 것인가? 이렇게 회사가 어려운 시기에 실패한 부담감을 이겨낼 수 있을까? 회사를 그만두어야 하는 건 아닌가?'

김영민 부장은 최악의 사태까지 대비하지 않을 수 없었다. 지금부터라도 성공 요소를 관리해야 할 것 같다는 조바심이 들었다.

"부장님, 뭘 그리 골똘히 생각하세요?"

서울 만남의 광장을 지나면서 박영출 과장이 물었다. 문득 자신을 잘 따라주는 박 과장이 고마웠다.

"박 과장, 고마워."

"예? 부장님도 참! 뜬금없이 고맙다니요?"

"지금까지 잘 도와주고 열심히 해주어 그렇다는 거지."

"새삼스럽게 왜 그러세요? 요즘 실장님 때문에 마음 고생이 심해 그러십니까?"

"박 과장은 역시 눈치가 빠르군. 좀 그렇긴 하지. 성과가 없다고

본부 BSC 구축 워크숍 일정표

F-SQUARE 사는 본부 BSC 구축 워크숍을 아래의 2박 3일 일정으로 실시함.

구분	첫째 날	둘째 날	셋째 날
09:00~10:00	워크숍 장소로 이동 및 준비	전사 전략 과제별 핵심 성공 요소 및 성과 지표 도출(조별 활동)	성과 지표 정의서 작성(조별 활동)
10:00~11:00	프로젝트 진행 절차 공유		최종 토론과 합의 도출 (전체 토론)
11:00~12:00			
12:00~13:00		점심 식사	
13:00~14:00	워크숍 진행 소개	본부 전략 과제별 핵심 성과 지표 발표 및 토론 (전체 토론)	
14:00~15:00	본부별 전략 과제 도출 (조별 활동)		
15:00~16:00			
16:00~17:00	본부별 전략 과제 발표 및 토론	본부 전략 과제별 핵심 성과 지표 확정 (조별 활동 등)	최종 평가 및 이동
17:00~18:00			
18:00~19:00		저녁 식사	
19:00~20:00	본부별 전략 과제 확정(전체 토론) - 수식 및 수평 연계성 검토 - 비중 설정	핵심 성과 지표 발표 및 확정(전체 토론)	
20:00~21:00			

판명이 나면 책임을 져야 하는 상황이야."

"실장님은 원래 책임을 지지 않는 스타일이에요. 부장님은 실장님과 몇 개월 일을 안 하셨잖아요. 시간이 지나면 느끼실 겁니다. 업무를 꼼꼼히 잘 챙기시지만 아랫사람이 하는 일을 책임지시진 않습니다. 저도 난처한 일을 한두 번 겪었거든요."

"어떻게 해야 할까?"

"지금으로서는 프로젝트를 잘 끝내는 방법밖에는 없습니다."

"박 과장 말이 맞아. 본부 워크숍이 끝나는 중간 보고에서 사장을 확실히 사로잡아야 하겠어!"

9시 30분에 김영민 부장 일행이 용인 워크숍 장소에 도착하니 이미 많은 사람들이 와 있었다. 10시부터 일정을 시작해도 무리는 없었다.

워크숍 장소로 사용될 세미나실에선 먼저 도착한 TFT 팀원들이 자리 배치를 팀별로 해 놓고 지난 워크숍 때까지의 결과물을 나눠주었다.

워크숍이 시작되었다.

오전 2시간은 그 동안의 결과를 발표하고 내용을 함께 나누었다. 비전 및 전략 워크숍이나 전사 BSC 구축 워크숍에 참석한 사람의 비중이 70퍼센트 정도 되어 논의의 일관성을 유지할 수 있었다.

오후엔 김영민 부장이 본부 BSC 구축을 위한 안내를 했다. 먼저 2박 3일간의 일정을 브리핑했다.

"여러분이 만든 전략 과제는 모두 전사 전략을 향해 정렬이 되어 있어야 합니다. 정렬이 되어 있다는 것은 쉽게 말해 연계가 돼야 한다고 보면 됩니다. 예를 들어 이미 설정된 전사 전략 과제 중에서 각 본부에서 실행하고 책임질 수 있는 과제를 선정하는 것입니다. 여러분이 선정한 결과는 전사와 본부의 전략 과제 매트릭스를 구성해서 검증될 것입니다."

"전사 전략 과제와 연계될 수 있는 본부 단위의 전략 과제가 많을 것 같은 생각이 듭니다. 이런 경우 모든 것을 전략 과제로 삼아야 하나요?"

"그렇진 않습니다. 전략 과제의 수준을 잘 설정하셔야 합니다. 조별 토론에서 분명히 여러 전략 과제들이 도출될 것입니다. 이 과제들의 수준을 잘 결정해야 합니다. 본부의 전략 과제가 될 만한 것이 있고 본부 아래 팀 단위 전략 과제로 가져가야 할 것들이 있습니다."

"효과적인 방법론이 있을까요?"

"로직 트리를 제대로 활용하시면 효과적으로 정리할 수 있습니다. 지난번 어느 조에 들어갔더니 의견은 풍성한데 정리가 되지 않았더군요. 그래서 로직 트리를 활용하라고 귀띔했는데 결과가 상당히 좋았습니다. 저희가 나눠드린 자료에도 예시가 있으니 참조하시기 바랍니다."

"그래요. 그때 제가 그 조에 속해 있었는데 간단히 설명을 드리겠습니다. 저희는 전사의 비전 및 미션을 먼저 꼼꼼히 살펴보았습니다. 그리고 우리의 고객이 과연 어디서 가치를 느끼는지 많은 토론을 했습니다. 그리고 나서 관점별로 전략 과제를 선정하고자 했는데, 여기서 문제가 발생하더군요. 조원 소속이 모두 다르다 보니 자기 본부와 관련된 전략 과제를 서로 주장하느라 의견 정리가 되지 않았던 것입니다. 마침 그때 김 부장님이 오셔서 로직 트리 말씀을 하셨습니다. 그래서 그 과제들 중에서 전사의 과제와 본부의 과제를 분류하는 데에 로직 트리를 사용했고, 그 덕분에 우리 조는 혼란스러운 것들이 정리됐죠."

몇 사람이 가볍게 웃었다. 그때 같은 조에 속한 사람들이었다.

"예, 좋습니다. 말씀 감사합니다. 또 다른 질문 있습니까?"

김영민 부장은 추가 질문이 있는지 확인했다.

"저는 핵심 성과 지표에 관심이 많습니다. 자료를 보면 핵심 성과 지표를 만들기 위해서는 핵심 성공 요소를 파악해야 한다고 되어 있는데, 핵심 성과 지표를 선정할 때 핵심 성공 요소가 꼭 필요합니까?"

"그렇습니다. 해당 전략 과제를 성공적으로 수행하기 위해 필요한 요소, 즉 핵심 성공 요소를 파악하는 것이 제일 중요하죠."

"어떻게 핵심 성공 요소를 파악할 수 있습니까? 좋은 방법이 있다면 가르쳐 주십시오."

"가장 중요한 것은 고객의 가치 속성을 이해하는 것입니다."

"조금 전 이야기된 개념이군요."

"그렇습니다. 지난번 워크숍에서도 이야기됐죠. 그때 오신 분들이 다시 많이 오셨으니 상세한 설명은 드리지 않겠습니다. 각 본부의 고객을 명확히 이해하시고 해당 고객의 가치 속성을 정의하시면 됩니다. 그러면 자연히 가치 속성별 핵심 성공 요소를 도출할 수 있습니다."

"방법을 알 것 같습니다."

"좋습니다. 자, 또 다른 질문이 있습니까? 다른 질문이 없다면 조별 활동을 시작해 주십시오. 오늘 예정대로 전략 과제를 확정하고 비중까지 확정해야 내일 충분히 시간을 갖고 지표를 개발할 수 있습니다."

"알겠습니다."

워크숍 참석자들은 조별 활동을 시작했다.

3시간은 그리 길지 않았다.

김영민 부장이 두 번의 분임 토의실 순회를 끝내고 와서 보니 벌써 시간이 2시간 30분을 넘어섰다. 마케팅 본부가 가장 먼저 결과를 제출했고, 3시간이 지나면서 모든 본부의 전략 과제가 취합되었다.

김영민 부장은 결과를 노트북에 저장한 후, 본부별로 발표하도록 했다.

먼저 마케팅 본부의 이상민 과장이 발표했다.

"저희 마케팅 본부의 전략 과제는 지금 발표한 내용입니다."

이상민 과장은 말을 마친 후, 워크숍 참가자들을 둘러보았다. 각자 해당 본부의 전략 과제만을 고민해서인지 별다른 질문이 곧바로 나오지 않았다. 잠시 침묵이 흐른 후 다음 순서로 발표할 생산 본부에서 질문이 나왔다.

"저희 생산 본부는 사실 전사 재무적 관점의 전략 과제인 수익성 증대에 직접적으로 연결된 전략 과제를 만들 수 있는가를 갖고 많은 토론을 했습니다. 예를 들어 마케팅 사업부에서 디자인을 받고 개발한 후에 영업 본부의 주문을 받아 생산하는 생산 본부가 과연 독립적으로 목표 시장 성장이라는 전략 과제를 가져갈 수 있는가 하는 고민이었죠."

"결과는 어떠했습니까?"

"당연히 우리 본부가 가져갈 수 없는 전략 과제라고 결론을 내렸습니다."

"다른 본부도 비슷한 고민을 했을 것 같군요. 이 과장님! 다른 본부의 재무 관점의 전략을 잠깐 보도록 하죠."

김영민 부장이 다른 본부의 파일을 열어 한 본부씩 결과를 확인했다.

"생산 본부만을 빼고 모두 목표 시장 성장을 전략 과제로 선정했군요. 다른 본부에서는 어떤 이야기를 했습니까? 먼저 영업 본부, 말씀해 주시죠."

"저희는 당연하다고 생각한 부분인데, 생산 본부는 좀 다를 수 있겠네요. 그러나 전사 과제인 목표 시장에서 성장은 한 본부만의 책임일 수 없는 것이 아닙니까? 따라서 모든 본부가 공동으로 책임을 져야 할 것 같습니다."

"그렇다면 해당 과제에 대한 핵심 성과 지표도 동일하게 가야 한다는 말인가요?"

"그렇게 될 수도 있죠."

"그건 좀 비현실적이지 않습니까? 예를 들어 전사 핵심 성과 지표로서 목표 시장 점유율이 있는데, 해당 지표를 생산 본부에서 관리해야 한다는 말입니까?"

"결과적으로 그렇게 됐네요, 김 부장님. 이런 것은 어떻게 판단해야 하나요?"

김영민 부장은 질문을 받자, 책에서 본 공통 과제가 떠올랐다.

"저도 확실하지는 않지만, 하부 조직 내에 공통 과제를 가져갈 수 있다고 책에서 읽은 적이 있습니다. 따라서 지표도 동일하게 갈 수 있겠죠. 이때의 문제는 각 본부가 어느 정도의 책임을 져야 하는가 하는 것입니다."

"많은 책임을 져야 하는 본부는 해당 과제와 지표의 비중을 크게 두고, 그렇지 않은 본부는 책임을 지되 비중을 줄이면 되는 것 아닌가요?"

"그렇게 조절하는 것이 좋을 것 같습니다. 따라서 생산 본부도 타 본부와 공동 책임을 져야 할 과제나 지표를 잘 살펴보시고 추가해 주시기 바랍니다."

계속해서 마케팅 본부의 발표가 이어졌고 이어서 생산 본부 황 과장의 발표가 이어졌다. 생산 본부 전략 과제 발표에서도 비슷한 문제가 일어났다. 생산 본부에서 선정한 전략 과제인데 다른 본부엔 전혀 없었다.

"아시다시피 재고 관리의 효율성 제고는 생산 본부의 핵심 성공 요소입니다. 그런데 재고란 것은 영업에서 그릇된 주문 정보를 넣거나, 납기 또는 납품량의 변경이 잦을 경우에도 발생합니다. 그런데 그에 대한 책임을 생산 본부에서만 진다는 것은 문제 있는 것이 아닌가요?"

"지금까지 그렇게 해 오지 않았습니까? 지금 말씀대로라면 영업에서 재고까지 관리를 해야 한다는 것인데, 영업 본부로서는 부담이 됩니다."

영업 본부의 추 과장은 생산 본부의 의견에 반대 의견을 제시했다. 김영민 부장은 다른 사람들의 의견 개진을 유도했다.

"지금까지 생산 본부에서 관리했고 문제가 없었다면 추후에도 그렇게 하는 것이 옳지 않을까요?"

"지금 이야기를 들어보니 영업 본부에서도 일정 부분 책임을 져야 한다는 생각이 듭니다."

참가자들의 의견은 두 부류로 갈라지긴 했지만, 영업 본부에서도 일정 부분의 책임을 져야 한다는 의견이 강세였다. 영업 본부의 의견에 반대가 이어지는 분위기였으므로 영업 본부에서 긍정적으로 다시 검토하기로 하고 다음 단계로 넘어갔다.

경영기획실 박영출 과장의 전략 과제 발표가 이어졌다.

"경영기획실의 전략 과제를 말씀드렸습니다. 질문 있으십니까?"

"지금 발표된 전략 과제들을 보니, 그것들은 경영기획실의 고유 업무라는 생각이 듭니다. 물론 그러한 과제들이 중요하지만, 그런 것들이 전략 과제가 될 수 있습니까?"

마케팅 본부의 김 대리가 물었다.

"좋은 지적입니다. 지금 말씀하신 '그런 과제들'은 운영 성격의 과제들이라 할 수 있는데 하부 단위 조직으로 내려갈수록 그런 과제의 비중이 많아지는 것은 어쩔 수 없습니다. 그리고 당연히 이런 것들도 우리의 비전과 전략을 달성하는 데 매우 큰 연관이 있는 것은 자명하다고 생각합니다. 따라서 경영기획실의 전략 과제로 선정할 수 있다고 생각합니다."

"예를 들어 핵심 역량과 스킬 증대가 전략과 어떻게 연관되는지 설명해 주시면 좋겠습니다."

"예, 핵심 역량과 스킬 증대는 저희 경영기획실 내 인사팀과 교육팀이 주로 책임을 져야 할 전략 과제가 될 것입니다. 이 과제가 전략과의 연계성을 보려면 먼저 이 과제가 전사 전략 과제 중 어느 것과 연관이 있는지 확인하면 됩니다. 아시다시피 전사 관점 중에서 학습과 성장의 과제에 '핵심 역량과 스킬 증대'와 직접 연관이 있습니다. 또 이 전략 과제는 전사의 전략 방향을 이루기 위한 전사의 전략 과제들과 인과 관계로 연결되어 최종 목표인 기업 가치 증대에 기여하고 있습니다. 질문에 대답이 되셨는지요?"

"그럴 수 있겠군요. 잘 알겠습니다."

경영기획실 박영출 과장의 발표가 끝나자 이미 저녁 6시를 넘어섰다.

김영민 부장은 다음 과제를 제시했다.

"자, 이제 지금까지 이야기된 내용으로 다시 한번 조별 토론을 거치도록 하겠습니다. 식사 후에 본부의 전략 과제를 확정해서 결과를 제출해 주시되, 관점별 비중을 부여해 주시기 바랍니다."

"비중을 꼭 설정해야 하나요? 비중의 중요성에 대해 잘 이해가 가질 않아요. 비중이란 것이 일반적으로 중요성을 알려주는 것인데 BSC에서 관점별 비중은 어디에 적용하는 겁니까?"

영업 본부의 조 부장이 물었다.

"일반적으로 관점별 비중은 전략의 우선 순위를 설명하고 있다고 보면 됩니다. 이에 따라 자원의 배분에도 영향을 미칠 것입니다. 따라서 매우 중요하고 신중한 결정이어야 합니다."

"그렇다면 전사 관점별 비중이 이미 설정되어 있는데 각 사업 본부는 그대로 따라가야 하는 것인가요?"

"관리상의 혼란을 없애기 위해 똑같이 가는 경우도 있지만 꼭 그렇게 할 필요는 없습니다. 단위 조직의 특성이 나타나는 것이 좋다고 생각합니다."

"잘 이해가 안 됩니다. 우리 회사의 예를 들어 설명해 주십시오."

"예를 들어 우리 회사의 경우 전사 재무 관점의 비중을 40퍼센트로 정의했습니다. 이 비중을 지원 부서인 경영기획실에서 그대로 수용할 수도 있고 그렇지 않을 수도 있습니다. 여러분은 어떻게 생각하십니까?"

"지원 본부인 경영기획실의 경우, 재무 성과에 직접 책임을 지는 부분이 상당히 적지 않습니까? 따라서 그 비중이 좀 줄어드는 것이 맞는 것 같군요."

"저도 개인적으로 그렇게 생각됩니다. 우리 생산 본부의 경우는 어떻게 됩니까? 우리 본부는 제품의 생산 비용을 직접 책임지고 있으니 그 비중이 상당히 큰데요."

"그렇게 볼 수도 있지만 그러한 일들이 생산 본부 내부 프로세스에 의해 직접 결정되는 경향이 크지 않을까요? 개인적인 생각이므로 본부 내에서 토론을 통해 결정하도록 하십시오."

김영민 부장은 평소의 생각을 간단히 말하고 다른 본부의 의견을 물었다.

"마케팅 본부나 영업 본부는 그 비중에 대해 어떻게 느낍니까?"

"글쎄요. 토론을 더 해봐야겠지만 영업 본부는 재무 성과에 직접 책임을 지고 있으니 최소한 전사와 같은 정도의 비중을 두어야 하지 않을까요? 무조건 바꿔야 할 필요는 없는 것 같습니다."

"마케팅 본부도 비슷한 의견입니다."

"좋습니다. 식사 시간이 많이 지났는데 식사 후 조별 토론을 시작해 주시기 바랍니다. 9시까지는 결과를 제출해 주셔야 합니다. 별도로 발표를 하지 않겠습니다. 결과는 저희 TFT가 취합해서 내일 아침에 보실 수 있도록 하겠습니다."

김영민 부장은 저녁 식사를 하고 조별 토론에는 참석하지 않았다. 피곤하기도 했지만, 그 동안의 경과와 최 실장과의 갈등을 생각해 보기 위해서였다. 김 부장은 최 실장의 엄포 섞인 말이 바로 직전에 들은 듯 자꾸 귓전에서 울려퍼졌다.

'BSC 구축 후 6개월 지나도 성과가 나타나지 않는다면 그 책임은 당신이 지시오.'

김영민 부장은 아무래도 이해가 가지 않았다. 하나의 경영 시스템이 정착되기 위해서는 최소한 몇 년은 지나야 하는 것 아닌가 하는 생각이 들었기 때문이다. 최 실장이 그걸 모를 리는 없었다. 그러나 그렇게 급하게 성과를 요구하는 것은 회사의 상황도 상황이겠지만 아무래도 초기 영향력이 적은 최 실장 자신의 입지를 다지려는 생각인지도 모른다. 그렇다면 자신이 희생양이 될 수는 없는 노릇이었다. 어떻게든 가시적인 결과를 내야 할 것이다.

"부장님, 여기 계셨네요? 저희 경영기획실은 정리를 끝냈습니다."

박영출 과장의 말에 흠칫 놀라 고개를 들어 시계를 보니 저녁 8시 30분이 되어 갔다.

"빨리 끝냈네. 결과는 어떤가?"

"전략 과제의 변동은 크게 없습니다. 처음부터 다시 한번 검토를 했는데 운영 성격의 과제를 가져가는 것은 우리 조직의 특성상 어쩔 수 없을 것 같습니다."

"나도 그런 생각은 들어. 참, '전략 과제 실행 관리 강화'가 있었는데, 그럼 그것도 그대로 남아 있겠네. 다른 사람은 몰라도 박 과장은 지표를 생각했겠지? 그게 어떤 모습의 지표로 나타날까?"

"그렇게 물어보시니 좀 난감하네요. 사실 만들면서도 좀 꺼려지긴 했는데, 우리 실이 꼭 수행해야 할 과제이긴 합니다."

"누가 그걸 모르나? 핵심 성과 지표가 무엇이 될 것인지를 묻는 거야."

"솔직히 말씀드리면 아직 아이디어가 없습니다. 내일 핵심 성과 지표를 만들면서 토론을 통해 발굴해 보겠습니다."

"알겠네. 지표 개발은 우리의 중요한 과제가 될 거야. 조직의 전략이 제대로 실행되는지를 관리하는 것이니 말이야. 박 과장이 내일 핵심 성과 지표를 잘 만들어주리라 믿어."

"열심히 해봐야죠."

다른 세 본부가 토의를 끝내고 결과를 제출한 것은 저녁 9시 30분이 지나서였다. 사람들은 각자의 방으로 돌아갔지만 김영민 부장은 TFT 팀원 중 박영출 과장과 이정국 대리와 함께 결과를 정리하기 시작했다.

먼저 본부별 전략 과제와 전사 전략간의 연계성을 검토하고 관점별 비중을 비교했다. 공통 과제로 논란의 대상이 된 수익성 증대와 목표 시장에서의 성장에 대해서는 생산 본부도 전략 과제로 채택한 것이 눈에 띄었다.

관점별 비중에 대해 마케팅 본부와 영업 본부는 전사 비중을 따랐고 생산 본부와 경영기획실은 상대적으로 재무 관점의 비중을 낮춘 결과를 제출했다. 예상한 결과였다.

"박 과장하고 이 대리, 본부별 전략 과제를 보면서 주의 깊게 보아야 하는 부분이 수직적·수평적 연계성이야. 수직적이라 함은 전사 전략 과제와 잘 조화를 이뤄야 하는 것이고, 수평적이라 함은 전략 과제들로 본부의 전략을 설명할 수 있어야 한다는 뜻이지. 지금까지 느낀 바를 이야기 좀 해줘."

"마케팅 본부의 경우, 수평적 연계성이 좀 떨어지는 부분이 있어요."

"그게 뭐지?"

"프로세스 관점에서 '시장 대응력 증대'라는 과제가 있지 않습니까? 그 의미가 너무 넓어 제가 그 의미를 물어봤거든요. 그런데 지금까지 패션 제품 시장 조사 기능이 부족해서 그 내용을 강화하겠다는 내용이더군요."

"그걸 시장 대응력 증대라고 표현한 것이군. 그건 내용이 너무 일반적이어서 논리적 연결을 짓기가 어렵네. 전략 과제를 바꾸면 어떤가?"

"어떻게요?"

"구체화하는 것이지. 전사의 전략 과제는 시장 대응력 증대고 여러 의미를 담고 있으므로, 각 본부에서는 해당 조직이 수행해야 하는 전략 과제로 구체화하는 거야. 마케팅 본부는 시장 조사 기능 강화로 전략 과제를 구체화하면 연결이 명확해지는 것 같군."

"그렇게 하는 게 좋을 것 같습니다. 내일 아침에 종합한 결과를 이야기하면서 마케팅 본부의 의견을 듣죠."

"이것말고 변경할 과제라든가 관점을 변경해야 할 필요가 있는 과제가 있나?"

"없는 것 같습니다."

박 과장과 이 대리는 말을 맞춘 듯 동시에 대답했다.

김영민 부장은 시계를 올려다보았다. 벌써 밤 11시가 넘어섰다.

"아 참, 부장님! 밤참 좀 드시겠습니까? 여기 편의점은 밤 12시에도 하거든요."

이정국 대리가 제안했다. 김 부장과 박 과장은 마다할 이유가 없었다. 세 사람은 편의점에서 사 온 라면과 진공 포장 족발을 안주 삼아 맥주를 서너 잔씩 나눠 마시면서 하루를 마무리했다.

김영민 부장은 아침 8시까지 누워 있었다. 평소 밤 11시쯤 잠자리에 들어 6시 30분에 일어나지만 어제는 늦게 잠자리에 들었으므로 그만큼 늦게 일어난 것이다. 어느 연구소의 연구 결과 장수의 요건으로 충분한 잠을 꼽았다고 한다. 그 연구에서 주장한 적정 수면 시간이 8시간이라고 한다면 김 부장의 평소 수면 시간은 조금 부족한 편이다.

세미나 장소에는 어제의 검토 결과가 빔 프로젝트로 띄워져 있었다. 커피를 한잔 마시자 9시가 되었고 사람들이 자리를 잡았다.

"안녕히 주무셨습니까? 오늘이 워크숍 둘째 날입니다. 어제 고생이 많으셨습니다. 몇 가지 수정 사항이 있는 것 외에는 대체로 만족할 만한 결과였다고 생각합니다. 먼저 어제의 결과를 검토하고 오늘의 주제로 넘어가겠습니다."

박영출 과장이 어제의 본부 전략 과제 검토 결과를 발표했다. 본부별 전략 과제 결과를 공유하고 어젯밤 지적된 이슈에 대한 토론이 이어졌다.

'시장 대응력 증대'라는 과제가 '시장 조사 기능 강화'로 바뀌어야 한다는 지적에 대해서는 부가 설명이 따랐다.

"말씀을 이해하지 못하는 바는 아니지만 시장 대응력 증대는 사실 향후에도 많은 다른 과제를 포함할 수 있습니다. 우선은 시장 조사 기능 강화를 생각했지만 향후엔 그 내용이 바뀔 수 있다는 것이죠. 저는 개인적으로 그냥 '시장 대응력 증대'로 했으면 합니다."

마케팅 본부 이상민 과장의 주장이었다.

"제가 개인적으로 그 구체적인 내용, 즉 '시장 조사 기능 강화'에 대해 이야기를 했는데, 전략 과제가 그렇게 잡힌 것을 보고 너무 포괄적이라는 생각이 들었습니다. 그래서 다른 분들이 큰 반대가 없다면 단위 조직의 전략 과제인 점도 있고 해서 구체적으로 '시장 조사 기능 강화'로 했으면 합니다. 그럼 하부 팀 조직에서는 실제로 실행이 가능하고 구체적으로 전략 과제가 잡히지 않을까 싶네요."

이렇게 김 부장이 부연 설명을 하고, 몇 사람의 의견이 추가로 이어지면서 전체 의견은 자연스럽게 '시장 조사 기능 강화'로 집약되었다.

"마케팅 본부를 포함한 여러분의 의견이 정리가 된 것 같군요. 자, 이제 다음으로는 핵심 성과 지표를 도출하는 단계입니다. 여러분이 선정하신 전략 과제의 성과를 가장 잘 판단할 수 있는 핵심 성과 지표를 도출해 주십시오. 일단 오후 2시까지 결과를 제출해 주셨으면 합니다."

"어제 제가 말씀드린 핵심 성과 지표 만드는 방법을 기억하십니까? 먼저 고객의 가치 속성을 이해하고 핵심 성공 요소를 파악하는 것이 좋다고 말씀을 드렸죠. 이 같은 방법을 통해 핵심 성과 지표를 선정하고 반드시 S.M.A.R.T하게 됐는지 검증하시기 바랍니다."

김영민 부장은 S.M.A.R.T에 대해, 전사 BSC 구축 워크숍에서 설명한 것처럼 간략하고 설득력 있게 설명했다. 조별 작업이 시작되고 김 부장은 조별로 진행 상황을 점검했다.

영업 본부는 발표 시간 10여 분 전까지 핵심 성과 지표를 제출하지 못했다. 김영민 부장이 아까 들렀을 때는 시간 내에 큰 문제 없이 낼 수 있다는 말을 들었기 때문에 다소 의아해했다. 그가 다시 영업 본부 분임 토의실을 방문했을 때, 영업 본부 사람들은 여전히 열심히 토론중이었다.

"시간이 좀더 필요하신가요?"

"아까까지만 해도 시간 내에 정리가 될 것 같았는데, 또 다른 의견이 나와 토론중입니다."

"어떤 내용인지 좀 알아도 될까요?"

"'목표 시장의 성장'이라는 전략 과제의 핵심 성과 지표로 당연히

'목표 시장 점유율'을 생각했습니다. 그런데 한 분이 '전체 매출액 대비 목표 고객 매출 비중' 이라는 지표를 제시해서 다시 토의중입니다."

"언뜻 생각하기에도 두 개의 지표는 다른 면을 보여주는 것 같군요. 아직 결론이 안 나셨다면 두 가지를 다 발표하시고 다른 조의 의견을 들어보시는 것도 한 가지 방법일 것 같습니다. 어차피 전체 토론 후에 조정 및 확정하는 시간이 있으니까요."

김영민 부장이 세미나 장소로 돌아간 후 영업 본부는 곧바로 그때까지 결과를 제출했다. 그 덕에 전체 일정에 차질 없이 발표가 진행될 수 있었다.

"제일 늦게 제출한 영업 본부에서 먼저 발표해 주시면 좋겠습니다. 여러분은 다양한 의견을 제시해 주시기 바랍니다."

영업 본부의 발표자로 선정된 서윤택 과장이 먼저 지표 선정 프로세스에 대해 설명했다.

"다른 조도 비슷한 절차를 거치지 않았나 생각됩니다. 저희는 먼저 고객을 다시 한번 생각했습니다. 저희 영업 본부의 제일 큰 고객은 역시 소비자입니다. 그리고 같이 고려해야 할 고객으로서 유통 업자, 그리고 생산 본부 및 마케팅 본부와 같은 내부 고객이라 정의했습니다. 그리고 고객들이 가치를 느끼는 요소, 즉 가치 속성에 대해 토론을 거치고 나니 핵심 성공 요소를 발굴할 수 있었습니다. 지금은 이렇게 간단히 말씀드리지만 굉장히 어렵더군요. 그리고 나서 BSC 구축 이전에 쓰인 많은 성과 지표들과 브레인스토밍을 통해 새롭게 만들어진 성과 지표들 중에서 핵심 성과 지표를 선정했습니다."

영업 본부의 전략 과제, 핵심 성과 지표, 비중

구분	전략 과제	핵심 성과 지표	비중
재무 관점	F1. 수익성 증대 F2. 목표 시장에서의 성장	• EVA • 목표 고객 매출 • 목표 고객 매출 비중	20% 10% 15%
고객 관점	C1. 브랜드 인지도 향상 C2. 목표 고객의 제품 만족도 향상 C3. 체계적인 고객 관리	• 목표 고객 브랜드 인지도 • 고객 만족도 조사 • CRM 목표 구축률 달성도	10% 10% 5%
내부 프로세스 관점	P1. 시장 반응의 신속한 전달 P2. 재고 관리의 효율성 제고 P3. 매장 분위기 쇄신	• 디자이너 만족도 • 재고 계산 오류 비율 • 고객 만족도 조사	5% 5% 5%
학습과 성장 관점	L1. 조직 참여도 제고 L2. 판매 직원 교육 강화	• 조직 만족도 조사 • 판매 직원 스타일 및 친절 교육 시간	5% 10%

서윤택 과장은 접근 방법별 결과물을 보여주며 최종 선정된 핵심 성과 지표를 설명해 갔다.

"그렇게 해서 핵심 성과 지표를 다 선정했다고 생각했는데 마지막 정리 단계에서 '목표 시장에서의 성장'에 대한 핵심 성과 지표로서 다른 의견이 제시되어 좀 문제가 되고 있습니다. 여러분도 함께 고민해 주시면 좋을 것 같습니다."

서 과장은 화이트보드 앞으로 걸어나가 '목표 시장에서의 성장'이라고 좌측에 적고는 세 개의 가지를 그려 첫번째 가지에 경쟁사 대비 경쟁력 확보, 두 번째 가지에 브랜드별 매출 증대, 세 번째 가지에 목표 고객 집중을 적었다.

"저희는 목표 시장의 성장에 대한 핵심 성공 요인으로서 처음 두

마케팅 본부의 전략 과제, 핵심 성과 지표, 비중

구분	전략 과제	핵심 성과 지표	비중
재무 관점	F1. 기업 가치 증대 F2. 목표 시장에서의 성장	• EVA • 목표 고객 매출 • 목표 고객 매출 비중	10% 12% 8%
고객 관점	C1. 브랜드 파워 증진 C2. 목표 고객의 제품 만족도 향상 C3. 신규 고객 창출	• 목표 고객 브랜드 인지도 • 고객 만족도 조사 • 신상품 전시 비중	10% 10% 5%
내부 프로세스 관점	P1. 시장 대응력 증대 P2. 신속한 납기 경쟁력 제고 P3. 경쟁력 있는 매장 조성	• 패션성에 대한 고객 평가단 평점 • 신상품 기획 리드 타임 • 고객 만족도 조사	10% 10% 5%
학습과 성장 관점	L1. 자발적인 참여 유도 L2. 제품 개발 역량 강화 L3. 지식 역량 강화	• 조직 만족도 조사 • 핵심 인력 보유율 • 지식 보고서 등급별 축적 건수	5% 10% 5%

가지만을 생각했는데, '목표 고객 명확화'라는 전략 방향을 고려할 때 세 번째도 핵심 성공 요소가 되어야 한다는 주장이 뒤늦게 제기되었습니다. 이것을 추가해야 하는가가 지금의 이슈인데 여러분의 의견을 부탁드립니다."

"지금 써 주신 핵심 성과 지표에 따른 지표는 어떻게 됩니까? 아마 예상하실 수 있을 것입니다. 첫번째 지표는 시장 점유율, 두 번째 지표는 브랜드별 매출, 세 번째는 목표 고객 매출 비중입니다."

"다 의미가 있는 것 같군요. 그런데 목표 고객 매출 비중은 왜 처음에 제기되지 않았을까요?"

"아마 브레인스토밍으로만 핵심 성과 지표를 선정했다면 세 번째 핵심 성공 요인은 발굴하지 못했을 것입니다. 그러나 전략 방향에

생산 본부의 전략 과제, 핵심 성과 지표, 비중

구분	전략 과제	핵심 성과 지표	비중
재무 관점	F1. 기업 가치 증대 F2. 목표 시장에서의 성장 F3. 업계 내 원가 우위의 리더	• EVA • 목표 고객 매출 • 목표 고객 매출 비중 • 제품 단위당 총 원가(경쟁사 대비)	8% 5% 5% 7%
고객 관점	C1. 내부 고객 만족도 제고	• 내부 고객 만족도	10%
내부 프로세스 관점	P1. 품질 경쟁력 제고 P2. 신속한 제품 출시 P3. 경쟁력 있는 원가	• 반품률 • 목표 제품 조달 시간 달성도 • 목표 제조 원가 달성률	20% 10% 10%
학습과 성장 관점	L1. 자발적인 참여 유도 L2. 구매 역량 강화 L3. 생산 역량 강화	• 직원 만족도 • 우수 납품 업체수(비율) • 핵심 기능공 경력 연수	10% 10% 5%

따른 전사 전략 과제를 고려해서 로직 트리를 작성해 본 결과 이 지표를 관리해야 하겠다는 생각이 든 것이지요."

"글쎄요! 저도 지금 말씀하신 지표를 관리해야 하겠다는 생각이 듭니다. 무슨 문제가 있나요?"

"하나의 전략 과제에 지표가 세 가지나 되어 관리적 요소가 많아진다는 생각이 들었습니다."

"그 정도는 부담이 된다고 생각하지 않습니다. 세 가지를 합해서 S.M.A.R.T 라는 기준에 잘 충족된다면 그렇게 해야 하지 않을까요?"

참가자들의 의견은 세 가지의 지표를 모두 가져가는 것으로 모이고 있었다.

김영민 부장은 다른 본부의 핵심 성과 지표 발표를 진행하도록 요

경영기획실의 전략 과제, 핵심 성과 지표, 비중

구분	전략 과제	핵심 성과 지표	비중
재무 관점	F1. 기업 가치 증대 F2. 목표 시장에서의 성장 F3. 업계 내 원가 우위의 리더	• EVA • 목표 고객 매출 • 목표 고객 매출 비중 • 업계 내 원가 우위의 리더	3% 3% 2% 2%
고객 관점	C1. 내부 고객 만족도 제고	• 내부 고객 만족도	20%
내부 프로세스 관점	P1. 전략 실행 관리 강화 P2. 성과 관리 체계 구축 P3. 자금 운영 효율화 P4. 우수 인력 확보 및 CDP 관리 강화 P5. 제도 개선 과제 실행	• 전략 과제 실행률 • 성과 관리 체계 구축 이행률 • 자금 운영 효율화 지표 • 우수 인력 확보수 • 제도 개선 과제 실행률	5% 10% 5% 10% 5%
학습과 성장 관점	L1. 조직참여도 제고 L2. 핵심 역량과 스킬 증대 L3. 지식 경영 체계 구축	• 조직 참여도 제고 • 핵심 인력 확보 및 보유율 • 지식 보고서 등급별 축적 건수	15% 10% 10%

청했다. 영업 본부의 발표와 같이 다른 본부에서도 많은 토론이 있었다. 각 본부의 발표가 끝나자 이미 시간은 오후 4시 반이 지났다. 김 부장은 각 본부에게 토론 결과를 참조해서 핵심 성과 지표를 조정하고 최종 확정해 줄 것을 요청했다. 더불어 각 핵심 성과 지표의 비중을 설정해서 제출하도록 했다.

시간은 빨리 흘러갔다. 조별 토론을 하고 발표하고 전체 토론을 통해 다른 사람의 의견을 구하는 과정을 거쳐 결과를 나누었다. 이러한 결과를 참조해서 최종 의견을 내면서 참가자들은 본부 BSC를 구축해 갔다. 핵심 성과 지표와 비중을 설정한 후에 둘째 날의 일정은 끝이 났다.

셋째 날은 핵심 성과 지표 정의서를 만들었다. 워크숍 참석자들은 공동 작업을 통해 선정된 핵심 성과 지표의 의미를 명확히 하고 측정 방식을 규정했다. 다행히 예정대로 오전에 일정을 마치고 점심 식사 후에 워크숍을 마칠 수 있었다.

김영민 부장은 워크숍이 횟수를 거듭할수록 믿음 같은 것이 생겨났다.

서울로 돌아오는 길이었다.

"부장님, 본부 BSC 구축 워크숍은 지난번 전사 워크숍보다 훨씬 부드럽게 진행된 것 같습니다. 고생 많으셨습니다."

"박 과장도 고생 많았어. 아무래도 전사 때보다는 나아졌겠지. 아니 나아져야지. 학습 효과가 생겨서인지 사람들의 토론도 훨씬 생산적이고 결과 중심적으로 움직이는 것 같아."

"맞습니다. 토론을 거쳐 전체의 주장을 수렴하다 보면 무엇이 더 중요한지 느끼게 되더라구요. 워크숍 참가자들의 논리나 의견도 좋았습니다."

"누군가는 BSC를 성공적으로 구축하기 위해 가장 중요한 것이 BSC 시스템을 사용하게 될 구성원간의 원활한 커뮤니케이션이라고 했어. 이렇게 워크숍을 통해 많은 토론을 거치다 보면 그 이해력과 실행력이 당연히 높아질 수밖에 없겠지."

"실장님도 저희와 생각을 같이 하시고 적극적으로 후원해 주시면 좋겠다는 생각이 드네요."

"보고회 때 보고를 들으시면, 생각이 좀 달라지시겠지."

16. 대반전, 보고회!
적들을 잠재우다

예기치 않게 '보고회' 일정이 늦춰졌다.

워크숍을 마칠 때만 해도 다음 주 화요일 오전 10시로 잡혀 있었는데, 사장의 일정이 유동적이어서 1주 연기된 것이다.

파로스의 한경영 이사도 보고회에 같이 참여하도록 되어 있어 이번 E-채널은 보고회로 대신하는 셈이었다. 파로스의 자문을 받았지만, 프로젝트의 최종 책임은 TFT 팀장인 자신이 져야 한다는 부담감에 김영민 부장은 지난 주 내내 마음이 편치 않았다. 파로스의 한경영 이사와 많은 이야기를 나누고 발표 준비도 충분했지만, 보고회가 다가올수록 김 부장은 초조해졌다.

이번 보고회에 대한 임원진의 호불호(好不好)는 이른바 박빙의 경합세였다. 생산 본부장 라인은 아직까지 비우호적이었고, 특히 직속 상관인 최 실장이 여전히 시큰둥한 반응이어서 김 부장은 몹시 부담스러웠다.

'당신이 책임져야 하는 거야!' 라고 엄포를 놓던 최 실장의 심술궂은 목소리가 여전히 김영민 부장을 괴롭혔다. 결국 보고회를 성공적으로 치르는 것으로 판세를 굳혀야 했다.

이런 판국에 가장 강력한 캐스팅 보트는 당연히 사장이 쥐고 있었다. 그 동안의 정황으로 보면 사장의 관심도가 매우 높다는 것이 드러났으므로, 반은 이긴 게임이라고 생각했다.

그런데 보고회를 하루 앞둔 지난 주 월요일 저녁, 경영기획실에서 급작스런 통보가 왔다. 최 실장이 직접 전화를 건 것이다.

"김 부장, 나 최 실장이오. 사장님께서 해외 투자 건으로 오늘 오후에 급하게 출장을 떠나셨소. 보고회가 내일로 잡혀 있지요? 보고회를 순연시키든가, 아니면 사장님이 안 계신 채로 진행시켜야겠는데, 김 부장 생각은 어떻소?"

김영민 부장은 하마터면 수화기를 털어뜨릴 뻔할 정도로 맥이 빠졌다. 치명적인 변수였다.

사장이 없는 가운데 보고회를 갖는 건 불리할 게 뻔했다.

사장과는 비전과 철학이 다른 나이든 본부장들이 사장이 없는 틈을 타, 본질적으로 문제 제기를 하고 나서면 그야말로 여태까지 수차례에 걸친 워크숍과 TFT 모든 멤버들이 공들인 노력이 물거품으로 돌아갈 위험성이 그만큼 크다고 본 것이다.

더구나 최 실장은 사장이 없다는 것을 내세워 이번참에 보고회 자체를 무산시키려는 흑심도 있어 보였다. 일종의 김 빼기 작전이었다.

김영민 부장은 짧은 순간, 빠른 판단을 내려야 했다.

"실장님! 사장님이 안 계신 채로 보고회를 가져도 무리는 없으나, 같은 값이면 최고 경영자인 사장님이 계실 때 보고회를 가졌으면 하는 게 제 생각입니다."

"글쎄! 사장님의 일정이 워낙 유동적이어서 다음 주에도 일정을 잡을 수 있을지 모르겠는데…. 웬만하면 본부장들과 핵심 중간 간부들을 모아놓고 보고를 하는 것으로 하든지."

"실장님만 허락하신다면 한 주를 늦춰서라도 사장님이 계실 때 보고회를 열고 싶습니다."

까딱하다 보면 사내 반대론자들의 입김 때문에 보고회의 본질이 퇴색할 수도 있었다. 이 점이 걸려, 김영민 부장은 다소 고집스럽게 최 실장의 결단을 요구한 것이다.

"이거, 각 본부장들에게 다시 양해를 구해야 하는데…. 정 그렇다면 자네가 다 하게나! 난 사장님께 연락을 취해 일정을 다시 잡도록 해보지!"

최 실장도 김영민 부장의 단호한 의지를 읽었는지, 더 이상 단서를 달지 않았다.

김영민 부장이 최 실장과 통화를 끝내고 10분쯤 지나, 경영기획실 민 비서가 전화로 그를 찾았다.

"부장님, 경영기획실의 민 비서입니다. 실장님께서 사장님과 보고회 일정을 조정하신 모양입니다. 다음 주 화요일로 일주일 늦추자고 하십니다."

"아, 민 비서, 잘 알겠어요. 전화 고맙습니다."

김영민 부장은 자신도 모르게 안도의 한숨이 절로 나왔다.

이제 각 본부장들에게 양해 전화를 걸어야 할 차례였다.

예상대로 BSC 도입에 부정적인 견해를 가진 생산 본부장을 비롯해 몇몇은 불편한 심기를 그대로 드러냈다. 겉으로는 일정이 바뀐 것을 핑계댔지만, 본심은 보고회 자체가 뭐 필요하느냐는 식이었다. 어쨌든 보고회의 연기를 모두에게 알리고 나서, 김영민 부장은 의자 깊숙이 몸을 기대고 길게 한숨을 토해냈다.

'오히려 잘된 일인지도 모르지.'

김영민 부장은 긍정적으로 생각하자고 되뇌었다. 1주 더 준비할 시간을 벌었다는 쪽으로 생각을 굳힌 것이다.

어차피 부딪혀 깨뜨려야 할 벽이고 한 번은 넘어야 할 산이다. 우호적이지 않은 임원들이 보고회 자리에서 벌떼처럼 달려들어 반대 의사를 표명한다 해도 정공법으로 치고 나갈 자신이 있었다.

마음을 이렇게 다잡았지만 불쑥 고개를 내미는 초조함은 어쩔 수 없었다.

그렇게 다시 일주일이 흐르고 디데이 하루 전인 월요일, 김영민 부장은 최 실장에게 내일 제출할 내용을 미리 보고했다. 최 실장의 반응이 여전히 냉소적이라는 점이 김 부장을 초조하게 했다.

'하루가 이렇게 길었나!'

월요일 내내 일손이 잡히지 않았다.

마침내 화요일 아침이 되었다.

김영민 부장은 출근을 서둘러 아침 8시 회사로 나왔다.

책상 위에 발표 자료를 가지런히 펴놓고 두세 번 반복해서 리허설을 해본다.

"그래, 이 부분을 발표할 땐 스타카토로 강하게 어필해야겠다!"

보고의 핵심 사항에는 빨간 펜으로 밑줄까지 쳐놓고, 실제 발표처럼 손동작도 연습해 보았다. 김 부장은 어제 내내 자신을 초조하게 만든 팽팽한 긴장감 대신에 자신감이 솟아나는 걸 느꼈다.

중회의실에서는 '보고회'에 앞서 7시 30분부터 임원 회의가 있었다. 10시가 되어서야 회의가 끝났다는 전갈이 왔다.

김영민 부장은 박영출 과장과 함께 중회의실로 갔다.

오늘 '보고회' 자리의 참석자는 임원들과 사업단위 본부의 부장급 인사들이었다. 물론 김영민 부장과 함께 그 동안 동고동락해 온 TFT 멤버들도 회의실 뒤쪽에 배석해 있었고, 파로스의 한경영 이사도 김영민 부장 옆자리에 앉아 있었다.

"오늘 임원들과 관계자들을 모시고 BSC 구축 보고회를 갖게 되어 매우 기쁘게 생각합니다. 먼저 발표 순서를 말씀드리겠습니다."

김영민 부장은 한 음절 한 음절 끊어내는 듯한 또렷한 목소리로 말문을 열었다.

순서를 간략히 소개한 후 프로젝트 추진 배경과 목적, 추진 일정 등 프로젝트의 개요를 설명해 나갔다. 다음은 외부 환경 분석과 내부 역량 분석 결과에 대한 설명이 이어졌다.

"저희가 새롭게 수립한 전략적 방향은 20대와 30대 패션층을 대상으로 하는 목표 고객 명확화, 원브랜드-멀티아이템 강화, 외부 생산 비율의 확대, 기획·마케팅·디자인 역량 강화, 유통 구조의 합리화로 요약할 수 있습니다."

여기까지 말한 뒤, 김영민 부장은 자연스럽게 회의실을 한번 둘러보았다. 일순 정적이 흘렀다. 누군가 커피잔을 내려놓는 소리가 종소리처럼 크게 울릴 정도로 고요하다.

"다음으로는 이런 전략적 방향을 갖고 BSC를 구축한 결과를 보여 드리겠습니다. 현재 전사 BSC 구축과 본부별 BSC 구축이 이루어진 상태입니다."

김영민 부장은 전사 BSC 구축의 결과물, 즉 전략 과제, 전략 지도, 핵심 성과 지표 등을 설명해 나갔다.

이즈음 첫 질문이 터져나왔다. 예상대로 평소 비우호적인 의견을 개진해 왔던 생산 본부장이 입을 열었다.

"먼저 김 부장 이하 TFT 여러분, 고생 많았습니다. BSC 구축을 한다고 워크숍에 바쁜 사람들을 빼가고 해서 어떤 결과가 나올까 궁금했는데 이제 실체가 보이는군요. 그런데 제 느낌을 단도직입적으로 말씀드리자면 이렇게 BSC를 구축해 관리한다고 해서 크게 달라질 것은 없다는 생각이 드는군요. 지금 발표한 지표들은 우리 본부의 각 부서에서 이미 중점적으로 관리하는 지표들 중에서 몇 가지를 뽑아놓은 것에 불과하다는 생각이 듭니다. 과연 무엇이 변한다는 것인가요?"

BSC와 관련해 핵심 분야의 장인 생산 본부장이 이렇게 반문하는 것은 대단히 부정적인 반응이었다. 김영민 부장의 답변은 팽팽히 당긴 활시위처럼 긴장된 목소리로 이어졌다.

"생산 본부장님께서 그렇게 느끼시는 것은 당연합니다. 사실

BSC 지표들이라고 해서 그간 우리가 수립, 적용해 온 평가 지표들과 완전히 다른 것은 아닙니다. 중요한 것은 BSC 평가 지표들은 새롭게 정의된 전략의 달성 여부를 평가할 수 있도록 전략과 정렬된다는 점이 크게 다릅니다. 요점은 BSC를 통해 우리 회사의 조직이 '선택과 집중에 의한 전략 중심 조직'으로 변해 간다는 것이고 전략의 실행을 제대로 모니터링할 수 있다는 것입니다."

김영민 부장은 '전략 중심 조직'과 '전략 실행'이라는 핵심 단어를 특히 강한 어조로 강조했다.

이때 조용히 보고 내용을 메모해 가며 듣고 있던 사장이 넌지시 말했다.

"이번엔 워크숍에 참석한 부장 중에서 의견을 말해 보세요. 음, 하 부장은 어떻게 느꼈습니까?"

"저는 전사 차원과 본부 차원의 BSC 구축 워크숍에 각각 참석한 바 있습니다. 물론 그 전에 비전 및 전략 워크숍 결과도 공유했습니다. 저는 워크숍에 참여하는 동안 우리 회사의 전략이 현업 부서가 실제로 이해할 수 있는 논리적인 구조로 변화하고 있다는 생각을 했습니다. 이 추세대로라면 전략의 실천이 굉장히 가시적일 수 있다는 생각이 자연히 들었습니다. 예를 들어 전략 지도를 만드는 과정을 통해 전사 차원의 전략이 우리 부서가 바로 실천할 수 있는 가시적 지표로 변화되어 다가오는 것을 느꼈습니다."

하 부장의 우호적인 의견 개진에 이어 영업 본부장이 질문했다.

"평가 지표들이 전략에 치밀하게 정렬된다면 조직간의 갈등 문제도 해결될 수 있다는 생각이 드는군요. 어떻습니까? 김 부장."

"아주 중요한 지적이십니다. 기능 부서간 이기주의는 조직의 성과를 방해하는 가장 큰 이유입니다. 그러나 BSC를 통해 각 기능 부서들은 원활한 의사 소통이 가능해 조직적 시너지 효과를 창출할 수 있습니다."

"각 기능 부서들이야 정해진 업무만 열심히 하면 되는 것 아닙니까? BSC를 한다고 그러한 시너지 효과를 창출한다는 건 지나친 비약일 수도 있지 않을까요?"

김영민 부장의 말이 끝나기 무섭게, 생산 본부장이 가시 돋친 질문으로 치고 나왔다. 김 부장이 적당한 답을 궁리하느라 잠깐 머뭇거리는 사이, 마케팅 본부장이 지원 사격에 나섰다.

"사실 직원들이 전략을 잘 이해하지 못하는 것이 문제입니다. 일방적인 톱다운(Top-down) 방식의 업무 지시가 아니라 조직의 전략을 이해한 사람이 업무를 추진해 나간다면 업무 성과는 비약적으로 좋은 결과를 거둘 것입니다. 즉 직원들은 일상 업무 속에서 전략이 실행되는 것을 이해하게 되고, 나아가서 그것이 곧 단위 조직의 시너지 효과로 연결되는 것을 체득할 것 같습니다."

마케팅 본부장의 발언에 이어, 생산 본부장이 이번엔 색다른 제안을 했다.

"마케팅 본부장님의 말씀 잘 들었습니다. 그러면 제가 질문한 내용에 대해 자문 회사에서 오신 분이 의견을 말씀해 주실 수 있습니까?"

생산 본부장의 말에 모든 시선이 파로스 한경영 이사에게 쏠렸다.

한경영 이사는 예기치 않은 답변 요청에 조금도 당황하지 않고 생각한 바를 이야기하기 시작했다.

"파로스 사의 한경영입니다. 본부장님께서 지금 질문하신 내용은 대단히 중요한 지적입니다. 먼저 결론부터 말씀드리자면 BSC를 통해 조직적 시너지 창출이 가능합니다. 물론 많은 시간과 노력이 필요합니다."

"어떻게 가능한지 간략히 설명해 주십시오."

"예, 조직 전체의 신속한 변화가 어려운 것은 각 부서가 다른 이해관계를 갖기 때문입니다. 이를 이른바 부서 이기주의라고 하지 않습니까? 그런데 BSC를 구축하고 운영하다 보면 비전과 전략을 커뮤니케이션하게 됩니다. 임직원들이 바쁜 현업을 하다 보면 비전과 전략을 잘 이해하지 못하고 그때 그때 업무를 처리하는 것이 현실입니다. 큰 그림을 이해하지 못하고 업무를 수행하다 보니, 내가 처한 이해관계를 앞세우게 되는 것이지요. 그러나 조직의 전략을 이해한 사람이 일을 한다면 업무 성과는 훨씬 높아질 것입니다. 즉 직원들은 일상 업무 속에서 전략이 실행되는 것을 이해하게 되고 그것이 곧 단위 조직 의사 결정의 가이드라인을 제시합니다. 이러한 가이드라인을 통해 각 단위 조직은 어떤 과제를 수행해야 하고 타 부서와 어떻게 협력해야 전사 전략을 실행하게 된다는 것을 알게 됩니다. 따라서 특정 부서만의 이해 관계를 앞세울 수가 없고, 결과적으로 조직적 시너지 창출이 가능하게 되는 것입니다. 대답이 되셨는지요."

파로스 한경영 이사의 논리적인 설명에 생산 본부장은 더 이상 질문을 하지 않았다.

추가 질문이 없는 것을 확인한 김영민 부장은 발표를 계속했다.

전사 BSC 구축 결과 발표에 이어 본부별 BSC 구축 결과를 설명하고 전략과 전사 전략 과제에 본부의 전략 과제가 어떤 연결고리를 갖고 정리되어 있는지 설명했다.

이는 보고회의 핵심 사항이라 할 전략의 전사적 정렬에 의한 전략의 실행이 어떻게 가능한지 구체적인 모습으로 역설한 것이다.

본부 BSC 구축 결과에 대한 발표가 끝나자 사장이 다시 물었다.

"이러한 경영 시스템의 성공은 여러 가지 노력 여하에 따라 좌우됩니다. 제도 자체가 좋다고 성공이 보장되지는 않습니다. 어떻게 갈고 닦아 보석으로 만드느냐 하는 점이 중요합니다. 지금 발표를 들어보니, BSC 구축에 신경을 쓴 탓에 활용 방법이나 운용 방법은 부족하다는 생각인데…. 이 점은 어떻게 보강할 생각입니까?"

한경영 이사는 사장이 정확히 파악을 하고 있다고 생각했다.

사장은 파로스의 한경영 이사를 바라보며 덧붙여 말했다.

"자문을 맡은 회사에서는 어떻게 생각하는지 말씀해 주실 수 있겠습니까?"

파로스 한경영 이사는 이전에 김 부장 측에게 건네준 제안서의 아이디어를 발전시켜 답변했다.

"저는 연례 행사로서 전략을 생각하는 것을 지양하고, 전략이 지속적인 프로세스가 될 수 있도록 TFT와 협력하겠습니다. 활용에 대해서는 김 부장이 말씀하신 대로 6개월간의 시범 운영 후 내년부터 BSC 시스템이 본격적으로 도입되더라도, 당분간은 전략 실행을 지도하는 틀로만 활용해야 한다고 생각하고 있습니다. 물론 BSC 평가 결과를 연봉, 승진 등에도 활용할 수 있겠지만 성과 목표와 지표가 안정화되고 조직 구성원들이 수용할 때까지 기다려야 한다고 생각합니다. 그렇게 하기 위해서는 경영진의 리더십이 절대적입니다. 이와 관련해 장기적인 관점에서 적극적인 후원을 부탁드립니다."

파로스 한경영 이사는 사장을 포함한 임원진에 보내는 당부의 말까지 잊지 않았다.

사장이 마지막으로 언급을 했다

"이제부터가 더 중요합니다. 여러분 모두 오늘 보고회 내용을 명심하시고, 김 부장은 진행 상황을 계속 보고해 주십시오. 앞으로 결과가 기대됩니다. 앞으로 우리 회사는 전략이 중심이 되는 회사로 거듭날 것입니다. 각 본부장들도 관심을 가지고 좋은 결과가 있도록 지원을 해주시기 바랍니다. 김 부장 이하 TFT 여러분, 지금까지 고생 많았습니다. 앞으로도 더 열심히 해주십시오."

마침내 보고회는 끝이 났다.

각 본부장들이 김영민 부장에게 수고했다고 인사를 건넸다.

김영민 부장은 파로스의 한경영 이사와 함께 TFT 사무실로 내려왔다.

"한경영 이사님, 아까는 당황하셨지요?"

"예, 솔직히 말씀드리면 속으로는 좀 당황했습니다. 그러나 참석하신 분들이 잘 이해해 주셨고, 특히 김 부장님이 발표를 아주 잘하신 것 같습니다."

"저야 아직 부족한 것이 많습니다. 앞으로도 많이 도와주십시오."

김영민 부장은 실로 오랜만에 상쾌한 기분이었다.

"여러분, 모두 고생 많았습니다. 사장님 말씀대로 이제부터가 정말 시작입니다. 끝날 때까지 열심히 합시다."

"부장님, 고생 많으셨습니다. 오늘 저녁 오랜만에 회식이나 하죠?"

"좋고말고! 박 과장이 장소를 예약해 주지. 한경영 이사님도 저희와 같이 가시죠?"

"죄송합니다, 전 다른 약속이 있어서…. 다음 기회엔 꼭 참석하겠습니다."

"정말 바쁘시군요. 아쉽지만 다음에 뵙겠습니다."

파로스의 한경영 이사를 배웅하고 돌아온 김영민 부장은 최 실장이 마음에 걸렸다.

보고회가 사실상 성공적으로 진행되었으니 앞으로 프로젝트의 추진에 한층 더 무게가 실릴 것은 분명했다. 저녁 회식에 최 실장도 참석했으나 그리 즐거운 눈치는 아니었다. 하지만 이젠 이전처럼 드러내놓고 부정적인 의견을 낼 만한 상황도 아니었다.

최 실장은 저녁을 마치고 서둘러 자리를 떴고, 김영민 부장은 장소를 옮겨 멤버들과 술잔을 기울이며 그간의 노고를 치하하는 시간을 가졌다.

비행기는 이륙시 5분과 착륙시 5분이 가장 중요하고, 가장 위험하다고 했던가?

5분간의 가장 긴장된 이륙을 성공적으로 마친 셈이다.

이제 창공을 향해 기수를 높이고 화려한 비행을 할 차례다.

김영민 부장은 자신이 조종간을 잡은 비행사처럼 손아귀에 힘을 줘본다. 손목을 타고 짜릿한 희열이 밀려 올라왔다.

17. 쾌속 항진

보고회를 끝낸 후 김영민 부장은 TFT를 2개 부문으로 나누었다. 한쪽은 팀의 BSC 구축을 위해서였고, 또 한쪽은 운영 체계를 계획하고 시범 운영을 준비하기 위해서였다.

"박 과장과 이 대리를 뺀 나머지 네 사람이 각 본부 내 팀의 BSC 구축을 주도적으로 해주면 좋을 것 같습니다."

보고회를 마치고 TFT의 회식이 있은 후, 김영민 부장은 향후 프로젝트 수행 계획을 구체화해서 팀원들과 계획을 짜기 시작했다.

"여러분도 아시다시피 본부별로 팀이 많기 때문에 앞으로 두 달 동안 맡은 본부를 책임지고 팀 단위 BSC를 구축해야 합니다."

"원래는 TFT 전원이 팀을 나누어 각 본부 내 팀의 BSC 구축을 하는 것으로 계획되어 있지 않았습니까?"

"맞아요. 그러나 보고회를 하면서 생각이 좀 바뀌었습니다. 우리

TFT 팀원들의 BSC 구축 역량이 생각보다 빨리 향상이 되어 한 명이 한 본부의 팀 BSC 구축을 이끌어도 가능하리란 판단에서입니다. 또한 각 본부에 워크숍에 참석한 인력들이 있으니 이들을 활용하면 가능할 것입니다."

"부장님, 저희 팀원들을 너무 믿으시는 것 아닙니까?"

박영출 과장이 장난스럽게 되물었다.

"아니, 충분히 가능하다고 생각합니다. 그러나 물론 최종 책임은 내가 집니다. 난 여러분이 최선을 다해 잘해 주리라 믿습니다."

TFT 팀원들은 김영민 부장의 이 같은 업무 스타일에 이젠 익숙해 있었다. 김 부장은 조직적 역량을 잘 이해하는 사람이었다. 아랫사람에게 일을 믿고 맡기되 그에 대한 책임을 질 줄 아는 사람이었다.

"영업 본부는 팀이 많은데 두 사람이 가야 하지 않을까요?"

"영업 본부는 서 과장이 맡아 주었으면 좋겠어. 내가 지원할 테니."

"제가요? 아직 자신이 없는데…."

"자신을 갖고 해봐. 자네가 BSC에 대해 관심도 많고 열심히 하지 않았나? 이제 팀 단위 BSC 구축을 직접 이끌어봐."

"알겠습니다. 한번 해보겠습니다. 자주 협의하도록 하겠습니다."

"그럼 부장님을 포함해서 세 사람이 운영 계획 준비를 하는 것이군요. 원래 계획보다 운영 계획 준비가 세부적으로 되겠네요?"

"맞아, 그게 프로젝트 수행 구도를 바꾸는 가장 큰 이유야. 운영 계획 준비를 매우 구체적이고 실질적으로 해야 할 것 같아서 말이야. 물론 원래 계획대로 팀 BSC 구축을 끝내고 준비해도 되겠지만,

미리 준비하는 것이 혹시 모를 시행착오를 최소화할 것 같아."

다음날부터 팀원들은 맡은 본부별로 팀 BSC 구축 작업에 들어가서 본부별 팀 단위 구축 방법을 계획하고 일정을 협의해 나갔다.

김영민 부장은 본격적으로 운영 계획 준비에 착수했다. 먼저 E-채널을 통해 파로스 한경영 이사를 만났다.

"이제 구체적으로 운영 계획을 세워야 하는 단계가 되었군요. BSC 구축의 많은 부분을 진행시키셨습니다. 쉽지 않은 일을 지금까지 해내신 겁니다."

파로스의 한경영 이사가 먼저 김영민 부장의 업무 추진에 대해 격려했다.

"쉽지는 않지만 사장님도 많이 관심을 가져주시고 TFT 팀원들이 열심히 해주고 있습니다. 그리고 이렇게 한경영 이사님도 많이 도와주시지 않습니까?"

김영민 부장이 겸손하게 지금까지 공로를 다른 사람에게 돌렸다.

"김 부장님은 존경받는 CEO들의 공통적 특징 중의 하나인 겸손함도 갖추셨습니다. 앞으로도 좋은 장점이 될 것입니다."

"그렇게 말씀해 주시니 감사합니다. 저희가 운영 체계를 수립할 때 주의할 사항들을 짚어주시죠."

"예, 그러지요. 제가 이메일로 드린 자료를 보셨지요? 먼저 운영 체계의 분야별로 업무를 명확히 하셔야 합니다. BSC 대상, 목적, 모니터링 및 피드백 방법, 운영 주체, 활용 방법 등 여러 가지를 명확히 하시되, 특히 대상 선정에 더욱 신경 쓰셔야 합니다."

"이미 대상은 다 잡혀 있는 것 아닙니까? 모든 단위 조직과 개인까지 적용하는 것으로 생각하고 있습니다."

좀 의외라는 듯 김영민 부장이 질문을 했다.

"그렇게 되면 이상적입니다. 그러나 점차적으로 범위를 넓혀 단계적으로 적용하는 것이 중요합니다. F-SQUARE 사는 현재 팀까지 BSC가 구축되고 있으므로, 우선 전사와 본부 그리고 팀까지는 BSC를 적용하는 것이 좋을 것 같습니다."

"그렇다면 일부 조직만 시범 적용하고 나중에 확대하는 것이 좋을까요? 아니면 전체 조직을 한꺼번에 적용하는 것이 좋을까요?"

"두 가지 다 유용하지만, 제가 보기에 F-SQUARE 사는 전체적으로 적용하는 것이 좋다고 생각합니다. 김 부장님은 어떻게 생각하십니까?"

"저는 전사와 일부 본부 및 팀만을 적용해 보고 문제점을 개선한 후 확대 적용하는 것이 좋다고 생각합니다."

"제가 그렇게 말씀드린 이유는 활용의 성격을 고려했기 때문입니다. 활용에 대해서는 나중에 다시 세부 계획을 세울 터이지만, 초기엔 성과 평가 및 보상과 직접적으로 연결하지 않는 것이 좋겠다고 말씀드렸습니다."

"어디에 그런 내용이 있었죠?"

"저희가 올 초에 드린 제안서를 보시면 그러한 내용이 일부 있었고, 지난번 보고회에서도 제가 간단히 언급을 했지요."

"아, 이제 기억납니다. 전략 수정과 BSC 구축에 집중하느라 깜빡했습니다."

"이해합니다. 저희의 제안을 다시 한번 살펴보십시오. BSC 운영 초기에 본래의 목적인 전략 실행 모니터링에만 활용하는 것이 좋겠다고 말씀을 드렸죠. 따라서 그 이외의 목적으로는 사용하지 않으니 본부별로 큰 부담은 없을 것입니다. 예를 들어 BSC 결과를 성과 평가에 직접 연결시킨다고 하면 아주 신중하게 김 부장님의 말씀대로 가야 하겠죠. 시범 운영의 성격을 충분히 살려 전 부문에 다 적용을 해보고 해당 조직 적용에 대한 문제점을 빨리 파악하는 것이 좋을 것 같습니다. 이렇게 해서 전략 실행을 앞당기는 것이 옳다고 생각합니다."

"너무 혼란스럽지 않을까요?"

"초기의 혼란은 일정 부분 감수해야 합니다."

"알겠습니다. 다시 한번 그 의미를 되새겨보겠습니다."

파로스의 한경영 이사의 자문은 상당히 구체적이었으므로 김영민 부장은 운영 계획을 어떻게 할 것인가에 대해 구체적인 아이디어를 얻을 수 있었다. 물론 이렇게 얻은 아이디어는 TFT 팀원들과 내부적으로 많은 토론을 거쳐 확정이 되었다.

평가 프로세스도 TFT 내부적으로 많은 토론을 거쳐야 했다. 평가 프로세스는 5월 셋째 주에 세부 계획을 검토하는 것으로 되어 있었고, 박영출 과장이 기본 계획을 만든 후 함께 토론하게 되었다.

"박 과장이 전에 평가 업무도 했지?"

평가 프로세스 검토 회의가 있던 날, 김영민 부장은 박 과장과 커피를 함께 마시면서 물었다.

"그렇죠. 제가 평가팀으로 입사를 했습니다. 2년 동안 업무를 담당했죠."

"그때 프로세스가 참 복잡했는데, 지금도 마찬가진가?"

"예, 그렇습니다. 그게 그렇게 쉽게 안 되더라구요. 말도 많고 탈도 많은 게 평가잖아요. 이건 BSC 운영 프로세스를 평가할 때의 경험을 살려 작성해 보았습니다."

박 과장이 유인물을 나눠주면서 이야기를 계속했다.

"BSC도 일종의 평가라는 생각에서 평가팀에서 관리하는 것이 맞다고 생각합니다."

"평가팀이라…. 내 생각엔 BSC 평가는 일반 평가와 좀 다른 점이 있어야 할 것 같아."

"어떤 부분이 달라야 한다는 말씀이신가요?"

"전략 실행 부분이지. BSC가 전략을 실행하기 위한 것은 이제 우리가 이해하는 부분이 아닌가? 따라서 전략이 제대로 실행되었는지 평가하고 조직의 전략 방향을 결정하고 목표 선정에 들어가야 할 것 같은데."

"그런 일은 결국 경영진이 최종 결정을 내리는 것 아닌가요?"

"맞아. 그래서 내 생각엔 분기에 한 번씩 소집되는 임원 회의에서 반드시 경영기획실의 BSC 결과를 보고 받고, 이에 대해 검토하는 시간을 가져야 해."

"일종의 전략 회의가 되겠네요. 그렇지 않아도 바쁜 임원들이 동의할까요."

"초기엔 쉽지 않겠지만 BSC를 통한 전략의 실행력을 담보하기 위해서는 시도해 볼 만한 일이야."

"알겠습니다."

"그리고 박 과장이 말한 평가팀은 본부와 팀의 BSC 평가를 총괄하면 될 것 같아. 일단 각 본부에서 취합되고 조정된 지표와 목표들을 전사 차원에서 조정하고 데이터를 수집해서 결과를 내야지."

"그렇다면 일이 너무 많아지지 않습니까? 현재도 평가 때문에 골머리를 앓고 있는 부서인데, BSC 업무를 더 떠맡기는 꼴이 되지 않겠습니까?"

"물론 좀 과중한 느낌이 없진 않은데, 일단 시범 운영 단계인 올해 말까지는 우리 전략경영팀이 담당하되, 평가팀을 2명 정도 참여 시키자고. 그리고 내년부터는 업무를 나눌 생각이야."

"어떻게 나눌 수 있을까요?"

"전략 관련 부분은 전략경영팀에서 하고, BSC 운영, 즉 본부 및 팀 단위까지 BSC 운영 및 결과는 평가팀에서 하면 될 것 같아."

"개인 단위 BSC는 언제쯤 적용할 수 있을까요?"

"글쎄, 시간이 많이 걸리지 않을까? 내가 전에 파로스 한경영 이사와 이야기를 나눠보니 알겠더군. 본부 및 팀 단위 BSC가 안정되고 검증이 되었을 때 개인 BSC를 하는 것이 좋겠어. 약 3년은 지나야 한다고 생각해."

"알겠습니다. 본부 및 팀의 BSC를 새로 맡게 될 평가팀이 당분간 괴로울 것 같군요."

"그렇겠지. 기존 평가도 해야 하고 BSC도 해야 하니 말이야. 그러나 앞으로 지금의 많은 조직 평가나 개인 평가 지표가 BSC로 대체된다면 지금보다 훨씬 간편한 평가 업무가 되지 않을까 싶어. 그때

BSC 운영 계획 수립 범위

BSC 운영 계획 수립시 대상, 방법, 운영 주체 및 평가 결과의 활용 등에 대한 안을 마련해야 함.

대상
- 전사
- 본부, 팀
- 개인 등

방법(지표 구성)
- 정량적·정성적 지표 균형
- 사명, 재무, 고객 등 균형

운영 주체
- 독립된 평가팀 등
- 지표별 적정한 관리 주체 선정 등

세부
운영 계획
수립 범위

WHAT / HOW / WHO / WHEN / WHERE / WHY

목적
- 외부 평가 대응, 전략 실행
- 점검, 프로세스 개선,
- 급여, 인센티브 등

데이터 집계 및 관리
- 시스템 활용, 업무 부담
- 최소화와 DB화 추구 등

평가 주기
- 연·반기·분기·월 등
- 지표 특성 및 평가 목적 반영

쯤이면 아마 평가팀이 나에게 고맙다고 할 거야."

"참, 부장님. 우리 TFT와 워크숍 참가자들을 사내 BSC 자문 그룹으로 지정하면 어떨까요?"

"자문 그룹이라…. 좋은 제안이야. 그 자문 그룹을 어떻게 활용할 수 있을까?"

"본부와 팀 단위의 BSC 운영을 지원하는 거죠. 그들이 BSC를 구축했으니 구축과 운영의 일관성도 있겠네요."

"그것 괜찮은 생각이야. 그들이 물론 바쁘기는 하겠지만 기꺼이 받아들이지 않을까 싶네. 그 계획은 이 대리가 좀 구체화해 봐."

옆에서 두 사람의 대화를 듣고 있던 이정국 대리는 고개를 끄덕였다.

운영 계획을 세부적으로 짜려고 하니 여간 복잡하지 않았다. 실질적으로 많은 업무를 수행할 평가팀과 협의를 거쳐야 했고 최 실장과도 의견을 조율해야 했다.

평가 주기 및 횟수, 평가 결과 공개 범위, 피드백 방법 등은 많은 혼란을 겪은 후에야 결정될 수 있었다. 평가 주기 및 횟수에 관련된 팀 내부의 갈등은 상대적으로 적었으나 평가 결과 공개 및 피드백에 관련된 사항은 많은 논의가 필요했다.

"부장님, 한달에 한 번은 너무 많아요."

"그런가? 시스템화되면 그리 어려울 것 같지는 않은데."

"완전히 전산 시스템을 갖춘다고 해도 어차피 관련 부서들이 데이터를 입력해야 하지 않습니까?"

"그렇긴 하지. 그럼 지금 주요 본부의 재무적 성과는 매달 집계되고 있으니 이와 관련된 것들은 매달 집계하고, 나머지 결과는 최소 3개월에 한 번은 집계해 보고하는 것이 어떻겠나? 어차피 임원 회의에 보고 자료로 쓰이기 위해서는 그 정도 주기는 되어야 산출 결과가 의미 있게 사용되겠지."

"평가 결과 피드백은 어떻게 해야 하나요?"

"모든 평가가 그렇듯이 BSC 결과의 피드백 방식도 여러 형태가 있을 것 같아. 평가 결과에 의해 동기 유발이 되어야 하는데 조직간의 위화감을 조성하거나 동기 부여를 꺾으면 안 되지."

"피드백도 일반 평가와 같이 업무의 잘잘못을 가리기보다는 전략 실행 차원에서 푸는 것이 어떨까요?"

"나도 박 과장과 같은 생각이야. 본부와 팀의 목표와 실적의 차이를 보여주는 것에서 끝나면 안 되지. 우리는 원인 분석을 통해 전략의 수정 여부와 가능하다면 사업 계획 수립 내용의 수정 여부 등도 같이 보고해야 해. 더 나아가서 BSC와 연계될 수 있는 예산 수립 및 배분, 평가와의 연계 등을 작성해서 보고하고 관련 부서에 전달하는 것으로 하지."

"너무 일이 복잡해지지 않습니까? 경영진과 관련 부서에 워닝 리포트(Warning Report)를 작성해 주는 거 아닙니까? 확실히 차별화되기는 하겠지만 업무가 너무 힘들 것 같아요."

"해당 본부 및 관련 부서의 협조를 받으면 그렇게 어려운 것도 아니야. 전략 기획실이 그 정도는 해줘야 기업의 전략 수립과 실행을 모니터링을 한다고 할 수 있지. 박 과장은 나하고 같이 계속 고민해 보자고."

평가 결과 활용 계획을 세우는 것은 김영민 부장에게 참으로 쉽지 않은 일이었다. 6월 첫 주에는 끝낼 계획이었으나 일주일이 더 지난 둘째 주가 되어서야 정리가 되었다.

"생각보다 BSC 활용 분야가 많아. 나도 이렇게 다양하게 활용될 줄은 몰랐네."

"저도 그래요, 부장님. 다시 보면서 놀랐습니다."

김영민 부장을 비롯해 박영출 과장, 이정국 대리 등 세 사람은 1차 활용에 대한 초안을 갖고 최종 검토를 하고 있었다.

"일단 외부 홍보의 초점은 지식 경영으로 잡아야 할 거야. 단순 재무 정보 수치에서 제도와 프로세스에 녹아 있는 무형의 자산까지도 관리하면 되겠지."

"홍보팀에서 좋은 '꺼리'를 얻었다고 하겠네요."

"그리고 프로세스 개선에 BSC가 활용된다는 것은 우리에게 또 새로운 시각인 것 같아. 박 과장은 이게 가능할 것 같은가?"

"이해는 갑니다. 아직 실행해 보지 않아 잘 모르겠지만, 성과가 낮게 나오는 핵심 성과 지표에 대해 관련 프로세스를 재검토하고 혁신하려고 하는 것이니 크게 어려운 건 아닙니다. 약간의 강제성은 있어야 할 것 같습니다."

"강제적으로 시행되지 않아도 사장님에게 보고되면서 자연히 해결될 수 있는 것 같아. 예를 들어 다른 지표의 성과는 좋고 특정 지표의 성과가 좋지 않은 경우를 생각해 보자고. 이때 인과 관계에 얽힌 BSC 구조하에서 재무 성과도 좋지 않다면 성과가 좋지 않은 지표에 관련된 프로세스건 사람이건 그냥 지내긴 쉽지 않을 거야. 그 프로세스에 의해서 전체 성과가 좋지 않다는 결론이 유도되는 것이지."

"그렇겠군요. 자연히 프로세스 개선에도 활용될 수 있겠네요. 예산과의 연계는 어떻게 생각하십니까? 지난번 부장님하고 협의한 내용을 토대로 제가 만들긴 했는데, 예산 부서 사람들이 언짢게 생각합니다."

"어떤 부분을 싫어하지?"

"비중을 활용하는 문제 때문입니다. 지금까지 예산 배분과 너무 판이한 프로세스가 생기기 때문에 거부감을 갖는 것 같습니다."

"쉽지는 않을 거야. 그리고 현실적으로 그 비중대로 예산을 나눌 수 없는 경우가 많긴 하지. 그래서 전반적인 예산 배분의 기준 정도로 활용하도록 해줘."

"평가는 이렇게 하면 되겠죠, 부장님?"

"인센티브 반영 부분을 넣었지?"

"예, 개인별 연봉에 반영하기 전 단계에 팀 인센티브 제공을 넣었습니다."

"그래, 그렇게 가자구. 개인별 BSC는 이 제도가 정착된 다음에 적용하는 개념으로 잡았으니 본부와 팀 평가에 활용해 해당 부서 인센티브 제공의 기준이 되면 좋을 것 같아. 지금 개인 연봉에 BSC를 적용하는 것은 이른 것 같아."

"그럼 3, 4년 후 개인 BSC까지 도입되면 그 결과를 개인의 연봉에 반영하겠다는 말씀이시네요?"

"결국 그렇게 가야 돼."

운영 계획의 가장 마지막 단계는 지금까지의 계획을 단계별로 어떻게 적용할지 최종으로 결정하는 단계였다. 이미 많은 내용들이 앞 단계에서 논의되었으므로 실행 계획을 작성할 때는 김영민 부장과 박영출 과장은 BSC 구축과 운영에 또 하나의 주요 고비를 넘겼다는 생각이 들 정도였다.

"우리가 시범 운영 기간을 너무 짧게 잡은 것 아닙니까?"

"6개월이 충분하지는 않아. 사실 나도 고민을 많이 했는데 어차피 빨리 적용할 것이라면 집중적으로 빨리 검증해 보는 게 낫지 않을까?"

"그럼, 시범 운영 6개월, 도입 1년, 2년, 3년차 이렇게 되는 거죠?"

"그렇지. 시범 운영 6개월 중에 지표와 목표의 유효성을 검증하는 데 최소 3개월이 걸릴 것이고…."

"목표와 지표의 유효성을 각각 검증하는 데 1개월이면 되지 않을까요?"

"너무 짧아. 물론 지금까지 많은 토론이 있었고 본부별로 검증이 된 것이긴 해도, 최종 시범 운영을 하면서 실제로 적용 가능한 지표와 목표인지를 각 부서에서 확인하고, 우리 운영 부서에서도 검증을 해야 해."

"그럼 부장님 말씀대로 3개월을 잡고 11월에 최종 확정하도록 하겠습니다. 전산 파트는 부장님이 만나보셨죠?"

"어제 전산 파트 사람들을 만나보았는데 그렇지 않아도 전산 부서에서 우리가 BSC를 한다고 하니까 걱정이 되었는지 IT 시스템 공급 업체들과 미팅을 했나 봐."

"비용이 많이 든다고 하지 않던가요?"

"우리 회사의 규모로서는 도입할 수 없는 규모인 것 같아 전산부장이 간단하게 개발해 주기로 했어."

"간단하게 개발하다니요?"

"BSC 관련 데이터들이 자동으로 업데이트가 되도록 하느냐, 하지 않느냐가 매우 어려운 문제라고 하더군. 그래서 기본적인 재무 지표에 관련된 것들은 기존 시스템에 연결하고 나머지는 직접 입력하도록 한다는 거야."

"얼마나 걸린다고 하던가요?"

"지금부터 준비를 조금씩 하겠다고 하더군. 본격적으로는 지표 및 목표가 확정이 되고 나서 약 3개월 정도를 예상하더군."

"그럼, 우리가 7월부터 3개월간 검토한 결과를 넘겨주면 10월부터 연말까지 개발이 되도록 하면 되겠네요. 내년에 BSC 본격 도입과 때를 맞추어 활용할 수 있겠습니다."

"그렇게 되는군. 그렇게만 되어 준다면 좋겠는데…. 금주 내로 전산 파트에서 입장을 정리해서 자료를 보내주기로 했으니까 그 자료를 받아 보고서에 넣도록 해."

"알겠습니다."

"그리고 여기 이 부분 말이야. 내년도가 본격 도입 1년차인데 사업 계획이나 예산에 BSC를 활용토록 하는 것까지만 시도해 보자구. BSC를 통한 인센티브 제공은 2년 후로 넘기고 개인 BSC는 3년 후에 검토하는 것으로 하면 될 것 같아."

한편 본부별 팀의 BSC 구축을 담당하는 TFT 팀원들도 본부의 각 팀들과 직접 부딪히며 열심히 팀 BSC를 구축해 나갔다.

팀원 모두는 전사와 본부 BSC 구축을 거치면서 쌓은 지식과 경험이 상당하게 도움이 되는 것을 느꼈다. 무엇보다도 워크숍에 참석한 참석자들의 도움은 말로 할 수 없을 정도였다. 실제적으로는 파견한 TFT 팀원 1명과 워크숍 참석자들이 팀 BSC 구축 작업의 작은 TFT가 된 것 같은 효과를 냈다.

이렇게 2개월이 지나 팀 단위까지 BSC가 구축되었고 하반기인 7월부터 시범 운영에 들어갈 수 있도록 준비가 끝났다.

팀 단위 BSC 구축을 하는 동안 김영민 부장은 사장에게 두 번에 걸쳐 서면 보고를 했다. 한 번은 BSC 운영 체계에 대한 것이었고, 또 한 번은 팀 BSC 구축 결과에 대한 것이다.

제3부
BSC를 실행하고 성과가 나타나다

18. BSC 시범 운영 스타트

19. 묵은 껍질을 깨고 새 날개를 얻다

20. BSC 안정기에 접어들다

21. 희망은 확신하는 자의 것이다

18. BSC 시범 운영
스타트

7월이 되었다. 여름의 날씨를 느긋하게 느끼기엔 시간이 너무 빨리 흐른 탓일까? 김영민 부장은 아침 출근길에 문득 사람들의 옷차림이 어느새 완전한 여름 옷으로 바뀐 것을 알아차렸다. 아침 8시 여의도까지 가는 718번 좌석 버스에 올라탔다. 출근 러시아워라서 그런지 버스 안에는 빈 좌석이 없었다.

'좌석 버스에 좌석이 없다니, 이거 완전히 입석 버스네.'

김영민 부장은 이렇게 중얼거리다가, 좀더 일찍 나오지 않은 것을 후회했다. 어제 팀 단위 BSC 구축 결과를 검토하고 회식을 밤늦게까지 했으므로 일찍 일어나는 것이 쉽지는 않았다. 어제 박영출 과장의 말이 떠올랐다.

"부장님, 직원들이 BSC를 단순히 지표로서만 인식하는 것 같아요. 비전과 전략을 연계해 아무리 설명해도 결국엔 목표와 지표 수준만을 가지고 이야기하니 결국 지표들만의 모임으로 생각한다는 것이죠."

"박 과장! 지금 자네가 지적한 내용은 BSC에서 중요한 걸림돌이야. 비전과 전략을 생각해야 하는데, 그저 평가를 잘 받기 위한 지표와 목표로만 인식해 활동을 한다는 것이지."

"어떻게 하면 좋을까요?"

"달리 뾰족한 수가 없지 않은가? BSC에 대한 인식을 높여야 한다는 것밖엔…. 우선 내일부터 테스트 기간이 시작되지 않는가? 목표와 성과 지표에 대한 검증을 하다 보면 자연히 그런 문제점이 지적될 것이고, 자꾸 접하다 보면 직원들의 인식도 달라질 거야. 변화가 그렇게 쉽게 이루어지지는 않아. 시간이 좀 필요하지."

김영민 부장은 그렇게 말했지만, 확신이 서지 않았다. 단순한 업무 평가 체계로 전락한다면 제대로 만들어진 BSC는 아니었다. 사무실로 들어서면서 김 부장은 '제대로 된 BSC 구축'이라는 용어로 자신에게 닥친 문제점을 요약해 보았다.

"자, 여러분이 고생한 결과로 우리 회사가 팀 단위까지 BSC가 구축되었습니다. 사실 여기까지 온 것만 해도 저는 가슴이 설렙니다. 불가능한 일을 해낸 것이지요. 여러분, 너무 고생했습니다. 팀장으로서 감사하다는 말씀을 드립니다. 이제 또 하나의 관문이 기다리고 있습니다. 이제부터는 시범 운영을 통해 우리가 구축한 시스템을 검증하는 관문입니다. 일단 여러분이 한 본부씩 맡아 시범 운영을 해줘야 할 것입니다."

"시범 운영 계획안에 보니 그렇게 되어 있더군요. 팀 단위 BSC를 구축한 사람이 시범 운영까지 맡으면 될 것 같습니다."

"그렇게 합시다. 운영 계획을 작성한 박영출 과장과 이정국 대리는 나와 함께 전사 BSC 시범 운영과 전체적인 조율 및 분석 업무를 하면 됩니다. 우리 업무 계획서(work plan)를 이미 확인하셨지요?"

"예, 봤습니다. 그렇게 하겠습니다."

"좋습니다. 그리고 여러분의 시범 운영을 도와주기 위해 BSC 지원 팀을 만들 생각입니다."

"BSC 지원팀은 어떤 사람들이 활동하나요?"

"각 본부 내에 기획이나 평가 업무를 담당하는 사람들이면 좋겠고, 여러분이 추천해 주기 바랍니다. 물론 BSC 워크숍에 참여한 사람이어야 합니다. 지난번 팀 BSC 구축 때에도 그분들의 활약이 없었다면 일이 무척 어려웠을 겁니다. 그분들을 BSC 지원팀으로 공식적으로 지정할까 합니다. 앞으로도 여러분에게 상당한 도움이 될 겁니다."

"그분들은 시범 운영 때만 활용하는 것인가요? 그럼 활용성이 너무 떨어지지 않습니까?"

"좋은 지적입니다. 마침 이 대리가 좋은 안을 냈는데, 사내 BSC 자문 그룹을 만들자는 것이었습니다. 따라서 저는 이번에 BSC 지원팀을 구축해서 6개월간 시범 운영을 하면서 여러분을 지원하도록 한 후, 내년 이후에는 여러분과 함께 사내 BSC 자문 그룹으로 전환해서 계속 활용할 계획입니다."

김영민 부장은 TFT 팀원들의 추천을 받아, 총 10여 명으로 구성한 BSC 지원팀의 공식적인 발족을 알리는 문서를 각 본부에 발송했다. 비상근이지만 앞으로 TFT를 잘 도와달라는 내용의 공문이었다.

본부별 BSC 지원팀이 공식화된 후 가장 먼저 할 일은 기존 데이터를 활용해 목표와 핵심 성과 지표를 검증하는 일이었다. 김영민 부장은 먼저 지금의 핵심 성과 지표에 데이터를 대입해 상반기 성과를 분석해 보기로 했다.

각 BSC 지원단을 통해 관련된 데이터를 수집해 달라고 요청했고, 박영출 과장과 이정국 대리도 나름대로 데이터를 수집해서 비교 분석하는 작업을 진행해 나갔다. 10일간의 데이터 수집이 끝난 후 BSC를 통해 핵심 성과 지표를 검증해 나갔다.

"박 과장, 데이터가 쉽게 찾아지지 않는 것들이 많지?"

"그렇습니다. 오히려 말이 많은 EVA 같은 것들은 재무팀에서 생각보다 쉽게 구해 주더라구요. 결과는 놀랍게도 우리가 생각한 것보다 훨씬 나쁩니다."

"결과 좀 볼까?"

"기업 가치 증대에 대한 데이터를 분석한 결과, 최근 3년간 우리는 계속 경상 이익을 낸 것으로 되어 있습니다. 물론 작년도의 경상 이익이 사상 최저치죠. 그런데 EVA 분석 결과를 보니, 계속 마이너스를 기록하고 있더군요."

"그래? 매우 주목할 만한 상황이군. 작년도에 경상 이익이 45억 원인데, EVA는 마이너스 102억 원으로 계산되어 있네."

김영민 부장은 박영출 과장이 이야기한 슬라이드를 자세히 들여

다보며 숫자를 하나하나 읽었다.

"EVA가 세후 영업 이익에서 투자 자본 비용을 빼는 것이니 우리가 돈을 벌기는 벌었으되 투자 자본 금융 비용보다 못 벌었다는 뜻이 되는군. 매출이 그렇게 떨어지면서도 영업 본부에서 그나마 큰소리를 치는 것이 그래도 돈을 벌었다는 것인데 EVA를 지표로 하면 상황은 전혀 달라지겠어."

"이런 결과를 보면 EVA를 지표로 삼는 것에 대해 본부에서 반발이 심하겠는데요?"

"그런데 왜 지금까지 아무 이야기를 하지 않았을까?"

"이것으로 평가받는 의미를 잘 모르는 것 같아요. 이번에 시범 결과를 보내주면 반응이 나오겠지요."

"지난번에 우리가 잡은 EVA 목표치가 얼마였지?"

"지난번에 EVA 계산을 정확히 할 수 없어 나중에 정한다고 했습니다."

"그럼 재무팀과 협조해서 올해 사업 계획에 의거해서 우리 회사의 EVA를 계산해 봐. 그것이 '기업 가치 증대'라는 전략 과제의 올해 목표가 되는 거야."

"알겠습니다."

이렇게 TFT 팀원들은 기존의 데이터를 활용해 핵심 성과 지표의 유효성을 검증하고 목표를 현실적 수준으로 정리해 갔다. 데이터를 확보할 수 있는 것들은 크게 문제가 되지 않았으나, 데이터를 확보하지 못했거나 잘못된 데이터를 제공하는 경우는 문제가 달랐다. 데이터를 확보하지 못한 것은 대개 신규 지표들이었다. 목표 고객 만족도가 그런 경우였다.

"부장님, 목표 고객 만족도에 대해 지난번엔 위장 고객의 평가 점수로서 평가를 하는 것으로 되었는데, 아무래도 이게 문제입니다."

"어떤 문제가 있던가?"

"우린 이전엔 그런 것을 해보지도 않았기 때문에, 관련된 아무런 데이터가 일단 없습니다. 그리고 위장 고객을 선정할 때 그 대상 선정부터 매번 그 주체가 틀려지기 때문에 데이터의 신뢰성에 문제가 생길 것 같습니다."

"지난번 토론 때는 왜 그런 검토가 없었을까?"

"그때는 위장 고객을 충분히 신뢰성 있게 추출할 수 있다는 의견이 지배적이었기 때문이죠. 제가 백화점 매장 관리자와 통화해 보았는데, 그게 쉽지도 않을뿐더러 비용도 만만치 않게 든다고 하더군요."

"그럴 수 있겠어. 지금 다른 핵심 성과 지표를 대체할 만한 게 있을까? 어떤 대안이 가능할까?"

"매장 관리자의 말로는 '목표 고객 만족도'를 측정하는 것은 아무래도 재구매율이 아닐까라고 하더군요. 우리 부라보 브랜드 이상, 즉 중고가 이상의 제품들은 고객 카드를 작성하기 때문에 재구매 여부는 그 데이터를 취합해 보면 된다고 하더군요."

"다른 백화점 쪽도 고객 카드를 작성하는지 알아보았나?"

"예. 제가 영업 본부 사람에게 이야기를 듣고 직접 전화로 확인했는데, 데이터를 입력해 놓는다고 하더군요."

"재구매율이 '고객 만족도'를 측정하는 데는 더 적격인 것 같아.

데이터를 직접 받아보고 성과를 측정해 봐."

며칠 후 박영출 과장은 지난 3년간의 데이터를 받아 영업 본부 BSC 지원팀을 맡은 조 부장의 도움을 받아 재구매율을 산정해 보았다. 놀랍게도 재구매율은 3년 전의 31퍼센트에서 전년도 11퍼센트까지 계속 낮아지고 있었다. 박 과장은 이런 결과를 김영민 부장에게 보고했고, 이에 따라 핵심 성과 지표를 재구매율로 바꾸게 되었다.

왜곡된 결과를 제출하는 경우도 있었다. 예를 들어 유통 업자들과 윈-윈 관계 구축이라는 전략 과제의 핵심 성과 지표로서 '유통 업자 만족도'가 핵심 성과 지표로 선택되어 있는데, 이와 관련해 왜곡된 데이터가 제출된 것이다.

전략경영팀은 마케팅 본부를 통해 유통 업자 만족도 조사를 실시했다. 한 달 동안 만족도 조사 결과를 접수해 보니, 7점 만점에 평균 6.5점을 받은 놀라운 결과가 나타났다.

"박 과장! 이 만족도 조사 결과는 아무래도 신뢰할 수 없어."

"저도 그런 생각이 듭니다만, 마케팅 본부에서 유통 업자를 대상으로 직접 조사했다고 하니, 우리 마음대로 바꿀 수 있는 것도 아니지 않습니까?"

"누가 바꾸라고 했나? 이 만족도 조사를 실시한 부서 담당자를 만나 자세히 이야기를 들어봐. 뭔가 찜찜해."

김영민 부장은 이렇게 지시하고, 다음날 우연히 마케팅 본부의 동기를 만나게 되었다.

"오랜만이야."

"잘 나가는 전략경영팀장 아니신가? 잘 지내나?"

"이 사람, 비꼬기는…. 난 프로젝트 팀에서 계속 지내고 있어. 자네도 잘 지내지?"

"잘 지내기는…. 분위기가 좋지 않아. 어제도 우리 부장들이 본부장한테 한 소리 들었지."

"무슨 일인데?"

"본부장이 사장한테 질책을 받았는지 우리 부장들을 모아놓고 한 소리 하더라고. 직접 내가 한 일은 아닌데, 매년 두 번 진행되는 유통 업자들에 대한 관계 구축 프로그램이 비효율적이라고 하면서 말이야."

"혹시 그 프로그램에서 유통 업자들에 대한 만족도 설문 조사를 하지 않나?"

"아마 그럴 거야. 그런데 그거 별로 믿을 게 못 돼. 사실대로 이야기하는 유통 업자는 한 명도 없을 거야."

"이유가 뭔가?"

"다분히 형식적이야. 마케팅 본부 사람들이 미리 손을 써놓는 경우가 대부분이야. 이런 걸 실시하니 점수 잘 주라고 은근히 압력을 넣게 되지. 그러면 유통 업자들은 사실대로 불만을 이야기하거나 낮은 만족도를 표시하면 무슨 불이익이 있지 않을까 염려해서 일부러 높은 점수를 주게 되는 거지."

이로써 김영민 부장은 며칠 전 받아본 조사 결과에서 유통 업자 만족도가 높은 이유를 알 수 있었다. 사무실로 돌아와서 김 부장은 최 실장을 통해 이런 사실을 사장에게 보고했다. 그리고 이런 잘못된 데이터를 제공하지 않도록 각 본부장들에게 협조 공문을 보냈다.

결국 사장의 지시로 마케팅 본부에서는 유통 업자에 대한 만족도 조사를 다시 실시했고, 그 결과 전과는 완전히 달랐다. 새로운 결과가 나왔을 때 김영민 부장과 박영출 과장은 누구보다 놀랐다.

"우리가 유통 업자들한테 이런 점수를 받았는지는 꿈에도 몰랐는데요. 유통 업자의 만족도는 7점 만점에 2.4점이었고, 이것은 3년 전과 비교했을 때 2점이나 낮아졌습니다. 다른 회사의 브랜드를 취급하고 싶다는 욕구가 50퍼센트를 넘고 있습니다."

"이 결과는 현실을 애써 외면해 왔기 때문에 생긴 일이라 할 수 있지. 마케팅 부서에서 유통 업자에 대한 왜곡되지 않은 정확한 데이터를 수집하고 제공했다면 벌써 대응 조치가 취해졌겠지. 앞으로도 이런 왜곡된 결과가 나오지 않도록 하는 것이 매우 중요해. 박 과장, 이 사례를 우리 최종 보고서에 잘 담아줘."

"예, 알겠습니다."

김영민 부장은 이런 결과들을 본부 및 팀의 시범 운영 결과에도 적용해 목표 및 지표의 유효성에 대해 검증해 나갔다.

시범 운영 결과가 어느 정도 정리가 되어 가는 9월 넷째 주. 전산 부서에서도 본격적으로 BSC 시스템 개발에 착수했다. 전에 컨셉을 미리 잡았듯이 대부분의 데이터들은 직접 입력을 하는 것으로 개발되었고, 성과 및 피드백 결과에 대한 조회 기능은 사장, 본부장, 팀장까지 가능토록 했다.

10월이 되어 전략 과제에 대한 핵심 성과 지표와 목표에 대한 검증이 대부분 정리가 되었으므로, 김영민 부장은 본격 도입 1년차,

즉 내년의 BSC를 준비해야만 했다. 이에 따라 BSC 운영 계획에서 세운 사업 계획과 예산 연계 작업을 구체적으로 진행해 나갔다.

이 무렵, 계속적인 강행군에 TFT 팀원들도 지쳐 갔다. 팀 단위 BSC 구축에 이어 검증 작업 3개월, 이제 또 내년도 BSC 운영을 준비해야 하기 때문이다. TFT의 한 사람인 추 과장이 휴가에 대해 한마디 했다.

"우리도 휴가 좀 다녀오고 그래야 하는 것 아닌가요? 여름 휴가철이 엊그제였던 것 같은데 벌써 10월이 되었네요."

사실 그랬다. TFT들은 여름 휴가를 반납하고 일하고 있었기 때문이다. 김영민 부장도 휴가를 다녀오고 싶은 마음이 굴뚝 같았지만, 전체 일정상 그렇게 할 여유가 없었다. 어느 날 TFT 회의에서 김 부장은 겨울 휴가에 대해 TFT들과 이야기를 나누었다.

"사실 저도 휴가를 내고 싶습니다. 그러나 우선은 지금 프로젝트를 마무리하는 것이 더 중요하지 않습니까? 휴가는 프로젝트가 끝나고 마음 편히 갑시다. 복잡한 여름 휴가보다 한적한 겨울 휴가가 더 낫지 않겠어요? 어쨌든 고생들이 너무 많습니다. 이제 한 분기만 더 열심히 해봅시다."

김영민 부장은 TFT 팀원들을 다독거리며 일을 진행시켰다.

19. 묵은 껍질을 깨고 새 날개를 얻다

김영민 부장은 먼저 내년도 '전사 BSC 합의'를 이끌어 내야 했다.

"내년도 전사 BSC 합의를 크게 할 것은 없지 않습니까? 며칠 전까지 시범 운영한다고 전사, 사업부, 팀의 지표와 목표에 대해 쭉 검토를 했으니 지표가 달라지는 것은 없을 것 같습니다. 목표만 잘 합의하면 되지 않을까요?"

"박 과장 말이 맞아. 내년도 전략 과제나 핵심 성과 지표는 달라지지 않아도 될 것 같아. 그러나 지표별로 목표에 대한 경영진의 1차 합의는 있어야 하겠지. 지금부터 그 작업을 해야 해."

김영민 부장은 전사 핵심 성과 지표별로 TFT 팀원들을 담당자로 배정했다. 각 지표 담당자들은 시범 운영 결과 및 성과에 대한 데이터를 근거로 합리적이라고 판단되는 목표를 잡아갔다.

어느 날 브랜드별 시장 점유율 지표 담당자인 이정국 대리가 김영민 부장과 대화를 나누었다.

"제 생각엔 내년도엔 목표 고객 매출 비중의 목표를 20퍼센트로 하는 것이 좋겠다고 봅니다. 과거 실적 분석들이 이를 뒷받침해 주고 있습니다."

"그런가? 먼저 내게 준 분석 결과를 같이 살펴볼까? 내가 지난번에 보완하라고 한 것은 보완했지?"

"예, 분석 자료들은 첨부되어 있습니다."

"먼저 과거 실적치 분석을 좀 볼까? 회귀 분석을 했나? 회귀 분석 결과는 올해랑 비슷한 15퍼센트로 되어 있네. 그리고 과거 3년치 평균값 분석을 통해 보면 18.5퍼센트 정도로 나타나는군."

"예, 그래서 저는 목표 고객 매출 비중이 20퍼센트 정도의 목표면 적당하다고 생각하고 있습니다."

"충분히 그럴 수 있지. 다른 분석 결과를 좀 볼까? 비전 목표와 비교한 자료는 어디 있지?"

"그 다음 장에 있습니다."

"우선 중장기 비전 목표를 좀 보자고. 10년 후 우리의 비전이 세계적 패션 브랜드를 보유한 토탈 패션 회사고 먼저 국내에서 1등을 하는 브랜드를 가진다는 것이지. 그때 우리 목표 고객 매출 비중이 70퍼센트는 되어야 패션을 주도하는 목표 고객에게 진정으로 인정받는 것이라 생각했지. 경쟁사들은 어떤가?"

"국내 1위인 '에뚜' 사를 조사해 보니, 목표 고객의 매출 비중이

50퍼센트 정도로 되어 있었습니다."

"이 대리! 분석 자료는 이 정도면 좋아. 사실 나도 정확한 결론을 내리기가 어려운데, 이 대리가 제시한 목표는 우리 과거 실적에 근접한 것처럼 느껴지거든. 과거 실적의 분석은 일단의 참고값이 될 뿐이지. 우리의 전략 방향은 좀더 높은 도전적인 목표를 잡아야 할 것 같아. 사업 본부 사람의 이야기를 다시 한번 들어보고 정말 적절한 수준의 목표가 무엇인지 고민해 보자고. 목표를 잘 잡아야 동기 유발이 되는 거야. 너무 쉬워도 안 되고 너무 어려워도 안 되고 말이야."

"정말 그런 느낌이 들더군요. 무엇이 적정한 목표인지 잘 모르겠습니다."

"이 대리가 해줘야 할 일은 이러한 분석을 통해 적절한 논리를 세워보는 거야. 최종 결정은 의사 결정권자들이 합의에 의해 결정하게 될 거야."

"알겠습니다."

지표 담당자 개인별로 이런 분석 작업을 거쳐 TFT가 제시하는 전사 BSC 목표가 정해졌다. 이정국 대리가 고민했던 목표 고객 매출 비중은 새로운 전략 시행 1차 연도인 내년에 30퍼센트를 달성하는 것으로 안이 만들어졌다.

김영민 부장은 이런 결과를 하나하나 정리해서 10월 말 분기 경영자 회의에서 성과 지표별 목표 수준을 보고했다. 약간의 논란이 있었지만, 다행히 목표 수준에 대해 대부분의 TFT안이 받아들여졌다. 이제는 경영진도 점차 바뀌어가는 것을 느낄 수 있는 회의였다.

11월 첫 주에는 승인된 전사 핵심 성과 지표별 목표를 갖고 본부 및 팀에 각각의 핵심 성과 지표와 목표를 정해 달라는 주문을 했다. 본부 및 팀의 경우도 지표에 대한 검증은 이루어진 상태였으므로, 목표에 대해서만 많은 고심을 하는 것 같았다. 거기엔 그럴 만한 이유가 있었다.

김영민 부장이 BSC를 사업 계획과 사업부 예산 편성을 연결시켰기 때문이다. 김 부장은 이러한 공문을 본부에 발송한 후 영업 본부에서 한 통의 항의 전화를 받았다.

"김 부장이십니까? 저는 부라보 브랜드 사업 파트장입니다."

"예, 안녕하십니까? 저희가 보내드린 요청 때문에 전화 주셨죠?"

"그렇습니다."

"저희가 공문을 보내면서도 바쁘게 일하시는 분들에게 좀 죄송한 생각이 들더군요."

"그렇게까지 말씀을 하니 조심스럽습니다만, 사업 계획이나 예산 편성에 너무 많은 변화가 있어 혼란스럽습니다. 다음부터는 여유를 좀 갖고 합시다."

"무슨 말씀이신지 알겠습니다. 지금은 처음이고 해서 좀 어려우실 겁니다. 내년부터는 나아지지 않겠습니까? 올해만큼은 좀 이해해 주십시오."

사실 볼멘소리가 나올 만도 했다. 일반 사업 본부에서 매년 관례적으로 해 오던 사업 계획이 전략 방향과 전사 BSC 목표에 의해 새롭게 검토되어야 했다. 게다가 혼란스러운 것은 본부 및 팀의 BSC를 구성하고 그것에 대한 '실행 프로그램'을 잡아 달라는 요청 때문이었다. 그것에 따라서 인원 및 예산 배정에 대한 결정을 하겠다고 했으니, 각 본부 및 팀 단위에서는 기존과 다른 프로세스로 내년도 인원 및 예산 계획을 수립해야만 했다.

"각 본부와 팀들이 지금 정신이 없을 겁니다. 더욱이 12월 초부터 경영진이 참여한 가운데 본부별 계획을 발표하게 되니 이게 엄청나게 부담이 될 겁니다."

옆에서 박영출 과장이 한마디 거들었다.

"나도 그렇게 생각은 해. 그러나 이렇게 함으로써 사업 계획과 예산 계획이 자연스럽게 연결되면서 내년도 목표와 예산에 대한 검토를 치밀하게 할 수 있지 않은가? 한번 경험해 보면 지금보다 훨씬 유연하게 사업을 할 수 있을 거야."

"정말 그럴까요? 하긴 꽉 짜여진 예산에 의해 얻는 거라고는 몇 푼 되지 않는 비용 절감 효과밖엔 없다고 재무팀 사람이 푸념하던 게 생각나네요."

"그렇지. 원래 예산은 조직의 목표를 달성하는 것이지 비용을 절감하기 위한 방안은 아니란 말이지. 이렇게 전략과 연계된 실행 프로그램에 소요되는 비용을 검토함으로써 효율적인 자원 배분이 가능할 거야."

11월 마지막 주에 지난 한달 동안 작성된 각 본부의 내년도 BSC 계획이 취합되기 시작했다. 물론 본부별로 팀의 내년도 BSC 계획이 승인되고 조정된 후였다. 김영민 부장을 비롯한 TFT 팀원들은 본부 단위로 취합된 내년도 BSC 계획을 검토했다. 이 자리에서 몇 가지 문제점들이 드러났다.

"부장님, 이런 목표를 그대로 수용할 수는 없다고 생각됩니다."

박영출 과장이 검토 의견을 제시했다.

"목표 수준이 너무 낮다는 것입니다. 이것 보십시오. 반품률이 현재 1.7퍼센트 수준인데, 1.5퍼센트 이하로 하겠다는 목표는 요즘 세상에 너무 안이한 발상 아닙니까?"

"6시그마가 이야기되는 세상이니 그렇게 느껴지기도 하는군. 본부의 목표 수준은 다음 주부터 진행되는 BSC 계획 발표 때 경영진이 합의해야 하고 최종으로 사장이 승인해야 하는 것이니, 일단은 우리 의견을 보고서에 넣도록 해."

"그런 문제 외에 또 어떤 문제들이 있지?"

"실행 프로그램들이 빈약한 것들이 많습니다. 이걸 기준으로 예산을 짜야 하는데 재무팀 예산 파트에서 어려움이 있다고 하더군요."

"그러면 안 되지. 예산 파트와 이야기해서 우리가 요청한 수준의 실행 프로그램을 내놓지 않은 부서는 이 주에 다시 보완해서 달라고 해. 그렇지 않으면 내년도 예산 수립에 반영되지 않을 거라고 연락해 줘. 우리가 공문에 적은 효과에 대해 설명해 주고."

"솔직히 저도 자신이 없는 부분이라 설명을 잘 못 하겠습니다."

"우리가 처음 하는 일이긴 해도, 그럴 거라고 생각이 안 드나? 박 과장은 이해하지? 대부분의 기업들이 연말이 되면 일상적으로 예산을 수립하지 않나. 그러면서 어디에 얼마를 투자할 거고 매출은 어느 정도 올릴 거고 경비는 5퍼센트를 줄일 거고 뭐 이런 식의 예산 수립이 이루어지는 게 일반적이지 않은가?"

"일반적인 것이 크게 잘못은 없지 않습니까?"

"그렇게 짠 예산 계획 중에 조직의 장기적인 발전 방향과 맞지 않는 경우가 많다는 게 문제지. 또 실제 운영 단계에서 현실과 맞지 않는 경우도 많고 말이야."

"그럼 이렇게 BSC와 예산 계획을 연계하면 그러한 단점이 보완된다는 말씀이죠?"

"그렇지. 예산이 조직의 전략 방향과 동일한 선상에서 세워져야 한다는 것은 당연한 것 아닌가? 그런데 우리는 BSC를 통해 회사를 전략에 정렬시키는 작업을 했으니 두 프로세스가 맞물려 돌아가야 하겠지. 그러면 당연히 예산이 조직의 장기적 발전 방향과 동일한 선상에서 세워지는 거지."

"실제 운영 단계에서 현실과 맞지 않는 경우는 어떻게 보완할 수 있습니까?"

"그건 이렇게 생각하면 돼. 지금 조직의 전략 과제와 그에 따른 실행 프로그램을 잡는 단계가 아닌가? 실행 프로그램을 짜면서 필요 예산이 발생 원인별로 나타난다는 것이지. 즉 실제로 활동한 단위 조직이 전략 실행을 위해 필요한 예산을 정확히 파악할 수 있다는 거야."

"잘 이해되지 않습니다."

"이런… 다시 한번 생각을 해봐. 예전엔 각 단위 조직이 예산을 무조건 많이 받으려고 노력하면서 톱다운형 예산 배정이 이루어진 경우가 많았지. 경영자 의지가 반영되어야 한다는 면에서 틀린 방법은 아니지만, 예산을 받은 후 결과적으로 회계 처리시에는 다른 계정으로 처리하는 편법이 많이 이루어지지 않은가? 그런데 실제 활동을 가장 잘 파악할 수 있는 현업 부서가 계획 수립을 한다면 가장 현실적인 예산 계획을 수립할 수 있게 되는 거야."

"그런 사례가 많이 있나요?"

"꼭 BSC가 아니더라도 그런 개념으로 예산 계획을 현실화하려는 기업들의 욕구는 상당하지. 우리는 BSC를 도입하면서 그걸 같이하게 되는 거야."

"이제 이해가 좀 됩니다. 어쩌면 우리 회사가 모험을 할 수도 있겠네요."

"그래서 나도 좀 불안하지만 우리가 좋은 선례를 만드는 거라는 생각이 들고, 꼭 성공할 수 있을 거라 믿어. 2년이나 3년 정도 지나면 익숙해지지 않을까?"

"그럴 수 있을 것 같습니다."

박영출 과장은 실행 프로그램을 다시 보완해 달라는 연락을 취하러 자기 자리로 돌아갔다.

12월 둘째 주가 되었다. 지난 2주, 부족했던 실행 프로그램 부분은 본부별로 다시 보완되었고 김영민 부장은 실행 프로그램에 대한 TFT 분석 결과를 사장에게 보고했다.

이제 긴 프로젝트 여정의 마지막이라 할 수 있는 큰 행사가 남아 있었다. 바로 본부별 BSC 발표였다. 본부별 BSC 발표는 임원들과 BSC 담당자들이 모인 자리에서 이틀간 지속되었다. 본부별로 먼저 올해의 BSC 성과를 검토하고, 내년도의 전략 과제와 핵심 성과 지표에 대한 의견을 검토했다. 역시 제일 어려운 것은 목표 수준에 대한 합의를 이끌어 내는 것이었다. 처음으로 접하는 프로세스라 경영진을 비롯한 모든 사람들이 어려워했다.

그러나 TFT 주도하에 전사의 목표 수준에 맞춰, 본부와 본부 내 각 팀의 목표 수준이 도전적으로 설정되고 BSC 합의가 마무리되었다.

12월 마지막 주 TFT 팀원들은 1년여의 TFT 생활을 마무리하고 원 부서로 복귀하게 되었다. 원래 계획에는 공식적인 최종 보고회를 개최할 생각이었으나, 그간의 서면 보고와 본부별 BSC 발표를 통해 모든 내용이 공유되고 보고되었으므로 별도의 보고회는 개최하지 않게 되었다.

TFT 팀원들은 프로젝트를 마감한다는 인사를 하러 사장실을 들렀다. 연말의 바쁜 일정 속에서도 사장은 TFT에 대한 배려를 잊지 않았다. 사장은 본부별 BSC 발표에서 깊은 감명을 받았다는 말과 함께 그 동안 지난 1년간의 고생을 인정해 주었다. 김영민 부장은 파로스 한경영 이사에게도 감사 메일을 받았다.

'김 부장님의 열정과 추진력에 감탄했습니다. 자문 기간이 끝날지라도 언제든지 연락을 주십시오. 김 부장님이 있는 F-SQUARE 사는 근본적인 변화를 이루어갈 것입니다. 비전을 달성해 가는 F-SQUARE 사의 미래가 기대됩니다. 감사합니다.'

'오히려 제가 더 감사합니다. 한경영 이사님의 헌신적인 노력과 통찰력에 많은 도움을 받았습니다. 앞으로도 많이 도와주십시오.'

김영민 부장도 파로스 한경영 이사에게 마음에서 우러나오는 감사의 뜻을 담아 답신메일을 보냈다.

TFT 활동을 공식적으로 마감하는 저녁 회식에서 김영민 부장은 TFT 팀원들에게 한 가지 약속을 했다.

"여러분! 정말 고생 많으셨습니다. 우리는 이렇게 헤어지지만 늦어도 2년 후엔 제가 다시 한번 여러분을 모시겠습니다. 오늘 우리의 노력을 자축하기 위해서입니다. 저는 확신합니다. 여러분의 노력이 헛되지 않을 것이고 반드시 성과를 거둘 것이라고."

"김 부장님, 고생 많으셨습니다. 이제 저희들은 떠나지만 현업에서 자주 연락을 드리겠습니다. 앞으로 김 부장님의 몫이 너무 크네요. 말씀하신 대로 성공을 자축하기 위한 시간을 기다리겠습니다. 그때 다시 만나는 것을 우리가 노력의 성과를 맺어오라는 뜻으로 부메랑 미팅이라고 하면 어떻겠습니까?"

"멋진 표현입니다. 부메랑 미팅! 꼭 웃으면서 다시 만납시다."

현업으로 돌아가는 사람들이나 김영민 부장을 포함해서 남아 있는 전략 기획실 사람들 모두 감회가 새로웠다. 이 날은 지난 1년의 어느 날보다 많은 술잔을 기울였다.

김영민 부장은 어느 순간부터 기억이 나지 않았다. 밤늦게 택시를 타면서 구세군의 자선 냄비 소리를 언뜻 들었다는 기억만 흐릿하게 남아 있었다.

20. BSC 안정기에 접어들다

신년이 되어 연례 행사인 시무식이 열렸다. 신년 휴일을 지낸 후라 본격적인 업무 생각을 하지 않고 무심코 앉아 있던 김영민 부장은 사장의 몇 마디에 정신이 확 돌아왔다.

"작년엔 참으로 많이 어려웠습니다. 여러분도 다 아시다시피 많은 동료가 회사를 그만둘 수밖에 없었습니다. 사장인 저는 여러분에게 참으로 죄송한 마음을 금할 수 없습니다. 그러나 올해부터는 달라진 모습을 보여주어야 합니다. 변하지 않으면 이런 아픔을 또 겪습니다. 그래서 저는 작년에 몇 가지를 준비했습니다. 구조 조정, 전사 전략 방향 재검토, 새로운 경영 시스템…. 이제는 실행해야 할 때입니다!"

'실행, 실행, 실행!'

김영민 부장의 머릿속에는 실행이라는 단어가 맴돌기 시작했다. 그간 생각을 하지 않은 것은 아니었으나 사장의 입에서 '실행'이란 말을 듣자 다소 풀어진 자세에 긴장감이 돌았다.

'그래. 사장도 지금부터가 진짜라고 생각하는 거야. 작년에 고생한 것은 씨를 뿌린 것에 불과해. 지금부터가 진짜 시작이야.'

김영민 부장의 머리는 다시 바쁘게 움직이기 시작했다. 본격 도입 1년차. 작년에 BSC 합의가 이루어졌으므로 올해는 제대로 BSC가 돌아가는지 모니터링하고 피드백하는 일에 중점을 두어야 했다.

4월 첫 주 1/4 분기 경영자 회의 날짜가 다가오자, 김영민 부장은 BSC 결과를 분석해서 보고서를 작성하느라 매우 바빴다. 영업 본부의 자료들을 받아보니 재미있는 상황이 발생했다. 여러 지표들 중에서 EVA 목표는 달성했으나, 다른 관점의 지표들은 목표에 이르지 못했다. 김 부장은 목표 대비 실적을 계산하고 설정된 비중에 따라 총 점수를 집계했다. 김 부장이 보기엔 '주의'였다. 이런 결과를 영업 본부에 보내니, 당장 난리가 났다.

영업 본부의 지원팀장이 허둥지둥 달려왔다.

"김 부장님! 우리에게 보내준 보고서 말입니다. 도대체 뭘 하자는 겁니까? 열심히 뛰고 있는 영업 본부 사람들의 사기를 꺾어도 분수가 있지. '주의'가 뭡니까? 영업본부장님도 지금 엄청 화가 나셨습니다. 이런 결과를 보자고 우리가 BSC를 하는 것인지 본부장님은 사장님과 다시 이야기하시겠다고 하더군요. 이 내용을 그대로 사장님께 보고할 겁니까?"

매우 흥분한 지원팀장은 계속 목에 핏대를 세워가며 하고 싶은 말들을 쏟아냈다. 김영민 부장은 일단 가만히 듣고 있을 수밖에 없었다. 이 같은 반응이 한편으로 이해가 되기 때문이다. 과거 같았으면 재무 수치가 좋았을 때 영업 본부는 아무 문제가 없었기 때문이다. 그러나 이제는 시각을 달리해야 한다는 것을 아직 이해하지 못했다. 김영민 부장은 영업지원팀장을 설득한다는 것이 현 단계에서는 무의미하다고 느꼈지만 간단히 다시 한번 보고의 의미를 설명해 주었다.

"그렇게 말씀하시는 것도 이해됩니다. 영업 본부가 과거와 달리 더 잘못했다는 것이 아닙니다. 미래에 더 좋은 성과를 내기 위해 우리가 그 동안 고려하지 못한 요소들을 좀더 균형 있게 관리하자는 것이니, 그 의미를 한번 더 생각해 주십시오."

"그게 그렇게 중요한 것인지 사실 잘 모르겠습니다. 우리가 요청하는 것은 지금의 보고 내용을 수정해서 사장님께 보고해 달라는 것입니다. 그렇지 않으면 우리 영업 본부는 BSC에 의한 평가를 거부할 것입니다."

김영민 부장은 이렇게까지 반발하자 난감했다. 직원들과의 대화 노력이 부족했다는 반성도 하게 되었다. 그러나 지금 영업 본부의 의견을 받아들이는 것은 근본을 흔드는 일이라 생각했다.

김영민 부장은 단호히 말할 수밖에 없었다.

"안 됩니다. 현재의 리포트는 그대로 보고가 될 겁니다."

영업 본부의 지원팀장은 더 이상 이야기하는 것이 무의미하다고 느꼈는지 신경질적으로 자료를 덮고 자리에서 일어났다.

김영민 부장은 이러한 사실을 최 실장에게 보고했다. 실장도 이미 영업 본부장에게 이야기를 들었는지 보고서를 수정해 달라고 주문했다. 김 부장은 벽에 부딪히는 듯한 느낌을 지울 수 없었다. BSC에 대한 평가가 현실로 나타나니, 기존의 사고방식 안에서 도저히 수용되지 않는 것이라 생각했다. 김 부장은 실장의 주문을 수용할 수 없었다. 실장과는 이미 견해 차이가 많이 나고 있던 터라 그리 새삼스러운 일이 아니었다. 실장은 김 부장의 거부 의사에 화부터 냈지만, BSC 주관 부서인 전략경영팀 김 부장의 보고서는 원안대로 경영자 회의 자료로서 사장에게 보고되었다.

이제 문제는 1/4 분기 경영자 회의였다. 사장이 영업본부장의 의견을 들어준다면 BSC를 추진하는 데 상당 부분 어려움이 있을 거라는 생각이 들었다.

드디어 경영자 회의가 열리고 김영민 부장은 오후에 회의 결과를 최 실장으로부터 전해 들을 수 있었다. 최 실장은 매우 낙담한 듯이 이야기했다.

"영업본부장이 강한 어조로 사장에게 이야기했소. 하지만 사장님의 의지도 매우 강했어. 영업 본부가 재무 실적에 너무 집착한다고 질책을 하시더군. 김 부장이 보고한 내용에 사장이 매우 공감한다는 느낌을 받았소."

"어떻게 이야기하시던가요?"

김영민 부장은 매우 조심스럽게 최 실장에게 물었다.

"난 재무 수치만 좋으면 그냥 넘어갈 줄 알았는데 고객, 프로세스, 학습과 성장 관점의 지표들을 보더니 목표 수준에 많이 미달한다고 그걸 하나하나 이야기하시더군. 특히 유통 업자의 만족도가 너무 떨어져 그 원인에 대해 집중적으로 물으시는 거야."

"영업본부장님이 답변을 잘하셨습니까?"

"아니, 품질이나 디자인이 떨어진다는 이야기를 많이 했는데, 구체적인 증거 자료를 제시하지 못했어."

"제가 영업 본부는 매출만 관리하지 말고, 균형적인 시각으로 다른 지표들도 관리해야 한다고 보고서에 적지 않았습니까? 사장님도 그걸 말씀하신 모양이군요."

"맞아요. 과거의 습관을 벗어나지 못했다고 하고, 전략을 실행하지 않는다고 그러시더군."

최 실장은 답답한 표정으로 이야기를 했다. 실장에게 미안했지만 사장의 시각이 확고부동한 점이 매우 다행이란 생각이 들었다. 김영민 부장은 이로써 BSC에 대한 사장의 이해가 매우 높다는 것을 알 수 있고 향후 BSC에 의한 관리가 더 강력해질 수 있다는 생각이 들었다.

재무 성과만 좋고 다른 관점의 과제들에 대한 성과가 좋지 않다면, 장기적인 성과는 나빠질 수밖에 없는 것 아닌가? 그러니 영업 본부의 경우 전략을 올바르게 수행한다고 할 수는 없었다.

이런 특징적인 사건도 있고 해서 각 본부와 팀들은 BSC 성과에 대한 종합적인 시각을 갖기 시작하는 것 같았다. F-SQUARE 사에서는 관점별 전략 과제에 대한 목표 대비 BSC상의 성과를 보고하는 일이 일상화되어 갔다.

물론 이 과정에서 김영민 부장이 주도하는 전략경영팀의 피드백 결과는 큰 역할을 했다. 김 부장의 피드백에 관한 노력은 매우 눈물겨웠다. 첫째로 매월 '성과 지표별 목표 대비 실적'을 점검했고 시스템에 입력을 했다. 둘째로 '핵심성과 지표 경영 분석 보고서'를 분기에 작성해서 임원 회의에 제출했고, 이것은 중요한 경영 회의의 자료로 사용되었다. 셋째로 전략 피드백 보고서였는데, 이것은 목표 대비 실적 차이의 원인이 지표 수립시 가정한 경영 환경의 변화인지 여부를 검토하고 이를 기초로 비전, 전략, 사업 구조 등의 조정 내용을 작성했다. 넷째로는 재무팀 예산 파트와 협조해 예산 수립 피드백 보고서를 작성했다. 이것은 당해 연도 예산 수립 내용의 적정성, 예산 수립 절차의 적정성 등을 검토한 것이었으며 각 사업 본부의 예산 수립 작성의 지침, 사업 계획 예산 심의 지침이 되었다.

이런 피드백을 통해 BSC 성과 관리, 즉 전략 실행을 독려하는 와중에도 김영민 부장은 지표 및 목표에 대한 피드백도 수시로 해야 했다.

9월이 되어 김영민 부장은 도입 2년차에 실시하기로 했던 성과 평가에 대한 활용 지침을 발표해야 했다. 2년차부터 성과에 직접 반영한다고 했으므로 상세한 실행 방법을 알려주어야 했기 때문이다. 이러한 소식에 많은 사람들이 우려를 감추지 못했다. 특히 최 실장의 경우는 거의 노골적이었다.

"김 부장! BSC 시스템이 안정되려면 많은 시간이 걸려야 하는 것으로 알고 있는데, 그 불안전한 시스템에 의한 결과를 평가에 반영한다는 것은 무리예요."

"아닙니다, 실장님. 평가팀하고 이야기했는데, 현재의 평가 내용들이 BSC와 겹치는 것들이 많아 통합해서 사용하는 것이 업무 효율성을 높이고 BSC에 의한 관리 효과를 가시화할 수 있다고 합니다."

"어떻게 통합할 것인지 설명 좀 해보시오."

"지난번 운영 계획을 올린 것과 같이 현재 우리 평가 시스템에서 사업부 및 팀의 업적 평가를 BSC로 대체하는 개념입니다. 이렇게 되면 각 조직의 장들, 즉 본부장과 각 팀장들은 BSC에 의해 평가를 받는 개념이 되고 BSC 결과는 인센티브 지급의 기초 자료가 됩니다."

"다른 사람들은 어떻게 근무 평가를 하는 거지?"

"현재의 업적, 능력, 태도 평가 방식을 그대로 유지하되, 업적 평가를 조직의 업적 평가로 대체해 인센티브 지급의 기준으로 삼는 것입니다."

"그렇게 계획을 잡은 이유가 특별히 있소? 더 혼란스러운 것 같은데."

"이렇게 함으로써 BSC에 의한 전략 실행을 촉진시킬 수 있고 실장님이 우려하시는 정착 단계의 불안정을 최소화할 수 있습니다. 지금은 1년차로서 평가와 보상에 연관시키지 않지만 계속 이렇게 할 수는 없습니다. 또 전면적으로 모든 개인에게까지 BSC를 도입할 수도 없습니다. 이렇게 BSC 결과를 팀까지 반영함으로써, BSC의 평가 결과를 개인에게까지 점차적으로 확장시키는 기반을 마련할 수 있습니다. 평가를 받으면 개인의 행동이 변하게 마련입니다."

김영민 부장이 세부 계획을 하나하나 설명하자, 최 실장은 더 이상 말이 없었다. 지난번과 같이 책임지라는 말을 하지도 않았다. 최 실장의 결재를 받고 각 본부에 평가와 보상에 관련된 시행 지침을 내렸다. 이제 2년차부터 BSC가 평가와 보상에 연결되어 가는 것이니 본격적인 BSC 활용이 이루어질 것이다.

12월이 되어, 김영민 부장은 연말 임원 회의 자료를 준비했고 각 본부는 작년과 같이 BSC 계획을 세워 사장에게 보고하게 되었다. 이젠 인센티브에 연결된다는 계획까지 발표한 상태라 목표 수준을 잡는 데 작년보다 훨씬 많은 고민들을 하는 분위기였다.
김영민 부장은 연간 BSC 실행 결과를 요약하면서 달라지는 조직의 분위기를 직접 느낄 수 있었다. 먼저 목표 고객 매출 비중이 눈에 띄게 높아졌다는 것이다. 지난 분기마다 결과를 집계하면서 해당 분기만의 일시적인 현상이 아닌가 하고 의심했지만 이젠 완전히 인정을 해야 했다.
"부장님! 이건 기대 이상인데요? 목표 고객 매출 비중이 올해 35.4퍼센트를 기록했습니다."
"박 과장, 나도 놀랐다네. 작년에 30퍼센트로 잡을 때는 정말 달성하기 어렵다고 이야기했는데…."
"전체적으로 호전된다고 보고서를 내놓아도 좋을 정도로 다른 지표들도 달라지고 있습니다."
"그래, 우리가 계획한 전략의 실행이 감지가 되니 무엇보다 기쁘군. 다만 EVA 목표를 계획한 대로 아직 달성하지 못하니 그게 아쉬울 뿐이지."
"다른 지표들이 좋아지니, 그것도 좋아지지 않을까요?"

"나도 낙관하고 있는데, 아직 현실화되지 않아 걱정이야. 보통 재무 성과가 목표에 미달하면, 바로 핵심 임원들에게 실적 부진에 대한 책임을 묻는 게 일반적이지 않은가? 그런데 지금의 사장님은 다른 경영 스타일을 보여주는 것 같아."

"무슨 말씀이시죠?"

"사장님도 우리와 같이 곧 재무 실적이 좋아질 것이란 믿음을 갖고 있으시다는 말씀이지. 고객, 내부 프로세스, 학습과 성장의 지표들이 좋아진다는 것은 객관적인 현실이지 않은가. BSC에 따르면, 이들 지표가 좋아지면 재무 관점의 지표가 좋아지는 것은 당연한 결과라고 보거든. 다만 올해냐 내년이냐 하는 시차만 있을 뿐이지. BSC가 성공하려면 여러 조건이 충족되어야 하지만, 특히 '시간이 필요함을 인식하라'라는 경구가 있지. 우리 사장님은 그걸 잘 이해하시고 있는 것 같아."

김영민 부장은 결코 낙관적인 전망을 버리지 않았다. 행운의 여신은 늘 확신하는 자에게만 미소를 보낸다고 하지 않는가?

그런데 현실은 아직도 김영민 부장에게 '기다림'을 요구했다.

BSC 도입 1년차에 다른 지표들이 좋아진다는 것을 확인했으나, 그것이 재무 성과로 바로 나타나지는 않았기 때문이다.

BSC 도입 2년차에 들어섰다.

도입 2년차의 핵심은 BSC 결과를 연봉과 인센티브에 반영하는 것으로, 이 무렵 각 조직 단위의 BSC 운영은 안정기에 접어들었다.

김영민 부장은 재무팀 예산 부서의 사람을 만나 BSC 결과의 예산 활용 결과에 대해 대화를 나누면서, 이 점을 확인할 수 있었다.

"우리 회사가 BSC를 도입한 지 벌써 2년째가 되어 가는군요! 예산 계획 짜는 데 BSC를 활용해 보니 어떠십니까?"

"정말이지, 작년엔 참 많이 혼란스러웠죠. 올해 들어선 작년 1년 동안 이미 시행착오를 겪어서인지, 크게 걱정할 게 없다고 봅니다."

"실무 차원에서 뭐가 제일 어려웠습니까?"

"다른 부서도 이구동성으로 하소연이던데, 실행 프로그램을 현실적으로 짜는 일이 제일 어렵더군요. 더구나 이것이 실제로 집행 가능한 예산인지 판단하는 게 제일 어려웠습니다."

"분명 예전에도 그 같은 문제가 있었을 텐데, BSC를 통한 관리를 하면서 그 문제가 더 커진 것은 무엇 때문인가요?"

"예전엔 예산 계획을 짠다는 것이 형식적일 때가 많았습니다. 형식적인 예산 계획과 경영자의 의지에 따라 예산이 배분되는 경우가 많았죠. 그러나 BSC를 통해 예산을 배분하다 보니 전략과 본부의 업무, 예산이 하나로 맞물려 돌아가게 되고 굉장히 현실적이 되었습니다. 한마디로 예전에 예산 따로, 집행 따로 이런 현상이 많았는데 이러한 문제점들이 최소화되고 현실화되었다고 할 수 있죠."

평가팀은 BSC 도입 2년차에 고생을 제일 많이 한 부서라고 할 수 있었다. 예전의 평가 방식을 유지하면서도 BSC 결과를 가지고 이를 접목해 인센티브 지급 방안까지 확정해야 했으니 혼란스러운 것도 당연했다.

그러나 동기 부여를 하면서 김영민 부장이 더욱 열심히 하도록 격려하는 결과도 있었다. 예를 들어 평가팀의 팀원이 이런 이야기를 한 적이 있었다.

"저희가 부서 평가를 할 때 가장 어려운 점은 평가의 객관성이었는데, BSC는 그러한 면에서 상당히 유용합니다."

"어떤 차이가 있나요?"

"BSC를 통해서 부서 평가를 하다 보면, 정말 각 부서가 전략을 실행하기 위해 특정한 기여를 하고 있다는 걸 잘 알게 되거든요. 따라서 본부나 팀 각 단위에서 제대로 일했는지 전략의 실행 관점에서 객관적인 판단을 내릴 수 있습니다."

"다행입니다. 앞으로는 개인 BSC까지 확대할 생각입니다."

"그럼 현재의 개인 근무 평가는 사라지는 건가요?"

"그렇습니다."

"관련 서적에서 보니까 BSC는 밑으로 내려갈수록 전략에 관련된 지표보다 운영에 관련된 지표가 많아진다고 하던데, 개인은 운영 관련 지표가 훨씬 많아지겠군요."

"그렇게 될 겁니다."

"그러면 지금의 평가와는 어떤 차이가 있죠?"

"개인의 업무도 전사의 전략에 정렬된다는 점이 가장 큰 효과라고 생각합니다."

"그 점은 사실 너무나 중요하죠. '이런 식의 평가가 무슨 의미가 있을까!' 하며 회의에 빠진 적이 한두 번이 아니었거든요."

"내년부터 개인 BSC를 도입할 생각입니다. 여러 가지 번거롭고 어려운 점이 많이 생기겠지만, 그때도 많이 도와주십시오."

"우리보다 김 부장님이 고생이 많으시네요. 말씀만 하십시오. 적극적으로 도와드리겠습니다."

김영민 부장에겐 산삼 한 뿌리보다 임직원들이 보여주는 긍정적인 반응과 성원이 보약이었다.

더구나 BSC 도입 2년째인 올 상반기 결과를 집계해 보면서, 김영민 부장은 현장에서 전략 실행이 충실히 이루어지는 것을 확신할 수 있었다. 요컨대 목표 고객 매출의 비중은 이미 45퍼센트를 넘어섰다. 특히 재무 성과도 서서히 좋아졌다. 올 상반기 수치가 작년도 매출액과 영업 이익을 5퍼센트 정도 상회했고 목표 EVA도 달성했다.

F-SQUARE 사의 전략 변화는 회사의 전체 뼈대와 혈류를 전략적 체질로 바꾸는 결과를 가져왔다. 심지어 매장의 판매원조차 목표 고객에 대한 개념을 인지하게 되었다.

8월 어느 날, 명동의 한 백화점에 입점한 아바 브랜드 매장에서 있었던 일이다. 40대 후반의 여성 고객이 매장에 들어서면서 이것저것 둘러보기 시작했다. 판매원이 다가가 손님을 맞이했다.

"손님, 특별히 찾으시는 물건이 있으신가요?"

"아니 뭐, 그냥 둘러보려고요."

"저희 브랜드는 처음이시죠?"

"그래요. 그런데 디자인이 맘에 들어 들러봤어요."

"괜찮으시다면, 잠깐 설명을 드려도 될까요? 지금 보시는 제품은 패션을 주도하는 F-SQUARE 사의 고급 브랜드로서, 디자인은 저희가 채용한 이탈리아 디자이너의 작품입니다. 유럽의 스타일과 비교해도 손색이 없고 제품의 '맛'이 살아 있는 제품입니다. 특히 이 제품은 패션을 주도하는 20대와 30대를 위해 만들어진 제품이죠."

여기까지 듣고 있던 여성 고객은 판매원에게 언성을 높였다.

"듣고 보니 기분이 안 좋네! 그래서 나보고 사라는 거예요, 말라는 거예요? 흥, 패션을 주도하는 20대와 30대만을 위한 거라면 난 안 되겠네! 안 그래요?"

"저, 손님! 그런 뜻이 아닙니다. 손님께서 패션을 보시는 안목이 높으시다는 뜻이죠."

"아, 어쨌든 기분 나빠요."

이렇게 말하고 돌아서 나가는 손님을 판매원은 붙잡지 못했다. 판매원이 분명 '손님은 우리의 목표가 아니다' 라고 한 것은 아니었는데도 여성 고객은 자기 감정을 추스르지 못하고 돌아선 것이다.

이 일화의 핵심은 F-SQUARE 사의 전략 변화가 조직 편제상 실핏줄과 같은 일선 매장의 직원들의 생각까지 바꿔놓았을 만큼 효과가 있었다는 점이다. 전략이 살아 있다는 반증이었다.

BSC 도입 2년째 하반기엔 모든 것이 달라졌다.

BSC와 예산 연계 프로세스는 자연스럽게 적용되어 갔고, 상반기에 실시한 인센티브의 수용도도 상당히 올라갔다고 평가팀이 전해왔다. 김영민 부장이 집계한 목표 고객 매출 비중은 이미 60퍼센트에 이르렀고, 하반기 영업 이익은 F-SQUARE 사의 역사상 최고 수준에 도달했다. EVA를 달성했음은 물론이다.

F-SQUARE 사의 BSC 도입이 성공적이라는 사실이 업계에 알려지자, 한 경제일간지 기자가 김영민 부장을 인터뷰하러 온 적도 있었다.

"김영민 부장님? 평가 시스템을 도입해서 좋은 성과를 얻으셨다는데 먼저 평가 시스템 도입 목적을 설명해 주십시오."

"저희는 'BSC 평가 시스템'을 도입한 것이 아니라 'BSC를 통한 변화 관리 프로젝트'를 시행한 것입니다. 시행 배경은 올바른 전사 전략이 입안자나 담당 부서의 서류함에서 사장되지 않고 전 직원들이 공감하고 함께 실천하는 행동 강령으로 자리잡도록 하기 위해서였습니다."

"그럼 'BSC를 통한 변화 관리 프로젝트'가 성공한 요인이 무엇인가를 좀 말씀해 줄 수 있습니까? 다른 기업에도 크게 참고가 될 겁니다."

"제가 생각하는 성공 요인은 네 가지 정도입니다. 첫번째 최고 경영자의 시간을 '점유'할 수 있어야 한다는 것입니다. 저희는 사장님이 워크숍에서 직접 조원으로 활동하기도 하고 프로젝트 중에 성공을 기원하는 메일을 보내기도 했습니다. 그리고 시무식 때 전 사원이 모인 자리에서 그 중요성을 강조하기도 하고, 늦은 밤 저녁 TFT 팀을 찾아와 격려하기도 했지요. 이렇게 최고 경영자가 물심양면으로 지원했다는 것이 매우 중요한 요소입니다."

"결국 '경영자의 시간 점유'라고 표현한 것은 경영자의 관철 의지를 다르게 말씀하시는 것이군요."

"그렇습니다. 둘째는 조직 구성원간에 광범위한 공감대를 형성했다는 것입니다. 저희는 BSC 시스템을 서둘러 도입할 수도 있었지만, 더욱더 많은 구성원들의 공감대를 얻기 위해 지난 3년간 때가 무르익기를 기다렸습니다. 특히 프로젝트 초기엔 일부 임직원들이 냉소적이었지만 계속 토론과 공유를 통해 전사적인 공감대를 형성했다고 생각합니다."

"세 번째는 무엇인가요?"

"세 번째 역시 시간이 필요하다는 것입니다. 단시간에 특정 변화를 이끌어 낸다면 매우 매력적이겠지만, 반드시 많은 부작용이 따를 수 있습니다. BSC 재무 지표가 왜 이리 나아지지 않느냐고 조바심을 내는 대신, 우리는 다른 관점의 지표들로서 전략이 실행되는 과정을 더욱 유심히 지켜보았습니다. 이 과정이 충실히 이행되면, 결과적으로 재무 성과는 반드시 좋아진다고 저희는 믿었습니다. 이처럼 근본적인 변화, 더 이상 흔들리지 않는 변화를 얻어내려면 시간이 필요하다는 것을 모든 구성원은 물론이고, 특히 경영진은 절실히 인식해야 합니다."

"앞서 네 가지 요인이라고 말씀하셨지요? 이번이 마지막이군요."

"예, 네 번째는 사용이 편리하고 실익이 있어야 한다는 것입니다. 아무리 좋은 이론 시스템이라도 임직원들에게 혼란을 가중시킨다면 소용이 없겠지요. 저희는 BSC를 통해 본부와 팀의 평가를 객관화했고 이를 통해 인센티브를 지급했습니다. 또한 사업 계획과 연계시켜 더욱 효율적인 업무가 되도록 했지요."

"BSC 추진과 관련해 앞으로의 계획을 좀 말씀해 주십시오."

"현재의 조직 단위 BSC를 개인 단위까지 확대할 것입니다. 이는 곧 현재의 근무 평가 시스템을 BSC로 대체하는 개념입니다."

"그렇다면 결과 활용도 확대가 되겠군요."

"그렇습니다. 우선 지금의 사업 계획, 예산, 인센티브 지급은 계속될 것이고 향후 승진, 전환 배치, 교육 기회 제공 등 다양한 분야에 BSC 결과를 활용하게 될 것입니다."

BSC 도입 2년째, 10월 첫 주. 김영민 부장은 지난 분기의 BSC 보고서를 내보내고, 다음 해의 목표 설정에 대한 지침을 내리느라고 경황이 없었다.

이러한 차에 경영기획실장 민 비서로부터 연락이 왔다.

"김 부장님이시죠? 오후 3시에 실장님이 뵙자고 하십니다. 시간이 어떠신가요?"

"오후 1시에 미팅이 있으니, 3시라면 문제가 없겠군요. 3시에 실장실로 가지요. 그런데 무슨 일입니까?"

"글쎄요. 아까 실장님이 사장님을 뵙고 오셨거든요. 낯빛이 어두우시던데, 부장님께선 뭐 짚이는 것 없으세요?"

"저도 도무지 짐작이 안 되네요."

민 비서와 통화를 끝내고, 김영민 부장은 최 실장에게 무슨 일이 생긴 것이지 잠시 유추해 보았다.

'최 실장은 사장에게 도대체 무슨 이야기를 들은 것일까?'

오후 3시, 시간에 맞춰 실장실로 올라가니 한눈에도 최 실장의 표정이 어둡다는 걸 느낄 수 있었다.

"김 부장, 어서 와요."

그런데 최 실장의 목소리는 표정과는 달리 오히려 담담했다. '실장이 이렇게 곰살맞게 사람을 맞는 적도 있나?' 싶을 정도로, 의자를 건네주는 친절도 보였다.

"무슨 걱정거리가 있으십니까, 실장님?"

"아니오. 걱정거리는 무슨…. 오히려 김 부장에게는 좋은 일이지. 오전에 사장님을 뵈었는데 최종으로 결론을 내렸어."

"무슨 말씀이신지…."

"사실은 내가 그 동안 사장님과 내 거취에 대해 이야기해 왔는데, 오늘 마침내 다른 회사로 가는 것으로 결론을 내렸소."

김영민 부장도 최 실장이 최근 거취 문제로 고민한다고 느꼈지만, 이렇게 결론이 날 줄은 미처 몰랐다.

최 실장은 차분히 말을 이어 갔다.

"김 부장도 짐작한 바가 있을 테니 구구한 얘기는 하지 않겠소. 당신한테 좋은 이야기는 다음달 인사 발령에서 당신이 이 자리로 오는 것이 정식으로 발표된다는 것이오. 공식적인 업무는 내년부터 맡겠지."

최동집 실장의 귀띔은 김영민 부장에게 충격 이상이었다.

그간 조직의 변화를 위해서 누구보다 열심히 뛰었다고 자부해 왔지만, 논공행상으로 이렇게 빨리 임원급 승진의 기회가 오리라곤 생각지 못했다.

'지금 최동집 실장의 자리가 맡고 있는 경영기획실장 자리가 어떤 자리인가? 회사의 전략과 재무, 인사에 대한 주도권을 쥔 자리가 아닌가?'

김영민 부장은 믿어지지 않는다는 듯이 최 실장을 뚫어지게 바라보았다.

"이 일은 당분간 김 부장만 알고 있으시오. 그리고 준비하시오."

최 실장이 전해 준 이야기는 김영민 부장으로서는 매우 당황스러웠다. 사실 사장으로서는 오래 전부터 고민해 온 일이었을지도 모른다. 아마 그러했을 것이다. 통상적으로 임원 인사는 실적 집계가 끝나고 평가에 대한 가닥이 잡히는 1월이나 2월에 하는 것이 관행이었다. 그리고 그 전날까지도 과연 누가 될 것인지 알 수 없는 것이 인사가 아닌가?

이번 최 실장의 퇴진과 김영민 부장의 승진과 관련한 일련의 인사조치는 매우 이례적인 동시에 파격적인 것만은 틀림없었다.

김영민 부장은 실장실을 나와 자리로 돌아오면서, 자신의 퇴진과 자기 자리를 차지할 아랫사람의 승진을 자기 입으로 전해야만 하는 최 실장의 심경을 헤아려보았다.

최근 몇 년간 최 실장은 F-SQUARE 사에서 일어난 변화에 적응하는 것이 쉽지 않았을 것이다. 최 실장이 조금이라도 유연하고 개방된 자세를 보여주었더라면 이런 파국까지는 가지 않았을 것이라는 아쉬움이 느껴졌다. 김 부장은 자신만이라도 최 실장에게 설득과 회유의 노력을 더 기울였다면, 최 실장도 변화하지 않았을까 하고 후회해 보았으나, 이미 흘러간 과거요 엎질러진 물이었다.

최 실장에게 충격적인 고백을 들은 날 저녁, 김영민 부장은 아내와 마주앉아 아내에게 실장으로부터 들은 이야기를 전했다.

"어머! 그럼, 당신이 임원이 되는 건가요?"

김 부장의 아내는 최 실장의 퇴진은 담담히 받아들이다가 남편의 승진 얘기가 나오자, 눈부터 커지며 의자를 당겨 앉는다.

"직급으로 따지면 상무보에 해당될 거요. 그런데 내가 과연 잘해 낼 수 있을까?"

"여보! 당신답지 않게 아직 닥치지 않은 일에 대해 뭐 그리 걱정을 하세요. 여태껏 그랬던 것처럼, 당신은 새 직위에 올라서도 분명 잘 하실 거예요."

김 부장의 아내는 연신 함박웃음이었다. 남편을 자랑스러워하는 표정이 역력했다.

"실감이 나지 않아!"

"지금 경영기획실장인 최 실장님은 어떻게 되는 건가요?"

김 부장의 아내는 이제야 최 실장의 거취가 궁금해진 모양이었다. 평소 그녀는 상대방을 잘 배려하는 편인데, 오늘은 그렇지 않았다.

"아, 최 실장님은 다른 회사로 가신다고 하더군. 꽤 오래 전부터 사장님과 이야기를 한 것 같아."

"당신 자리엔 누가 오게 되나요?"

"더 상황을 지켜봐야겠지만, 박영출 과장을 추천할 생각이야."

"아, 당신하고 내내 함께 고생한 경영기획실 박 과장 말이죠. 그렇게 된다면 그간의 노력을 인정받은 보상이라고 해야겠네요."

"여러 가지로 고마워, 여보. 이번 승진은 당신 공이나 마찬가지야. 당신의 도움이 없었다면 오늘같이 기분 좋은 날도 없었을 거야!"

다음달 공식적으로 인사 발표가 나자, 회사는 온통 술렁거렸다.

모든 사람들이 놀라워하는 가운데, 박영출 과장을 비롯해 2년 전 TFT로 고락을 같이한 사람들이 특히 기뻐해 주었다. 특히 박 과장

은 김영민 부장의 추천에 힘입어 팀장이라는 직책을 수행하게 되어 무척 들뜬 모습이었다.

김영민 부장과 박영출 과장은 서로 두 손을 마주잡고 연신 축하의 말을 주고받았다.

"부장님! 아니 오늘부터 실장님이시죠? 이렇게 좋은 일이 생길 줄은 미처 몰랐어요. 정말 축하드립니다. 앞으로도 많이 도와주십시오."

"자네도 정말 축하하네. 정말로 감사하게 생각해. 정말 열심히 잘 해주어 이런 결과를 얻은 것 같아."

"부장님이 잘 이끌어주신 덕이죠. 저야 잘 따르기만 한 것 아닙니까? 어쨌든 당연한 결과같이 보이기도 합니다. 지금의 많은 성과들이 3년 전, 1000일간의 작업 결과란 것을 어느 누가 부인하겠어요."

"그때 상황이야말로 선택의 여지가 없었던 상황이었지. 다른 사람이 왔어도 우리가 한 만큼 일을 했을 거야."

"겸손하신 것은 좋은데, 현실은 그렇지 않은 것이 문제가 아니었습니까? 그때 당장의 업무나 사심 때문에 비협조적이고 냉소적인 사람이 많았잖아요. 돌이켜보면 변화란 참 어려운 문제인 것 같습니다. 아무튼 다시 한번 축하드립니다, 부장님!"

"고마워, 박 과장! 참, 우리가 전에 TFT 공식 활동을 마치고 각자 업무로 복귀하면서 한 약속을 기억하나? 자네였던가, 누군가 부메랑 미팅이라고 하지 않았던가?"

"아, 부메랑 미팅! 기억나죠. 정말 그런 날이 오고야 말았네요."

"그래, 내가 자리를 옮기고 정리가 대충되면 한시라도 빨리 부메랑 미팅을 하기로 하지. 우리 모두 기분 좋게 만날 수 있을 거야."

"예, 알겠습니다. 파로스 한경영 이사에게도 연락해야겠죠?"

"당연하지. 한 이사도 기뻐할 거야."

김영민 부장이 기억해낸 부메랑 미팅은 다음 해 1월 중순에 열렸다.

파로스의 한경영 이사와 TFT 팀원들이 모두 모여 축하의 자리를 가졌다. 1차 소주집에서 시작한 회식은 2차 호프집까지 이어졌다. 오랜만에 만난 역전의 용사들은 '한번 TFT는 영원한 TFT!'라고 해병대 구호를 패러디한 건배 구호를 외치며 서울 시내의 술독을 다 비울 양으로 술잔을 부딪쳤다.

김영민 부장, 아니 '김영민 신임 경영기획실장'으로서는 너무나도 기쁜 날이었다.

21. 희망은 확신하는 자의 것이다

김영민 실장은 탑승을 재촉하는 안내 방송을 뒤로 하고, 15번 게이트로 발걸음을 옮겼다.

출발 시간 20분 전, 사람들이 속속 비행기 안으로 들어서며 승무원의 안내에 따라 자기 자리에 하나둘씩 앉았다.

김영민 실장은 창가 쪽 좌석 번호를 확인하고, 손가방에서 몇 가지 서류가 책 한 권으로 묶일 만큼 두툼하게 철이 된 원고 뭉치를 꺼냈다.

비행기는 거의 제시간에 맞춰 이륙을 위한 활주를 시작했다. 잠시 후 제트 엔진의 가속으로 인한 반작용으로 몸을 뒤로 제쳤다.

비행기는 이윽고 기수를 하늘을 향해 쳐들고 이륙하기 시작했다.

3, 4분이 흐르자, 마침내 완전하게 이륙이 끝났다.

선회하는 비행기 동체 저쪽이 여의도였다. 아침 햇살에 가둔 섬은 온통 유리성인 오피스 타운이니만큼 환상적인 반사광으로 커다란 빛무리처럼 보였다.

고도가 금방 높아졌는지, 공항에서 본 조개구름 층이 저 아래 솜이불처럼 드리워져 있다. 창공은 당연히 구름 한점 없다.

가슴이 탁 트이는 상쾌함에 김영민 실장은 더없이 편안했다.

F-SQUARE 사의 미래도 저 창공처럼 밝기만 할 것이라는 생각에 그는 절로 웃음이 나왔다.

김영민 실장은 가방에서 꺼낸 원고 뭉치를 간이받침대 위에 올려 놓고, 차분히 검토해 나가기 시작했다.

'혁신으로 가는 항해! BSC 1000일의 기록'

이렇게 제목이 붙은 원고 뭉치의 첫 장엔 'F-SQUARE 사 TFT 팀 공동 집필' 이라는 필자명이 뚜렷이 인쇄되어 있었다.